基于公平关切的分销商
主导供应链决策与管理策略研究

周熙登　著

吉林科学技术出版社

图书在版编目（CIP）数据

基于公平关切的分销商主导供应链决策与管理策略研
究 / 周熙登著 . -- 长春 ：吉林科学技术出版社，
2021.8 （2023.4重印）

ISBN 978-7-5578-7011-9

Ⅰ．①基… Ⅱ．①周… Ⅲ．①供应链管理—研究
Ⅳ．① F252.1

中国版本图书馆 CIP 数据核字（2021）第 173638 号

基于公平关切的分销商主导供应链决策与管理策略研究

JIYU GONGPING GUANQIE DE FENXIAOSHANG ZHUDAO GONGYINGLIAN JUECE YU GUANLI CELÜE YANJIU

著　者	周熙登
出 版 人	宛　霞
责任编辑	王明玲
封面设计	李　宝
制　版	宝莲洪图
幅面尺寸	185mm×260mm
开　本	16
字　数	280 千字
印　张	12.75
版　次	2021 年 8 月第 1 版
印　次	2023 年 4 月第 2 次印刷
出　版	吉林科学技术出版社
发　行	吉林科学技术出版社
地　址	长春净月高新区福祉大路 5788 号出版大厦 A 座
邮　编	130118

发行部电话 / 传真　0431—81629529　　81629530　　81629531
　　　　　　　　　　　81629532　　81629533　　81629534

储运部电话　0431—86059116

编辑部电话　0431—81629520

印　刷	北京宝莲鸿图科技有限公司
书　号	ISBN 978-7-5578-7011-9
定　价	55.00 元

前　言

传统的供应链管理将参与者定义为理性的和利己主义的，即参与者只考虑经济收益而不考虑参与者之间的关系。然而，在现实生活中，企业都有可能存在公平关切心理，并且，在公平关切情形下供应链成员之间的关系，相互之间博弈行为，以及供应链策略等与传统供应链有很大不同，所以，公平关切对企业决策行为和供应链契约的影响引起了学术界的广泛关注。本书在已有的供应链管理文献的基础上，将人的公平关切心理引入供应链运作管理领域，研究了公平关切情形下分销商主导供应链的决策和激励问题。

首先，介绍研究背景，分析在供应链运作管理中考虑公平关切的意义，并提出本书的研究目标和内容。

其次，从公平关切基本理论、公平关切在供应链决策分析的应用、供应链契约与管理策略、基于信息不对称的供应链决策等四个方面对国内外的文献进行了简要概括。

再次，研究在相对公平关切情形下分销商主导供应链的决策和激励问题。考虑零售商与分销商均为相对公平关切的情形，根据相对公平关切理论，针对两类以分销商为主导的简化供应链，即由一个零售商与一个分销商所组成的供应链和由一个生产商与一个分销商所组成的供应链，构建了零售商、分销商和生产商在各自供应链中的效用函数。在无契约激励、收益共享契约以及回购契约三种模式下，基于博弈模型，分析了相对公平关切对零售商的最优订货策略和分销商的最优定价策略的影响，并对三种契约模式中零售商和分销商的绩效进行比较，以及给出了对收益共享契约和回购契约进行选择的取值范围；然后，考虑了生产商与分销商均为相对公平关切，在无契约激励和成本分担契约两种模式下，基于博弈模型，分析了相对公平关切对生产商的最优生产策略和分销商的最优定价策略的影响，并对两种契约模式中生产商和分销商绩效进行比较。

从次，研究在绝对公平关切情形下分销商主导供应链的决策与管理策略研究。考虑零售商与分销商均为绝对公平关切，构建了零售商、分销商和生产商在各自供应链中的效用函数。在无契约激励、收益共享契约以及回购契约三种模式下，分析绝对公平关切程度和绝对公平利润分配比例对最优订货策略、最优定价策略、零售商和分销商绩效的影响，研究收益共享契约以及回购契约对缓解绝对公平关切给供应链造成的不利影响以及提高供应链整体绩效等方面发挥的作用；然后，考虑生产商与分销商均为绝对公平关切，在无契约激励和成本分担契约两种模式下，分析绝对公平关切程度和绝对公平利润分配比例对最优生产策略、最优定价策略、生产商和分销商绩效的影响，研究成本分担契约对缓解绝对公平关切给供应链造成的不利影响以及提高供应链整体绩效等方面发挥的作用。

最后，研究在公平关切信息不对称情形下分销商主导供应链决策与激励问题。在公平关切分销商不知道零售商和生产商的公平关切信息，而零售商和生产商知道分销商的公平关切信息的情形下，分析相对和绝对公平关切信息不对称对零售商订货策略、分销商定价策略、生产商生产策略、零售商和分销商绩效的影响。研究收益共享契约、回购契约和成本分担契约对缓解公平关切给供应链造成的不利影响以及提高供应链整体绩效等方面发挥的作用。

综上所述，总结全文，并对未来的研究做了展望。

本书的创新点主要表现在以下四个方面：

（1）以公平关切生产商作为新的研究对象。在生产商和分销商均为相对公平关切的背景下，分析生产商和分销商相对公平关切心理对生产决策、订购价格决策和企业绩效的影响，以及分销商制定成本分担契约提高生产商和分销商绩效的问题。

（2）以零售商和分销商均为绝对公平关切作为研究背景。大部分的研究都是以供应链成员的利润作为公平关切的参照点，很少有研究将供应链总利润作为公平关切的参照点。本书运用绝对公平关切理论，在需求不确定的情形下，构建零售商和分销商的效用函数；探讨零售商和分销商绝对公平关切程度和绝对公平利润分配比例对零售商订货决策、分销商定价决策和企业绩效的影响，为绝对公平关切背景下的供应链行为决策和管理策略提供理论参考。

（3）以生产商和分销商均为绝对公平关切作为研究背景。运用绝对公平关切理论，构建生产商和分销商的效用函数，研究生产商和分销商绝对公平关切程度和绝对公平利润分配比例对生产商生产决策、分销商订购价格决策和企业绩效的影响。

（4）考虑到公平关切信息不对称的情况大部分的文献都是探讨成本和需求信息不对称，而本书从公平关切信息不对称的角度，探讨生产商与零售商相对和绝对公平关切信息不对称对企业决策和企业绩效的影响，以及设计契约机制来缓解信息不对称对供应链造成的负面影响，为公平关切信息不对称背景下的供应链行为决策和管理策略提供理论参考。

目　录

1. 绪 论

本章内容介绍本书的研究背景与意义、研究目标、研究思路和研究内容以及主要创新点。

1.1 研究背景与意义

1.1.1 研究背景

新古典经济学假定人都是能够理性决策的，是完全受到自利主义的激励从而最大化自身的利益。由于在实际生活中存在各种各样的不确定性，且受限于自身的时间、精力等因素，人们不可能知道每一个决策的结果，也就很难做到完全理性。Kahneman 和 Tversky 等（1979）使用大量实验结果证实人在面临诸多不确定因素的情形下，很难做出符合"理性经济人"这一逻辑预测的完全理性决策。传统的供应链管理研究，是假定供应链中的各个参与者都是"理性经济人"，在此基础上使用期望效用理论进行建模分析讨论。传统研究未能考虑人的行为和心理，而是建立在"理性经济人"的假定基础上，从而不能切实可靠地指导供应链管理实践，把人的行为和心理引入供应链运作管理领域是很有必要的。对人们行为的认知已广泛应用到经济、市场营销等领域。行为供应链管理结合了人的行为和心理，将人的行为和心理作为供应链管理研究的一个重点内容，探讨人的行为和心理对供应链可能产生的各种影响。

行为研究发现，在现实生活中人们往往对公平表现出极大关注，即公平关切。在公平关切行为倾向作用下，人们有可能会在感到不公平时以己方利益受损为代价采取行动达到惩罚对方的目的。而许多实证和实验研究均证实了这种行为倾向的存在。Ruffle 等（1998）在最后通牒博弈中发现，若接受方认为提议方的分配方案不公平，则会选择拒绝。Kahneman 等（1986）发现在市场交互过程中，顾客和员工分别会在价格和薪金变动上存在公平关切心理。学者们通过理论分析发现决策者的公平关切心理可以较好地解释这种现象，并开始研究决策者公平关切心理对供应链决策行为的影响，基于公平关切的供应链管理研究正是在这种客观背景下产生的。

1.1.2 研究意义

目前，公平关切的研究很少集中在供应链领域。由于零售商、分销商和生产商均存在公平关切，同时，公平关切信息不对称对供应链管理策略产生重要影响，其决策方法和管理策略与理性情形下有很大的不同。因此，有很多理论问题值得思考，如在相对公平关切下供应链决策与管理策略研究，绝对公平关切下供应链决策与管理策略研究，基于公平关切信息不对称供应链决策与管理策略研究等等。目前，研究文献对上述问题很少涉及。所以，考虑零售商、分销商和生产商的公平关切倾向，对于供应链管理理论发展具有重要的理论意义。

另外，在现实的供应链中，零售商、分销商和生产商表现有不同程度的公平关切心理。因此，在公平关切的情况下对供应链决策进行深入研究，有利于挖掘出公平关切给供应链运行带来负面作用的根源，从而可以制定更有针对性的决策，提高供应链的运作效率，有助于企业的健康、持续发展。

1.2 研究的目标、思路和内容

1.2.1 研究目标

基于零售商、分销商和生产商公平关切心理特征，主要从以下三个方面作为切入点：相对公平关切；绝对公平关切；公平关切信息不对称。针对零售商与分销商所组成的供应链和生产商与分销商所组成的供应链，分析这三种情况下企业的订货、生产和定价策略与激励契约问题，以及人们的公平关切心理给企业决策和绩效带来的影响，发现其中的变化规律，为在公平关切情形下企业订货、生产和定价策略以及激励问题提供科学地管理原则和政策建议。

1.2.2 研究思路

本书以零售商、分销商和生产商公平关切心理为背景，考虑由一个零售商和一个分销商组成的供应链以及由一个生产商和一个分销商组成的供应链，并针对以上两类供应链，研究相对公平关切、绝对公平关切以及基于公平关切信息不对称对供应链决策和激励的影响。

首先，考虑相对公平关切对供应链决策和绩效的影响，分析收益共享契约和回购契约对零售商和分销商激励的作用，并将收益共享契约和回购契约进行比较，以及分析了成本分担契约对生产商和分销商激励的作用。

其次，考虑到绝对公平关切对供应链决策和绩效的影响，分析收益共享契约和回购契约对零售商和分销商激励的作用；并将收益共享契约和回购契约进行比较，以及分析成本分担契约对生产商和分销商激励的作用。

最后，考虑公平关切信息不对称情形下，研究公平关切信息不对称给供应链决策和绩效带来的影响，以及相应的契约形式所发挥激励作用。

按照逻辑顺序，本书的整体框架结构安排如图 1.1 所示。

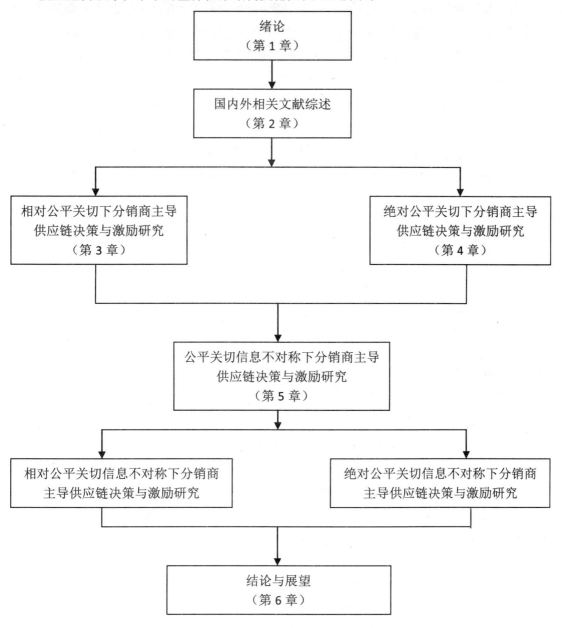

图1.1 本书整体框架结构图

1.2.3 研究内容

第 1 章为"绪论"。阐述全文的研究背景与意义、研究的目标、主要内容和思路以及主要创新点。

第 2 章为"研究综述"。首先，介绍公平关切的内涵，根据供应链成员公平关切参照点的不同，分为相对公平关切和绝对公平关切，并总结回顾了国内外公平关切的供应链相关运作管理文献；其次，对供应链契约与管理策略以及基于公平关切信息不对称的供应链决策两个方面的国内外研究文献进行了综述，并对已有的研究进行了总结和评述。

第 3 章为"相对公平关切下分销商主导供应链决策与管理策略研究"。首先，考虑零售商与分销商均相对公平关切的情形，在无契约激励、收益共享契约以及回购契约三种模式下，基于博弈模型，得到零售商的最优订货策略和分销商的最优定价策略，对三种契约模式中零售商和分销商的绩效进行比较，以及对收益共享契约和回购契约进行选择；其次，考虑了生产商与分销商均为相对公平关切，在无契约激励和成本分担契约两种模式下，基于博弈模型，得到生产商的最优生产策略和分销商的最优定价策略，对两种契约模式中生产商和分销商绩效进行比较。

第 4 章为"绝对公平关切下分销商主导供应链决策与管理策略研究"。首先，考虑零售商与分销商均为绝对公平关切，在无契约激励、收益共享契约以及回购契约三种模式下，分析绝对公平关切程度和绝对公平利润分配比例对最优订货策略、最优定价策略、零售商和分销商绩效的影响，研究收益共享契约以及回购契约对缓解绝对公平关切给供应链造成的不利影响以及提高供应链整体绩效等方面发挥的作用，并将收益共享契约和回购契约下的企业绩效进行比较，以选择最优契约；其次，考虑生产商与分销商均为绝对公平关切，在无契约激励和成本分担契约两种模式下，分析绝对公平关切程度和绝对公平利润分配比例对最优生产策略、最优定价策略、生产商和分销商绩效的影响，研究成本分担契约对缓解绝对公平关切给供应链造成的不利影响以及提高供应链整体绩效等方面发挥的作用。

第 5 章为"基于公平关切信息不对称的分销商主导供应链决策与管理策略研究"。在第 3 章和第 4 章的基础上考虑公平关切信息不对称，即分销商不知道零售商和生产商的公平关切程度。首先，考虑零售商与分销商均为公平关切，在无契约激励、收益共享契约以及回购契约三种模式下，信息不对称对订货策略和定价策略，以及零售商和生产商绩效的影响；其次，考虑生产商与分销商均在公平关切情形下，在无契约激励和成本分担契约两种模式下，信息不对称对生产策略和定价策略，以及生产商和生产商绩效的影响。

第 6 章为"全文总结与展望"。本章节主要针对本书的研究成果进行全面的归纳和总结，同时，阐述本书中存在的一些不足以及今后的研究方向。

1.3　主要创新点

（1）以公平关切生产商作为新的研究对象。在生产商和分销商均为相对公平关切的背景下，分析生产商和分销商相对公平关切心理对生产决策、订购价格决策和企业绩效的影响，以及分销商制定成本分担契约对生产商和分销商的激励问题。

（2）以零售商和分销商均为绝对公平关切作为研究背景。大部分的研究都是以供应链成员的利润作为公平关切的参照点，很少有研究将供应链总利润作为公平关切的参照点。本书运用绝对公平关切理论，在需求不确定的情形下，构建零售商和分销商的效用函数，探讨零售商和分销商绝对公平关切程度和绝对公平利润分配比例对零售商订货决策、分销商定价决策和企业绩效的影响，为绝对公平关切背景下的供应链行为决策和管理策略提供理论参考。

（3）以生产商和分销商均为绝对公平关切作为研究背景。运用绝对公平关切理论，构建生产商和分销商的效用函数，研究生产商和分销商绝对公平关切程度和绝对公平利润分配比例对生产商生产决策、分销商订购价格决策和企业绩效的影响。

（4）考虑公平关切信息不对称情形。大部分的文献都是探讨成本和需求信息不对称，而本书从公平关切信息不对称的角度，探讨生产商与零售商相对和绝对公平关切信息不对称对企业决策和企业绩效的影响；以及设计契约机制来缓解信息不对称对供应链造成的负面影响，为公平关切信息不对称背景下的供应链行为决策和管理策略提供理论参考。

2. 国内外相关文献综述

2.1 公平关切基本理论

基于"理性经济人"的假设，认为人都是只关心自身的利益，且自私自利的模型能够解释很多经济现象。所以，人们很少去关注一些社会关切行为，以及这些行为可能对人们决策产生均衡结果的影响。Kahneman 等（1986）指出当短期定价偏离了消费者剩余和厂商利润在过去交易中达成的参考值，双方都会认为这是不公平的，从而会破坏之前已经达成的参考值，影响双方的行为和结果；Forsythe 等（1994）研究独裁者博弈，发现公平观念是影响行为的因素之一，同时这种行为也会对博弈的结果产生影响；Camerer 和 Thaler（1995）研究最后通牒博弈，说明人们会放弃自身的一定收益来惩罚那些对他不公平的人，且公平关切心理会影响人们的决策行为和最终的均衡结果，如参与礼物交换博弈以及公共物品投资博弈的人会关注其他参与者的福利，以及所有成员关切公平利润分配。使人们有理由质疑古典经济学中的"理性经济人"只关心自身物质利益是自私自利的假设，在此基础上，并提出了公平关切的效用函数。

通过刻画公平关切的效用函数，把人们的相对物质收益纳入模型中，该模型很好地表达了人们的公平关切程度对他们自身行为的影响，以及对自身收益和均衡结果的影响。Rabin（1993）最早描述了公平关切行为，但限于两人博弈的形式；Dufwenberg 和 Kirchsteige（2004）引入公平关切行为，研究有 11 个参与者的博弈，提出了序贯互惠均衡；Fehr 和 Schmidt（1999）建立了公平关切的基本模型，既简单又能很好地体现公平关切的概念。因此，很多学者开始把 Fehr 和 Schmidt（1999）的公平关切模型引入契约模型中，来研究公平关切在契约中是如何影响人们的行为和可能产生的不同结果。

不同的物质利益参照点，具有不同的公平关切效用函数。因此，根据物质利益参照点的不同，公平关切又可以分为相对公平关切和绝对公平关切。所谓相对公平关切，即 Fehr 和 Schmidt（1999）所提出的公平关切模型，人们不仅关注自身获得的利润的多少，同时也将自己获得的利润与其他相关利益获得者的利润相比较。杜少甫等（2010）在传统两阶段供应链中引入相对公平关切，研究了相对公平关切行为倾向对供应链契约与协调的影响；绝对公平关切，即 Bolton 和 OckenfelS（2000）认为人们将自身获得的收益与总体收益的利润分配比例进行比较，而不是与其他成员的收益进行比较，偏离公平的利润分配比例都会产生不公平性。基于此，黄松等（2013）构建了绝对公平效用函数，对由单制造商和单零售商组成的两级供应链进行了研究，探讨公平关切对供应链定价决策的影响。

2.2 公平关切在供应链决策分析的应用

供应链的总利润在成员之间进行合理划分是实现供应链有效运营的关键。传统的协调契约主要关注如何设计有限的定价机制，从而使得分散式决策下的零售商或者供应商的定价和库存决策与集中式决策模式下的供应链的最优决策一致。有效的供应链契约能够实现供应链的总利润在成员之间进行有效划分，而每个成员具体获得的比例则很大程度上取决于他们在供应链中的地位、权力及贡献等因素。

传统的供应链契约的研究文献都是假定参与者是理性的和利己主义的，即参与者只考虑经济收益，而不考虑参与者之间的关系。最近一些学者在运作管理与营销决策的交互过程中引入了行为因素，基于经济学、心理学和社会学的研究表明，企业不仅关注经济收益，同时也会关注风险规避、公平性，以及其他一般性社会关切等。Fehr 和 Schmidt（1999）指出在实际生活中，人的行为具有公平性的倾向，他们使用以自我为中心的不公平性规避来描述公平性，当感受到不公平性时，通常会采取一些行动以牺牲自身的利益为代价来惩罚对方。

根据物质利益参照点的不同，从相对和绝对公平关切两个方面来分析公平关切在供应链决策的应用。

（1）相对公平关切在供应链决策的应用。

一方面，不考虑契约情形下，研究相对公平关切对供应链行为决策的影响，进一步分析需求确定和需求不确定两种情况。大多数学者都是从需求确定情形下对供应链进行研究。Cui 等（2007）将公平关切引入分散式两级供应链系统。研究发现，零售商考虑公平关切，当不公平性规避程度较高时，制造商可以使用高于生产成本的批发价契约实现供应链的渠道协调。Caliskan（2010）在 Cui 等（2007）的基础上考虑了多种非线性需求函数。研究表明，当零售商考虑公平关切时，指数需求函数相对于线性需求函数而言，实现供应链的渠道协调所要求的条件则相对宽松。王勇等（2012）分析了在仅零售商具有公平关切，仅供应商具有公平关切和二者均具有公平关切的三种情况下，公平关切对供应链均衡策略的影响。研究结果表明，公平关切改变了销售收益分享率和零售商的努力水平，影响供应商和零售商的效用值，并且公平关切程度越大，对双方效用的影响越明显。赵道致等（2013）研究供应商的公平关切对供应链各成员及整体产生的影响。研究发现，存在一个价格阈值，当产品的销售价格高于（低于）该阈值时，供应商产生（不产生）公平负效用，且供应商的公平负效用会随自身嫉妒心理强度的增强而先减小后变大。阈值的高低与零售商的渠道力量呈正相关关系，供应商的公平关切会加剧供应链内的双重边际效应。张克勇等（2013）

将零售商公平关切行为倾向引入闭环供应链的定价决策中。研究表明，零售商的公平关切行为倾向对零售商和制造商的定价决策、利润以及废旧产品的回收量均具有影响。当零售商具有公平关切时，制造商考虑零售商的这种公平关切行为参与博弈有利于自身利润的提高，并增加闭环供应链系统废旧产品的回收量。丁川等（2013）对具有公平关切的零售商和理性的制造商组成的营销渠道进行研究，并根据公平关切系数不同的范围，将渠道分为4种类型：狭义的"自利"、竞争性关切、避免不公平关切、社会福利关切。研究结果表明，不采用合作机制，在狭义的"自利"和竞争性关切两种类型下，不能实现渠道合作；在避免不公平关切和社会福利关切两种类型下，当公平关切系数满足一定条件时，能够实现渠道合作并且渠道双方都能获得相等的效用；与不考虑公平关切理论相比，在公平关切理论下实现渠道合作时，渠道总效率得到提高。

很少研究学者在需求不确定情形下对供应链进行研究。马利军（2011）探讨了具有公平关切零售商与制造商组成的供应链，制造商作为 Stackelberg 博弈的领导者。研究结果表明，零售商考虑公平关切，在面临同样的批发价格合同以及同样的需求分布时，其最优订货量都是市场容量的一半，公平关切给零售商带来更多的讨价还价能力，以获取更多的供应链利润；毕功兵等（2013）对具有公平关切零售商和理性供应商组成的供应链进行研究。研究结果表明，在有利不公平情形下，批发价格契约可以提高供应链的整体利润，也能够更好地协调供应链。

另一方面，考虑契约情形下研究相对公平关切对供应链行为决策的影响。杜少甫等（2010）在报童模型的基础上考虑了零售商的公平关切，研究零售商公平关切行为倾向对供应链契约与协调的影响。研究结果发现，当零售商考虑公平关切时，批发价契约不能协调供应链，但是回购契约和收入分享契约仍然可以协调供应链，且协调条件不变。谭佳音等（2013）将公平关切引入品牌竞争与渠道竞争共存的两级供应链中，研究了零售商的公平关切行为对批发价格契约供应链协调效果的影响问题。研究结果表明，当零售商实力与制造商相当时，零售商的公平关切行为可以使批发价格契约实现更高的协调绩效；当零售商实力水平明显强于制造商时，零售商的公平关切行为使批发价格契约比纯粹的收益共享契约表现出优势。同时，谭佳音等（2013）还探讨了零售商公平关切行为对收益共享契约协调效果的影响，研究结论为：收益共享契约对于供应链的协调效果与零售商期望利润分配比有关，并与制造商批发价和网络渠道商品定价水平有关。陈兆波等（2013）在由一个制造商和两个零售商构成的供应链系统中引入零售商公平关切行为。研究结果表明，当零售商的公平关切系数满足一定的条件，批发价契约是能够完全协调供应链的；当批发价契约不能协调供应链时，利用数量折扣契约协调了该供应链系统，进一步分析了零售商的公平关切系数对数量折扣契约制定的影响。

（2）绝对公平关切在供应链决策的应用。

以上文献都是从相对公平关切的角度对供应链进行研究的，在相对公平关切下，供应链成员将对方的利润作为参照点构建效用函数，但供应链成员也有可能将供应链整体利润与自己的利润相比较，来构建效用函数。黄松等（2013）在 Bolton 和 OckenfelS（2000）所提出绝对公平关切理论的基础上，研究了单一零售商和单一制造商组成的供应链，制造商作为 Stackelberg 博弈的领导者。研究结果表明，在一定条件下零售商的绝对公平关切可以减轻双重边际化效应，并且任何时候都不会加重双重边际化效应，而制造商的绝对公平关切则既可能减轻也可能加重双重边际化效应。

2.3　供应链契约与管理策略

供应链管理的一个重要特征就是存在多个决策者。1950 年，Spengler 发现了供应链的各个成员都只考虑自身的边际利益从而导致供应链失调的现象，并将此现象称为"双重边际效应"（double marginalization），也就是说，在通常情况下，当供应链分散决策时，各个成员独立决策的结果不能实现供应链整体绩效最优。为了提高供应链的整体绩效，实现双赢的目标，企业之间的协调（coordination）机制研究引发了不少学者的关注。关于供应链协调问题的研究始于 1960 年 Clark 等对多级库存—销售系统的研究。半个多世纪以来学者们现已形成了几套比较成熟的体系，其中供应链契约是实现供应链协调运作的一个非常重要的工具。所谓供应链契约（supply chain contract）是指通过提供合适的信息和激励措施，保证买卖双方协调，优化销售渠道绩效的有关条款。Pastemaek（1985）最早提出了供应链契约的概念，并讨论了一个易逝品供应链中的产品最优定价和回购策略。此后，学者们针对供应链契约开展了大量的研究，供应链契约研究也在很多方向上取得了长足的发展。根据供应链契约的研究现状，可以将供应链契约分成以下四种主要类型：批发价契约（wholesale price contract）、回购契约（buyback contract）、收益共享契约（revenue sharing contract）、数量折扣契约（quantity discount contract）。其中批发价格契约与回购契约是最早被研究的，也是最为常见的契约类型；而收益共享契约和数量折扣契约则分别研究了供应链中的两个核心内容，即供应链参与各方的利润和产品数量。当然，除了上述四种契约模型以外，还有很多其他的契约模型，如数量弹性契约（quantity flexibility contract）、数量承诺契约（quantity commitment contract）、期权契约（option contract）、成本分担契约（cost sharing contract）、延迟补偿契约（pay to delay contract）、预购契约（advance purchase contract）和回馈与惩罚契约（rebate and penalty contract）等。但是，这些契约模型都可以由上述四种契约演变而成，或者是由其中的两种或者是几种契约组合而得。下面对各类契约的研究情况作一个简要介绍。

（1）批发价契约

批发价契约是现实经济活动中最常见的一种交易契约。在该契约下，供应商以批发价向零售商提供产品，零售商根据市场需求和批发价格决定订货量，供应商按零售商的订货量组织生产，并在销售季节来临前将产品提交给零售商，零售商负责处理库存产品。在该契约中，除了缺货可能对供应商造成的信誉损失外，供应商的利润是确定的，零售商完全承担了市场风险。Bresnahan and Reiss（1985）在需求确定的情形下对批发价契约进行了研究。Lariviere and Porteus（2001）在报童模型的框架下对批发价契约进行了比较详细的分析。Spengler（1950）最先发现简单的批发价契约无法实现供应链协调，她认为造成这一现象的主要原因是供应商和零售商都以各自的边际利润为目标，而不考虑供应链的整体边际利润，从而产生双重边际化效应，导致供应链协调失败。对于"双重边际化效应"，Cho and Gerchak（2001）、Chen 等（2001）进行了较为详细的分析。Anupindi and Bassok（2008）将批发价契约扩展到了具有相同的无限连续销售周期的市场，发现批发价契约在该环境中比在单销售周期环境中更为有效。Dong and Rudi（2001）将批发价契约运用到包含多个零售商，并且零售商之间可以交换库存的情况，发现供应商可以通过零售商之间交换库存的方式获益，而零售商的情况则变得更糟。尽管批发价契约不能实现供应链的协调运作，但在实际经济活动中，批发价契约却是很常见的一种契约，其原因可能是批发价契约非常简单，易于管理。

（2）数量折扣契约

数量折扣契约也是在实践中应用最为广泛的一种协调契约。数量折扣契约对供应链的协调是在保持零售商的边际利润曲线不变的情况下，调整其边际成本曲线，使它们相交于一点，而这一点所对应的订货量正好就是供应链的最优订货量。Jeuland 等（1983）研究了由一个制造商和一个零售商构成的渠道合作问题，他们认为渠道成员的协作或合作不是渠道成员的本能行为，除非适当地激励他们。他们还认为垂直整合能使渠道利润最大化，但不是唯一的方式，还可以通过契约、利润分享和数量折扣来实现合作。由于他们分析的是单个制造商和单个零售商的渠道关系，因此认为合作比不合作总是有利的。1988 年，Jeuland 和 Shugan 对渠道管理问题的研究进行了评论（1988），并回顾了他们1983 年的研究成果，他们始终认为渠道成员会从合作中受益，在确定型需求允许缺货的假设条件下，Jeuland 和 Shugan 讨论了渠道协调中的定价问题，得出数量折扣可以协调渠道成员的运作绩效，也可以分享新增利益，但是折扣中有关参数的确定，需要双方了解全部的成本信息。Monahan（1984）最先在 EOQ 框架内从供应商的视角研究了最优折扣定价问题。Lee 和 Rosenblatt（1986）对 Monahan（1984）的数量折扣模型进行了推广，进一步考虑了折扣量有限制的情形，给出了供应链参与方的订货策略和价格折扣策略的算法。Dada 和 Srikanth（1987）也对供应链中卖者和买者的数量折扣价格决策进行了研究，在考虑了订货量大小对成本的削减效果的基础上给出了合适的数量折扣策略，并进一步将模型扩展到了库存成本是价格的函数的情形。Kim 和 Hwang（1989）以提高供应商的利润并降低零售商的成本为目标，研究了单个供应商多个零售商系统的数量折扣问题。Kohli 和 Heungsoo（1994）构建了一个以卖方为领导者的 Stackelberg 博弈模型，对数量折扣契约协调问题进行了研究。Weng（1993；1995；1995）研究了单个供应商多个零售商系统的渠道协调问题，引入了折扣和经销许可权的概念，同时指出单独使用数量折扣无法保证系统的完美协调，得出了联合数量折扣和经销许可权费用可确保系统协调的结论。Li 和 Liu（2005）针对一个具有随机需求的多周期供应商—买者系统设计了能实现系统协调的数量折扣契约，并给出了供应链利润在供应链参与方之间进行分配的一个方法。Corhett 和 Groote（2000）还得出了不对称信息下双方之间的最佳数量折扣。

（3）回购契约

回购，也称退货，是一种随机需求下实现供应链系统协调的最为常见的契约机制。在回购契约下，供应商以批发价格 w 向零售商提供产品，但在售季末对零售商未售出的商品，每单位支付回购价格 b。Jeuland 和 Shugan（1983）早在 1983 年就发现回购策略可以实现供应商和零售商之间的协调，但是他们没有建立相应的契约模型。Padmanabhan 和 Png（1995）首次对回购契约协作的动因进行了研究，发现供应商之所以采用回购契约是因为他们担心零售商会在销售季节过后对剩余的产品进行打折销售，从而对供应商的产品品牌造成损害，这在高档品牌的销售过程中尤为常见，另外有些供应商则是为了重新协调零售商之间的库存量。运用优化定价和回购策略可确保渠道协调。Padmanabhan 和 Png（1995）还从管理实践视角描述了供应商回购零售商季末未售商品对整个供应链渠道的益处，回购实施中发生的各项费用以及如何运作回购策略等问题。Kodama（1995）研究了订购商品后的零售商可以在销售季节来临之际部分退货和补充订货的案例，研究表明该策略可以提高零售商的期望利润水平。Tagaras 和 Cohen（1992），Anupindi 和 Bassok（2001）也分别对此进行了类似的研究。Padmanabhan 和 Png（1997）研究了供应商为了控制零售商之间的过度竞争而采用回购策略的情况，发现供应商的利润因此而增加。但是在需求固定的情况下，回购策略则会导致零售商的订货量非理性。Emmons 和 Stephen（1998）研究了在零售商必须在销售季节前夕进行订货量和定价决策时回购策略对买卖双方期望利润的影响。Lau 和 Lau（1999）对制造商具有垄断地位的单销售周期产品供应链中的最优定价及返还策略的制定进行了研究，并指出这样的返还策略通常能使制造商从中获益。此外，Taylor 对市场需求与零售商的努力相关情况下的回购契约进行了研究，发现通过与回馈策略的结合，可以实现供应链的协调。Lee 等（2000）研究了 IT 行业中的价格保护现象，并提出了应用回购契约或价格补贴的策略来应对由于技术进步而引发的产品跌价。索寒生和金以慧（2004）还考虑了非对称信息下，两级供应链中的最优回购策略问题，运用委托—代理模型研究了供应商的最优回购策略，得到了供应商的最优决策方案。通过与对称信息的情况相比，发现信息结构的非对称导致了下游实体的订货量低于系统的最优订货量，使得供应链无法达到协调，供需链的总利润和供应商的利润降低，零售商的利润增加。叶飞和李怡娜（2006）对具有风险规避者加盟的供应链的最优回购策略进行了研究，结果表明具有风险规避性的零售商最优订货量要比风险中性的零售商选择的最优订货量小，同时还发现供应商为激励具有风险规避特性的零售商所支付的单位商品回购价格，要比激励风险中性的零售商所支付的单位回购价格高。叶飞和李怡娜（2007）还以 Stackelberg 模型及 Nash 谈判模型为工具对供应链的回购机制进行了研究。

（4）收益共享契约

在收益共享契约下，供应商以较低的批发价格 w 向零售商提供产品，但零售商要将其收益的一定比例 $1-\phi$ 与供应商分享。柳键和马士华（2004）假设信息共享前提下，通过比较研究发现收入共享契约比批发价格契约更加优越；对于批发价格契约，企业成员越多，供应链绩效越高；但是，对于收入共享契约，企业成员越多，供应链绩效反而会出现下降收益共享契约在影碟租赁业得到了广泛的应用。Dana 和 Spier（2001）对此进行了详细的研究，发现收益共享契约可以缓解下游零售商之间的价格竞争，并且减少供应商和零售商之间的冲突。Mortimer（2000）对音像行业应用收入共享契约进行了详尽的经济分析，发现采用该契约可以提高系统绩效约 7%。Gerchak 和 Cho（2001）则发现收益共享契约可以协调影像租赁业中产品的购买量和库存时间之间的矛盾。考察了影像零售商如何进行订购与持有时间的联合决策问题，侧重研究收益共享是否可以协调系统的问题，未涉及协调利润的分割。Wang（2004）还将收益共享契约与批发价契约进行了对比，发现在收益共享契约下，参与各方的利润都能得到提高，现时在批发从契约下，供应链的绩效会随着供应商的增加而下降。Wang 等（2004），Pastemack（2005）研究了单个零售商通过收入共享契约和单一的批发价格策略购买商品的决策模型，但没有探讨其系统协调问题。Cachon 和 Lariviere（2005）研究了收益共享契约的一般形式，得出了该契约可确保系统协调和协调利润可任意分割的结论。Giannoccaro（2004）考察了分散式系统下的供应链协调问题。叶飞（2006）对含风险规避者的供应链收益共享契约机制进行了研究，分别给出了零售商为风险中性及风险规避者时收益共享系数的协商区间，结果表明，供应商采用收益共享机制可使整个供应链得到协调：在收益共享契约机制中供应商制定的批发价格要低于它的生产成本，而且当零售商为风险规避者时，它将期望供应商给予较低的批发价格，而宁愿让供应商获取较大的供应链销售收入份额。Stephen 等（2008）研究了包含一个供应商、两个相互竞争的零售商的供应链中的收益共享契约协调问题，在其设计的契约机制中，供应商是 Stackelberg 博弈的领导者，首先，为两个零售商提供收益共享契约，然后，两个相互竞争的零售商决定各自的订货量。结果表明，在收益共享契约下，供应链的绩效要高于在批发价契约下供应链的效益。

（5）数量柔性契约

数量柔性契约是指下游企业在观察到市场需求变化后，上游企业允许下游企业二次订货，调整其订货量；同时，如果出现一定数量的滞销产品，上游企业对下游企业给予一定的补偿，数量柔性契约经常应用于电子业和计算机业的零部件交易中，也出现在汽车行业中。在该契约下，零售商有两次订货机会：在生产开始前夕确定向供应商的订货量 Q_1；在供应商生产进行到一定阶段后，在收集需求信息的基础上零售商可以调整其对市场需求的预测，并向供应商确定最终的订货量 Q_2。按照契约，最终订货量不得低于初始订货是的一定比例 α。供应商在接受初始订货量后就开始生产，当零售商调整订货量时供应商的产量已经确定，若零售商增加订货量，在增加量不超过初始订货量 β 比例时，供应商保证足额供应。Tsay（1999a；1999b）研究了数量柔性契约实现供应链系统协调的问题，并考察了多场所、多需求阶段、可变生产提前期和存在需求预测更新的情形。Tsay（2001）还讨论了如何设置两个比例以使零售商的初始订货量和集中式系统的最优订货量一致，但由于实现系统协调的 α，β 的取与需求分布有关，只有在需求预测更新后，需求的不确定性可以彻底消除时才能得到两个比例的解析表达，故该契约有很大的局限性。

数量柔性契约的研究主要集中在三个方面：①零售商应采用何种订货方式；②供应商如何制定契约并且组织生产；③供应商和零售商如何对利润进行分配。Eppen（1979）在数量柔性契约的基础上建立了补偿协议（backup agreements）模型。销售季节开始之前，零售商根据历史数据订购总量为 y 的产品，并以价格 c 预付（$1-Q$）y 产品的订金；销售季节开始后，零售商再以价格 c 购买 Qy 的产品，若市场需求低于原来的订货量，则零售商需对超额订购的产品支付补偿金，通过补偿协议可以同时提高供应商和零售商的期望利润，并实现供应链的协调，对此 Cachon（2002）和 Ferguson 等（2002）也进行了类似的研究。

Anupindi 和 Bassok（1995）将数量柔性契约扩展到零售商动态订购的情况，零售商首先承诺最小订货量，对于超出承诺量的产品，需支付较高的批发价格，从而降低零售商和供应商的边际成本。Bassok 和 Anupindi（1997）还研究了多阶段需求下的数量弹性契约的协作情况。Tsay（1999b）则将数量柔性契约扩展到了多需求阶段、多库存地点、延迟交货和需求更新的情况，发现单阶段中因随机需求而导致的期望利润减少在多阶段供应链中可以得到一定的改善。Lariviere（2002）则发现数量柔性契约可以激励零售商努力预测市场需求，从而增加他们的期望利润。杨庆定等（2005）考虑了国际复杂环境下的供应链，分析了数量弹性契约是如何提高供应链绩效，Chan（2006）通过仿真实验表明数量弹性契约能够缓解由于需求不确定性给供应链造成的负面影响，该契约能够有效改善供应链绩效。

（6）销售补偿契约

在销售补贴契约下，供应商以批发价 w 向零售提供产品，但对零售商超出门槛值 T 的销售额，每单位给予 r 的价格补贴。Taylor（2002）和 Kap 等（2004）研究了销售补偿契约对供应链系统的协调问题，并考虑了允许零售商通过努力影响需求的情形。在 Taylor（2002）中零售商的努力水平是与订货量一起决定的，但在 kap 等（2004）中，则聚焦于零售商选择订货量，先收到关于需求的信号，然后决定努力水平的情形，研究表明销售补偿契约可实现供应链系统的协调。

（7）期权契约

期权契约是指在销售季节来临之前，下游企业向上游企业提前购买一定数量的产品期权，下游企业获得真实的市场需求信息之后，再对如何执行期权进行决策；同时，上游企业应该具备足够的生产能力来满足下游企业可能选择的最大订货量。Bames-Schuster（2002）考虑了两个周期的供应链情形，研究期权契约如何给零售商在第二个周期里对市场变化做出弹性改变，并通过算例证明了期权契约提高了供应链绩效。Wang 等（2006）研究了双向期权契约问题，该契约能够调整上下游企业的初始订货，零售商在计划初期制定初始订单和采购期权，当零售商预测到实际需求后，零售商执行期权调整初始订货；同时，基于零售商的角度分析了该契约，并且制定了零售商的最优策略，通过算例分析了参数是如何影响零售商的行为，以及双向期权契约能够提高零售商的利润。Zhao 等（2010）认为与批发价格契约相比较，期权契约能够协调供应链和实现帕累托改进，并且讨论了按照供应链成员的风险关切和谈判能力所选择的不同期权契约形式。

（8）成本分担契约

成本分担契约是指供应链成员共同投入成本来降低下游供应链成员或上游供应链成员成本，目的是改善供应链绩效，其成本分担比例需要供应链成员之间协商来确定。根据成本的不同性质，可以分为生产成本、促销成本等，与之相对应的有生产成本分担契约、促销成本分担契约等。叶飞等（2012）构建了"公司＋农户"型订单农业供应链的决策模型，提出了一种新的契约机制"B-S"期权＋生产协作＋保证金"来协调此类订单农业供应链。侯玉梅等（2013）研究由一个零售商及一个有促销行为的供应商组成供应链的协调问题，研究认为回购—促销成本分担契约中的促销成本分担因子在满足参与约束的前提下，能够使得供应商与零售商之间任意分配供应链的利润。

其他供应链协调契约还有后备契约、特许经营费用契约等。由以上分析可看出，对于由一个供应商的一个零售商所构成的两级供应链，很多契约都可以在一定条件下实现供应链的协调，有的还可以通过调整契约参数实现供应链整体利润在参与双方之间的任意分配。但是各种协调契约在现实中的应用却并不一样，有的契约在某个行业得到了广泛应用；而有的契约又在另一个行业应用得比较多一点，甚至不能实现供应链协调的批发价契约在现实中也是广泛应用的。造成这一现象的原因是：在不同的契约下参与各方所承担的风险是不同的，各种不同的契约的管理复杂程度也是不一样的。在选择契约对供应链进行协调时，参与各方既要考虑到期望利润，也要考虑到各方所承担的风险水平，以及该协调机制的管理复杂程度和可操作性等。

以上有关供应链协调的契约研究都是假设供应链成员理性特点，这些研究适合于以期望利润最大化的决策者，而当决策者具有公平关切心理时，供应链契约能否发挥激励作用值得思考。目前，从现有的国内外文献来看，以公平关切为背景的供应链契约问题还处于起步阶段，需要进一步深入研究。

2.4 基于信息不对称的供应链决策

在过去的十年里，供应链领域的信息价值和信息共享得到了更多关注，Lee 等（1997）研究了牛鞭效应（bullwhip effect）中信息的价值而；而后，Lee 等（2000）对二级供应链中信息分享的价值进行了量化分析。Cachon 和 Fisher（2000），Moinzadeh（2002）在多周期情形下，研究了信息共享给供应链带来的好处。这些研究主要强调信息分享对供应链绩效的影响。同时，在现实生活中，为了最大化自身利益，具备信息优势的企业可能不会将自己的私有信息与其他企业共享，这种信息不对称现象在供应链中是普遍存在的。这必将对企业之间的博弈关系和供应链绩效产生非常重要的影响。因此，信息不对称情形下如何实现供应链绩效的提升和企业之间的相互协调成为供应链管理的重要研究内容。目前，大多数供应链决策研究主要分析了成本信息不对称和需求信息不对称对于供应链协调的影响。

一方面，考虑成本信息不对称情形。Corbett 和 Groote（2000）考虑了零售商成本信息不对称情形，研究了制造商如何制定数量折扣契约的问题。Corbett（2001）考虑了两种信息不对称情形，即制造商的生产成本信息不对称和零售商的缺货成本信息不对称，建立了随机需求模型，研究了供应链随机库存系统的契约问题。得到的结论是：此情形下制造商和零售商的效率下降。Ha（2001）建立了价格依赖的加法型随机需求模型，分析了的供应链契约问题。得到的结论是：当零售商的成本信息共享时，供应链可以实现协调，但是，零售商的成本信息不共享时，导致制造商的利润下降，零售商的利润则提升。Corbett 等（2004）考虑了零售商成本信息不对称情形，研究了信息的价值和一类更具实用价值的契约模式。索寒生等（2004）考虑了供应链下游企业的成本费用是私有信息，建立了委托代理模型，研究了上游企业的回购契约问题。得到的结论是：信息不对称导致下游企业订货量减少，供应链整体利润和分销商利润下降，回购契约不能实现供应链协调，但是，下游企业的利润增加。Lutze 和 Özer（2005）考虑了制造商通过交付产品时间掌握零售商的零售价格，而零售商的成本信息不对称导致其夸大服务顾客的水平的影响，在此情形下，研究了供应链的契约问题。Lau 等（2006）考虑了不同的需求模式，制造商拥有生产成本私人信息，在此前提下，研究了制造商的决策对供应链的影响问题。刘珩等（2011）考虑了由一个损失厌恶型零售商和一个风险中性供应商组成的二级供应链，当零售商的销售成本信息不对称时，基于委托代理理论，研究供应商制定的价格补贴契约对企业和供应链的影响。分析了零售商最优订货决策和供应商最优定价决策。得到的结论是：信息不对称情形下零售商的最优订货量下降，价格补贴契约不能协调供应链。

另一方面，考虑需求信息不对称情形。Cachon 和 Lariviere（2001）研究了零售商分享需求信息给制造商的期权契约，强调了制造商履行契约的影响。Özer 和 Wei（2006）研究了类似 Cachon 和 Lariviere（2001）讨论的情形，考虑了零售商拥有市场需求量的私人信息，而制造商作为制定契约的博弈主导者情形，并以制造商的视角分析了契约问题。Bumetas 等（2007）考虑了零售商不将需求量信息分享给制造商的情形，分析了制造商制定的数量折扣契约对供应链的影响。Ölkii 等（2005）考虑了由一个制造商和多个零售商组成的供应链，制造商和零售商各自预测需求量，制造商关切产量的柔性运作，研究各种供应风险分配对供应链利润的影响。Zhou（2007）假设具有信息优势的零售商面对价格敏感的随机市场需求，制造商不知道需求信息，基于 Stackelberg 博弈模型，制造商为了激励零售商而采取四种量折扣定价策略：一般的数量折扣、固定比例折扣、累加的数量折扣和固定边际利润率折扣，并通过仿真实验进行了比较。Arcelus 等（2008）考虑价格依赖的需求函数有加法误差和乘法误差两种类型，当制造商不知道潜在的需求信息时，研究了制造商针对顾客采取最优的折扣策略，针对零售商采取最优定价策略以实现需求信息共享。Gan 等（2010）假设供应商承担库存风险，零售商关注市场和满足顾客，并向供应商订货，供应商不知道真实的需求信息，研究供应商为了激励零售商分享真实的需求信息而制定承诺—惩罚（commitment-penalty）契约，同时，也能够实现供应商利益最大化。Esmaeili 和 Zeephongsekul（2010）考虑了卖方不知道买方的需求信息，当买方和卖方互为领导者时，建立了买卖双方共同承担销售费用的部分合作博弈模型，研究该模型对激励信息共享以及实现供应链协调发挥的作用。最后，考虑其他信息不对称情形。周永务等（2008）考虑了由一个供应商和一个零售商组成的供应链，建立了零售价格敏感的随机需求模型，基于委托代理理论，研究了零售价格信息非对称情形下，供应商（委托人）应该如何设计激励契约，才能促使零售商（代理人）采取对供应商有利的零售价格，同时，比较了信息共享和信息不对称两种情形下双方的最优策略。Yu 和 Jin（2011）在不确定市场需求情形下，考虑供应商不知道零售商的零售价格信息，供应商运用模糊分布集估计零售价格，研究了供应商通过回购策略激励零售商制定最优订货决策，以提高供应链整体绩效，并通过算例分析对回购契约的特性进行了讨论，同时验证了该契约的有效性。余大勇等（2009）考虑了由零售商和分销商组成的二级供应链，研究了当易逝产品的残值信息是零售商的私人信息时，分销商应该如何制定数量折扣契约以激励零售商的订货，并通过算例分析得到该激励机制能够实现供应链的协调。

然而，这些文献基本上都是以理性的企业决策者为前提，研究成本或需求等信息不对称对企业决策和供应链绩效的影响。而假设决策者为公平关切情形下的信息不对称研究非常少。

2.5　对现有相关研究的总结和评述

以上文献综述主要从公平关切基本理论、公平关切在供应链决策分析的应用、供应链契约与管理策略、基于信息不对称的供应链决策等四个方面对国内外的文献进行了简要概括。综上所述，在相当长的时间里，供应链管理的研究文献都是假定参与者是理性的和利己主义的。近些年来，虽然有学者考虑了决策者公平关切的心理因素，可是，从现有的文献来看，公平关切背景下的供应链行为决策与管理策略领域有以下研究视角值得思考：

（1）目前，对基于公平关切的企业和供应链管理研究相对较少。主要探讨公平关切程度对零售商和供应商的定价和订货影响，而对公平关切程度如何影响生产商的生产决策，以及分销商的订购价格决策的研究较少。

（2）大部分的文献都是在零售商需求确定情形下对供应链进行研究，很少有针对零售商需求不确定的情形。因此，从零售商需求不确定性的角度，研究相对和绝对公平关切对供应链行为决策的影响更加符合实际，也能够更好地指导供应链实践。

（3）从绝对公平关切角度对供应链进行研究较少，从现有的文献来看，仅有黄松等（2013）对此进行了初步探讨，但未考虑零售商和制造商均为绝对公平关切的情形，并且假定需求是确定的。所以，在零售商和分销商，以及生产商和分销商均为绝对公平关切情形下，对供应链行为决策进行研究是对公平关切理论的进一步拓展。

（4）多数文献几乎研究的是完全信息情形，探讨成本或需求等信息不对称对企业决策和供应链绩效的影响，很少对零售商和分销商均为相对和绝对公平关切信息不对称情形，以及生产商和分销商均为相对和绝对公平关切信息不对称情形进行研究（一方不知晓另一方的绝对和相对公平关切程度）。

2.6　本章小结

本章主要从公平关切基本理论、公平关切在供应链决策分析的应用、供应链契约与管理策略、基于信息不对称的供应链决策等四个方面对国内外的文献进行了简要概括。对现有的相关文献进行分析后发现：目前，基于公平关切背景下供应链决策与管理策略研究还处于起步阶段，还有很多视角值得研究。从公平关切角度对供应链进行研究，大多数文献都是考虑零售商具有相对公平关切或供应商具有相对公平关切，但很少研究零售商和供应商均为相对公平关切；零售商和供应商均为绝对公平关切，生产商和供应商均为相对公平关切，以及生产商和供应商均为绝对公平关切的情形；对于信息不对称的研究，更多的学者往往关注成本信息和需求信息的不对称，忽视了公平关切信息不对称现象对人们决策的影响。所以，本书第三章、第四章和第五章将以这些内容作为研究方向展开系统深入的研究。

3. 相对公平关切下分销商主导供应链决策与管理策略研究

  传统研究中决策者是完全理性的,是完全受到自利主义的激励从而最大化自身的利益。而行为研究却发现,在现实生活中人们往往对公平表现出极大关切,即公平关切。在公平关切行为倾向作用下,人们有可能会在感到不公平时以己方利益受损为代价采取行动达到惩罚对方的目的。公平关切与传统效用理论不相容,因为它违背了理性人假设,而许多实证或实验研究均证实了这种行为倾向的存在。Ruffle 等(1998)在最后通牒博弈中发现,若接受方认为提议方的分配方案不公平,则会选择拒绝。Kahneman 等(1979)发现在市场交互过程中,顾客和员工分别会在价格和薪金变动上存在公平关切心理。传统供应链研究未能考虑人的行为和心理,从而不能切实可靠地指导供应链管理实践,把公平关切心理引入供应链运作管理领域是很有必要的,同时基于公平关切的供应链管理研究引发更多学者的关注。对于公平关切的供应链决策与激励问题,已有研究得到理性供应链集中决策时的最优订货量,并以此最优订货量为基准来分析契约对供应链的协调问题。供应链成员企业存在公平关切心理,但是,在现实生活中,集中决策的供应链是很少见的,大多数情形下以供应链分散决策为主。而且,如果契约必然损害供应链任何一方的利益,那么,此契约是不能被运用到实际中的。因此,在供应链环境下,当企业的决策者存在公平关切心理时,生产商的生产决策、分销商的定价决策、零售商的订货决策问题,以及在理性条件下可以实现供应链决策和激励的契约是否能够在公平关切背景下实现企业双赢,这些问题都值得深入研究。

  在以分销商为主导的供应链运作过程中,分销商以物流优势、成本优势、信息优势连接生产商和零售商,分销商在制定决策方面具有很大的优势。在面对由生产商和分销商组成的供应链中,分销商制定订购价格,生产商根据分销商制定的价格来做出最优生产决策;在面对由零售商和分销商组成的供应链中,分销商制定批发价格,零售商根据分销商制定的价格来做出最优订货决策。

  由于公平关切分为绝对公平关切和相对公平关切,对于分销商和零售商所组成的供应链中,其供应链可以分为四类,即零售商相对公平关切和分销商绝对公平关切的供应链、零售商绝对公平关切和分销商相对公平关切的供应链、零售商和分销商均为绝对公平关切的供应链,以及零售商和分销商均为相对公平关切的供应链。对于分销商和生产商所组成的供应链,同样可以分为四类。由于篇幅的原因,本书只考虑以下四类供应链,即零售商和分销商均为绝对公平关切的供应链、零售商和分销商均为相对公平关切的供应链、分销商和生产商均为相对公平关切的供应链，以及分销商和生产商均为绝对公平关切的供应链。

本章将基于博弈模型，针对两类以分销商为主导的简化供应链，即由一个零售商与一个分销商所组成的供应链和由一个生产商与一个分销商所组成的供应链。在零售商、生产商和分销商均为相对公平关切的背景下，研究相对公平关切对零售商最优订货策略、生产商最优生产策略、分销商最优定价策略，以及零售商绩效、生产商绩效和分销商绩效影响。

相对公平关切，即零售商、分销商和生产商不仅关注自己获得利润的多少，同时也将自己获得的利润与对方获得的利润相比较。

3.1 零售商和分销商相对公平关切下供应链决策与管理策略研究

研究单个具有相对公平关切的零售商与单个相对公平关切的分销商组成的两阶段模型（如图 3.1）。

假设零售商面对随机市场需求 X，其概率密度函数为 $f(x)$，分布函数为 $F(x)$，均值为 μ，零售商单位产品价格为 p，剩余产品单位残值为 v，分销商的单位产品成本为 c，单位产品批发价格为 w，零售商订货量为 Q，基于理性假设 $p > w > c > v$。

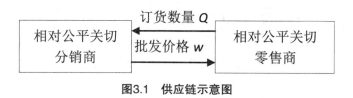

图3.1　供应链示意图

3.1.1 无契约分散决策分析

在分散决策过程中，零售商和分销商为 Stackelberg 主从博弈，零售商作为分销商的决策跟随者，二者之间信息对称，决策变量为 Q 和 w。在无契约情形下，分销商向零售商提供批发价格 w，零售商同时决定订货量 Q，零售商的利润函数为：

$$\Pi_r = \begin{cases} px + v(Q - x) - wQ, & x < Q \\ pQ - wQ, & x > Q \end{cases}$$

当 $x < Q$ 时，即产品实际量供过于求，零售商的利润等于销售总收入，加上产品残值收益，减去产品成本；当 $x > Q$ 时，即产品实际量供不应求，零售商的利润等于销售总收入，减去产品成本。

零售商的期望利润为：

$$E(\Pi_r) = p(Q - \int_0^Q F(x)dx) + v\int_0^Q F(x)dx - wQ$$

$$= (p-w)Q - (p-v)\int_0^Q F(x)dx \tag{3.1}$$

分销商的利润为：

$$\Pi_f = wQ - cQ \tag{3.2}$$

假设零售商和分销商均为相对公平关切，通过引入参照点依赖来描述零售商和分销商的公平关切效用函数，以对方利润作为己方利润的参照点。假设决策者面对同等利润和损失的敏感程度一样，即直线型，为刻画该效用函数，引入参数 a_r 作为零售商相对公平关切系数，a_f 作为分销商相对公平关切系数，$a_r > 0$，$a_f > 0$。基于此，得到零售商的公平关切效用函数为：

$$\mu_r = E(\Pi_r) - a_r(\Pi_f - E(\Pi_r))$$

$$= (1+a_r)E(\Pi_r) - a_r\Pi_f$$

将式（3.1）和式（3.2）代入上式得：

$$\mu_r = (1+a_r)[(p-w)Q - (p-v)\int_0^Q F(x)dx] - a_r(wQ - cQ) \tag{3.3}$$

零售商的效用 μ_r 对 Q 求导数，可得：

$$\frac{d\mu_r}{dQ} = (1+a_r)[(p-w) - (p-v)F(Q)] - a_r(w-c)$$

令 $\frac{d\mu_r}{dQ} = 0$，得到：

$$Q = F^{-1}(\frac{(1+a_r)(p-w) - a_r(w-c)}{(1+a_r)(p-v)}) \tag{3.4}$$

$$\frac{d^2\mu_r}{dQ^2} = -(1+a_r)(p-v)f(Q) < 0$$

所以零售商的效用函数 μ_r 是 Q 的凹函数（Concave），即：零售商向分销商订购产品时的最优订货量存在，并且唯一，记为 Q_0，最优订货量所对应的最大期望效用存在并且唯一。

当零售商确定最优订货量 Q_0 后，分销商便能确定批发价格 w。由于分销商也为相对公平关切，因此分销商的效用为：

$$\mu_f = \prod_f - a_f(E(\prod_r) - \prod_f)$$
$$= (1 + a_f)\prod_f - a_f E(\prod_r)$$

将式（3.1）和式（3.2）代入上式，可得：

$$\mu_f = (1 + a_f)\prod_f - a_f E(\prod_r)$$
$$= (1 + a_f)(wQ - cQ) - a_f[(p - w)Q - (p - v)\int_0^Q F(x)dx] \quad (3.5)$$

为求使得其效用最大的批发价格，分销商效用 μ_r 对 w 求导数可得：

$$\frac{d\mu_f}{dw} = (1 + a_f)[(w - c)\frac{dQ}{dw} + Q] - a_f[(p - w)\frac{dQ}{dw} - Q - (p - v)F(Q)\frac{dQ}{dw}]$$

令 $\frac{d\mu_f}{dw} = 0$，可得：

$$(1 + a_f)[(w - c)\frac{dQ}{dw} + Q] - a_f[(p - w)\frac{dQ}{dw} - Q - (p - v)F(Q)\frac{dQ}{dw}] = 0$$

得到的解为相对公平关切分销商的最优批发价格 w_0，其中 $\frac{dQ}{dw}$ 可以由式（3.4）通过隐函数求导得到：

$$\frac{dQ}{dw} = \frac{-(1 + 2a_r)}{(1 + a_r)(p - v)f(Q)}$$

将相对公平关切零售商最优订货量 Q_0 和相对公平关切分销商最优批发价格 w_0 代入式（3.3）和式（3.5）得到供应链期望效用为：

$$\mu_{rf}(Q_0, w_0) = \mu_r(Q_0) + \mu_f(w_0)$$
$$= (1 + a_r)[(p - w_0)Q_0 - (p - v)\int_0^{Q_0} F(x)dx] - a_r[w_0Q_0 - cQ_0]$$
$$+ (1 + a_f)(w_0Q_0 - cQ_0) - a_f[(p - w_0)Q_0 - (p - v)\int_0^{Q_0} F(x)dx]$$

3.1.2 基于收益共享契约的决策分析

考虑分销商采用收益共享契约，用 d 代表收益共享契约供应链。在收益共享契约供应链中，分销商以较低的批发价格 w 提供给零售商产品，并以 $1 - \phi$ 比例的收益作为回报，研究分销商是否可以通过收益共享契约提高分销商和零售商的绩效。

因此零售商的期望利润为：

$$E(\Pi_{rd}) = \phi(pQ - (p-v)\int_0^Q F(x)dx) - wQ \qquad (3.6)$$

分销商的利润为：

$$\Pi_{fd} = (w-c)Q + (1-\phi)(pQ - (p-v)\int_0^Q F(x)dx) \qquad (3.7)$$

由于零售商为相对公平关切，则零售商的效用函数为：

$$\begin{aligned}\mu_{rd} &= E(\Pi_{rd}) - a_r(\Pi_{fd} - E(\Pi_{rd})) \\ &= (1+a_r)E(\Pi_{rd}) - a_r\Pi_{fd}\end{aligned} \qquad (3.8)$$

将式（3.6）和式（3.7）代入（3.8）式得：

$$\begin{aligned}\mu_{rd} &= (1+a_r)[\phi(pQ - (p-v)\int_0^Q F(x)dx) - wQ] - a_r[(w-c)Q \\ &\quad + (1-\phi)(pQ - (p-v)\int_0^Q F(x)dx)]\end{aligned} \qquad (3.9)$$

零售商的效用 μ_{rd} 对 Q 求一阶、二阶导数可得：

$$\begin{aligned}\frac{d\mu_{rd}}{dQ} &= (1+a_r)[\phi(p - (p-v)F(Q)) - w] - a_r[(w-c) \\ &\quad + (1-\phi)(p - (p-v)F(Q))] \\ &= [\phi(1+a_r) - (1-\phi)a_r](p - (p-v)F(Q)) - (1+2a_r)w + a_rc\end{aligned}$$

$$\begin{cases} \dfrac{d^2\mu_{rd}}{dQ^2} < 0, & \phi > \dfrac{a_r}{1+2a_r} \\[3mm] \dfrac{d^2\mu_{rd}}{dQ^2} > 0, & \phi < \dfrac{a_r}{1+2a_r} \end{cases}$$

当 $\phi < a_r/(1+2a_r)$，μ_{rd} 是关于 Q 的严格凸函数，使效用最大化的订货量应该在需求分布的两个极值点处进行选择，显然这种情况现实中很少见。当 $\phi > a_r/(1+2a_r)$，μ_{rd} 是关于 Q 的严格凹函数，存在唯一最优订货量，记为 Q_d。因此零售商的最优订货量为：

$$Q_d = F^{-1}\left(\frac{p}{p-v} - \frac{(1+2a_r)w - a_rc}{[\phi(1+a_r) - (1-\phi)a_r](p-v)}\right) \qquad (3.10)$$

当零售商确定最优订货量 Q_d 后，分销商便能确定批发价格 w。由于分销商也为相对公平关切，因此分销商的效用为：

$$\mu_f = \prod{}_{fd} - a_f(E(\prod{}_{rd}) - \prod{}_{fd})$$
$$= (1 + a_f)\prod{}_{fd} - a_f E(\prod{}_{rd})$$

将式（3.6）和式（3.7）代入分销商的效用 μ_f 得：

$$\mu_{fd} = \prod{}_{fd} - a_f(E(\prod{}_{rd}) - \prod{}_{fd})$$
$$= (1 + a_f)[(w-c)Q + (1-\phi)(pQ - (p-v)\int_0^Q F(x)dx)] \qquad (3.11)$$
$$- a_f[\phi(pQ - (p-v)\int_0^Q F(x)dx) - wQ]$$

为求使得其效用最大的批发价格，式（3.11）对 w 求导数可得：

$$\frac{d\mu_{fd}}{dw} = (1+a_f)[(w-c)\frac{dQ}{dw} + Q + (1-\phi)(p\frac{dQ}{dw} - (p-v)F(Q)\frac{dQ}{dw})]$$
$$- a_f[\phi(p\frac{dQ}{dw} - (p-v)F(Q)\frac{dQ}{dw}) - w\frac{dQ}{dw} - Q]$$

令 $\dfrac{d\mu_{fd}}{dw} = 0$，可得：

$$(1+a_f)[(w-c)\frac{dQ}{dw} + Q + (1-\phi)(p\frac{dQ}{dw} - (p-v)F(Q)\frac{dQ}{dw})]$$
$$- a_f[\phi(p\frac{dQ}{dw} - (p-v)F(Q)\frac{dQ}{dw}) - w\frac{dQ}{dw} - Q] = 0$$

得到的解为相对公平关切分销商的最优批发价格 w_d，其中 $\dfrac{dQ}{dw}$ 可以由式（3.10）通过隐函数求导得到：

$$\frac{dQ}{dw} = -\frac{1 + 2a_r}{[\phi(1+a_r) - (1-\phi)a_r](p-v)f(Q)}$$

将零售商的最优订货量 Q_d 和分销商的最优批发价格 w_d 代入式（3.9）式（3.11）得到供应链期望效用：

$$\mu_{rfd} = \mu_{rd}(Q_d) + \mu_{fd}(w_d)$$
$$= (1+a_r)[\phi(pQ_d - (p-v)\int_0^{Q_d} F(x)dx) - w_dQ_d] - a_r[(w_d-c)Q_d + (1-\phi)(pQ_d$$
$$- (p-v)\int_0^{Q_d} F(x)dx)] + (1+a_f)[(w_d-c)Q_d + (1-\phi)(pQ_d$$
$$- (p-v)\int_0^{Q_d} F(x)dx)] - a_f[\phi(pQ_d - (p-v)\int_0^{Q_d} F(x)dx) - wQ_d]$$

3.1.3 基于回购契约的决策分析

考虑分销商采用回购契约，用 h 代表回购契约供应链。在回购契约供应链中，分销商在销售期末将零售商未销售出的产品以 h（$w > h > v$）价格回购。研究分销商是否可以通过回购契约提高分销商和零售商的绩效。

在回购契约情形下，零售商的利润为：

$$\prod_{rh} = \begin{cases} px + h(Q-x) - wQ, & x < Q \\ pQ - wQ, & x > Q \end{cases}$$

零售商的期望利润为：

$$\begin{aligned} E(\prod_{rh}) &= p(Q - \int_0^Q F(x)dx) + h\int_0^Q F(x)dx - wQ \\ &= (p-w)Q - (p-h)\int_0^Q F(x)dx \end{aligned} \tag{3.12}$$

分销商的利润函数如下：

$$\prod_{fh} = \begin{cases} (w-c)Q - h(Q-x) + v(Q-x) & x < Q \\ wQ - cQ & x > Q \end{cases}$$

因此，分销商的期望利润为：

$$\begin{aligned} E(\prod_{fh}) &= (w-c)Q - (h-v)\int_0^Q (Q-x)f(x)dx \\ &= (w-c)Q - (h-v)Q\int_0^Q f(x)dx + (h-v)\int_0^Q xf(x)dx \end{aligned} \tag{3.13}$$

由于零售商为相对公平关切，则在回购契约下零售商的效用为：

$$\begin{aligned} \mu_{rh} &= E(\prod_{rh}) - a_r(E(\prod_{fh}) - E(\prod_{rh})) \\ &= (1+a_r)E(\prod_{rh}) - a_r E(\prod_{fh}) \end{aligned}$$

将式（3.12）和式（3.13）代入零售商的效用 μ_{rh} 得：

$$\begin{aligned} \mu_{rh} &= (1+a_r)[(p-w)Q - (p-h)\int_0^Q F(x)dx] \\ &\quad - a_r[(w-c)Q - (h-v)Q\int_0^Q f(x)dx + (h-v)\int_0^Q xf(x)dx] \end{aligned} \tag{3.14}$$

零售商的效用 μ_{rh} 对 Q 求导数可得：

$$\begin{aligned} \frac{d\mu_{rh}}{dQ} &= (1+a_r)[(p-w) - (p-h)F(Q)] \\ &\quad - a_r[(w-c) - (h-v)F(Q) - (h-v)Qf(Q) + (h-v)Qf(Q)] \end{aligned}$$

令 $\dfrac{d\mu_{rh}}{dQ}=0$，得到：

$$(1+a_r)[(p-w)-(p-h)F(Q)]-a_r[(w-c)-(h-v)F(Q)]=0$$

又由于

$$\frac{d^2\mu_{rh}}{dQ^2}=[a_r(h-v)-(1+a_r)(p-h)]f(Q)$$

$$\begin{cases}\dfrac{d^2\mu_{rh}}{dQ^2}<0,\quad \dfrac{a_r}{1+a_r}<\dfrac{p-h}{h-v}\\[3mm]\dfrac{d^2\mu_{rh}}{dQ^2}>0,\quad \dfrac{a_r}{1+a_r}>\dfrac{p-h}{h-v}\end{cases}$$

当 $a_r/(1+a_r)>(p-h)/(h-v)$ 时，μ_{rh} 是关于 Q 的严格凸函数，使效用最大化的订货量应该在需求分布的两个极值点处进行选择，显然这种情况现实中很少见。当 $a_r/(1+a_r)<(p-h)/(h-v)$，μ_{rh} 是关于 Q 的严格凹函数，存在唯一最优订货量，记为 Q_h。

$$Q_h=F^{-1}\left(\frac{(1+a_r)(p-w)-a_r(w-c)}{(1+a_r)(p-h)-a_r(h-v)}\right) \tag{3.14}$$

当零售商确定最优订货量 Q_h 后，分销商便能确定批发价格 w，由于分销商也为相对公平关切，因此分销商的效用为：

$$\begin{aligned}\mu_{fh}&=\prod_{fh}-a_f(E(\prod_{rh})-\prod_{fh})\\&=(1+a_f)\prod_{fh}-a_fE(\prod_{rh})\end{aligned}$$

将式（3.12）和式（3.13）代入分销商的效用 μ_{fh} 得：

$$\begin{aligned}\mu_{fh}&=\prod_{fh}-a_f(E(\prod_{rh})-\prod_{fh})\\&=(1+a_f)[(w-c)Q-(h-v)Q\int_0^Q f(x)dx+(h-v)\int_0^Q xf(x)dx]\\&\quad-a_f[(p-w)Q-(p-h)\int_0^Q F(x)dx]\end{aligned} \tag{3.15}$$

为求使得其效用最大的批发价格，式（3.15）对 w 求导数可得：

$$\frac{d\mu_{fh}}{dw} = (1+a_f)[(w-c)\frac{dQ}{dw} + Q - (h-v)F(Q)]$$

$$- a_f[(p-w)\frac{dQ}{dw} + Q - (p-h)F(Q)]$$

令 $\frac{d\mu_{fh}}{dw} = 0$，可得：

$$(1+a_f)[(w-c)\frac{dQ}{dw} + Q - (h-v)F(Q)] - a_f[(p-w)\frac{dQ}{dw} + Q - (p-h)F(Q)] = 0$$

上式的解为相对公平关切分销商的最优批发价格 w_h，其中 $\frac{dQ}{dw}$ 可以由式（3.14）通过

隐函数求导得到：

$$\frac{dQ}{dw} = \frac{-(1+2a_r)}{[(1+a_r)(p-h) - a_r(h-v)]f(Q)}$$

将零售商的最优订货量 Q_h 和分销商的最优批发价格 w_h 代入式（3.14）和（3.15）式
得到供应链期望效用：

$$\mu_{rfh} = \mu_{rh}(Q_h) + \mu_{fh}(w_h)$$

$$= (1+a_r)[(p-w_h)Q_h - (p-h)\int_0^{Q_h} F(x)dx] - a_r(w_h-c)Q_h + a_r(h-v)Q_h\int_0^{Q_h} f(x)dx$$

$$- (h-v)\int_0^{Q_h} xf(x)dx + (1+a_f)[(w_h-c)Q_h - (h-v)Q_h\int_0^{Q_h} f(x)dx + (h-v)\int_0^{Q_h} xf(x)dx]$$

$$- a_f[(p-w_h)Q_h - (p-h)\int_0^{Q_h} F(x)dx]$$

3.1.4 算例分析

针对收益共享契约和回购契约两种激励情形，通过具体算例分析，探讨在零售商和分
销商均为相对公平关切时，相对公平关切对供应链决策与绩效的影响。

3.1.4.1 基于收益共享契约的算例分析

假设供应链由一个相对公平关切零售商和一个相对公平关切分销商组成，分销商在此
供应链中占主导地位，需求服从均匀分布 $X\sim U[2, 2000]$，$p=30$，$c=10$，$v=1$。

首先，分析零售商相对公平关切程度 a_r 对各个变量的影响，取 $a_f=0.6$。在无契约情
形下，随着零售商相对公平关切程度 a_r 的变化，根据优化模型，得到各变量值的结果如
表 3.1；在收益共享契约情形下，收益共享系数取 $\phi=0.7$，随着零售商相对公平关切程度

a_r 的变化得到表 3.2。

其次，分析分销商相对公平关切程度 a_f 对各个变量的影响，取 a_r =0.2。在无契约情形下，随着分销商相对公平关切程度 a_f 的变化，根据优化模型，得到各变量值的结果如表 3.3；在收益共享契约情形下，收益共享系数取 ϕ =0.7，随着分销商相对公平关切程度 a_f 的变化得到表 3.4。

最后，分析收益共享系数 ϕ 的变化对各变量的影响，取 $a_r = 0.2$，$a_f = 0.6$，随着共享系数 ϕ 的变化，根据优化模型，得到各变量值的结果如表 3.5。

表 3.1　无契约激励情形下，不同 a_r 时的变量值

变量	a_r							
	0.20	0.40	0.60	0.80	1.00	1.20	1.40	1.60
w_0	20.19	19.43	18.95	18.62	18.38	18.20	18.05	17.94
Q_0	559.18	543.04	530.50	520.49	512.32	505.51	499.75	494.82
$\mu_r(Q_0)$	2720.33	2993.11	3264.64	3535.43	3805.77	4075.81	4345.65	4615.36
$\mu_f(w_0)$	7189.46	6033.73	5305.04	4804.56	4440.07	4162.99	3945.40	3770.06
$E(\Pi_r)$	3216.90	3601.23	3821.11	3958.48	4049.73	4113.18	4158.87	4192.71
Π_f	5699.75	5121.54	4748.57	4487.28	4293.69	4144.31	4025.45	3928.55
μ_{rf}	9909.79	9026.84	8569.68	8340.00	8245.84	8238.80	8291.05	8385.42

表 3.2　收益共享契约激励情形下，不同 a_r 时的变量值

变量	a_r							
	0.20	0.40	0.60	0.80	1.00	1.20	1.40	1.60
w_d	12.44	11.65	11.14	10.79	10.54	10.34	10.18	10.06
Q_d	706.13	708.79	710.98	712.82	714.38	715.73	716.90	717.92
$\mu_r(Q_d)$	2819.71	3132.38	3444.98	3757.51	4070.00	4382.44	4694.86	5007.25
$\mu_f(w_d)$	9078.83	7875.47	7109.85	6579.89	6191.33	5894.23	5659.72	5469.89
$E(\Pi_{rd})$	3515.16	4081.00	4444.49	4698.31	4885.89	5030.35	5145.12	5238.57
Π_{fd}	6992.46	6452.55	6110.34	5874.30	5701.79	5570.28	5466.74	5383.15
μ_{rfd}	11898.54	11007.86	10554.82	10337.41	10261.32	10276.67	10354.57	10477.14

表 3.3　无契约激励情形下，不同 a_f 时的变量值

变量	a_f							
	0.20	0.40	0.60	0.80	1.00	1.20	1.40	1.60
w_0	19.35	19.85	20.19	20.45	20.64	20.79	20.92	21.02
Q_0	626.96	586.94	559.18	538.79	523.19	510.86	500.87	492.61
$\mu_r(Q_0)$	3419.78	2997.14	2720.33	2525.59	2381.40	2270.47	2182.55	2111.19
$\mu_f(w_0)$	6269.59	6707.89	7189.46	7697.04	8221.51	8757.53	9301.81	9852.22
$E(\Pi_r)$	3826.89	3460.99	3216.90	3042.74	2912.32	2811.06	2730.18	2664.12
Π_f	5862.48	5780.21	5699.75	5628.46	5566.91	5514.00	5468.36	5428.77
μ_{rf}	9689.37	9705.04	9909.79	10222.64	10602.91	11028.00	11484.36	11963.41

表 3.4　收益共享契约激励情形下，不同 a_f 时的变量值

变量	a_f							
	0.20	0.40	0.60	0.80	1.00	1.20	1.40	1.60
w_d	11.88	12.21	12.44	12.61	12.74	12.85	12.94	13.01
Q_d	774.89	734.65	706.13	684.86	668.39	655.25	644.54	635.63
$\mu_r(Q_d)$	3395.60	3052.09	2819.71	2652.39	2526.33	2428.02	2349.25	2284.74
$\mu_f(w_d)$	7748.93	8396.03	9078.83	9783.73	10503.24	11232.93	11969.98	12712.54
$E(\Pi_{rd})$	4017.51	3720.08	3515.16	3365.53	3251.50	3161.76	3089.31	3029.58
Π_{fd}	7127.03	7060.04	6992.46	6931.20	6877.37	6830.48	6789.59	6753.80
μ_{rfd}	11144.54	11448.12	11898.54	12436.12	13029.58	13660.95	14319.23	14997.28

表 3.5　收益共享契约激励情形下，不同 ϕ 时的变量值

变量	ϕ							
	0.30	0.40	0.551	0.60	0.70	0.80	0.90	1.00
w_d	3.67	5.57	7.71	10.01	12.44	14.96	17.55	20.19
Q_d	1087.02	957.85	856.12	773.93	706.13	649.26	600.86	559.18
$\mu_r(Q_d)$	1884.68	2394.64	2720.33	2779.19	2819.71	2811.64	2774.55	2720.33
$\mu_f(w_d)$	13976.00	12315.27	10537.23	9950.49	9078.83	8347.59	7725.36	7189.46
μ_{rfd}	15860.68	14709.91	13257.56	12729.68	11898.54	11159.23	10499.91	9909.79

（1）收益共享契约下零售商相对公平关切程度对企业决策和绩效的影响

由表 3.1 和表 3.2，得 3.2 和图 3.3。

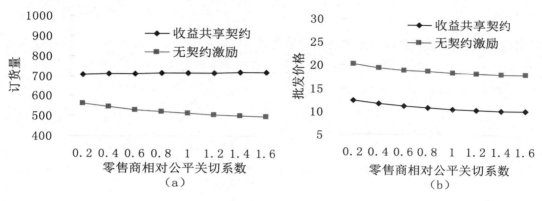

图3.2　批发价格和订货量与零售商相对公平关切系数关系

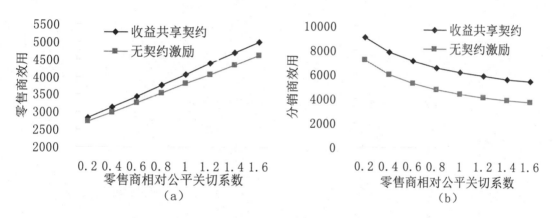

图3.3　零售商和分销商效用与零售商相对公平关切系数关系

由图 3.2 可知，在无契约激励情形下，零售商的订货量和分销商的批发价格均随着零售商相对公平关切程度的增加而减小。由图 3.3 可知，零售商的效用随着零售商相对公平关切程度的增加而增加，分销商的效用随着零售商相对公平关切程度的增加而减少。零售商考虑相对公平关切，给自身带来有利的影响，而给分销商带来不利的影响。

由图 3.2 可知，收益共享契约情形下，零售商的订货量随着零售商相对公平关切程度的增加而略有增加，大于无契约激励情形下零售商订货量，批发价格随着零售商相对公平关切程度的增加而减少，且小于无契约情形下分销商的批发价格。由图 3.3 可知，零售商的效用随着零售商相对公平关切程度的增加而增加，大于无契约情形下零售商效用，且与无契约激励情形下零售商效用的差额越来越大，分销商的效用随着零售商相对公平关切程度的增加而减少，但大于无契约情形下分销商的效用；零售商考虑相对公平关切，给自身带来有利的影响，而给分销商带来不利的影响。

由表 3.1 和表 3.2 可知，在无契约激励和收益共享契约情形下，零售商相对公平关切程度的增加，导致零售商的利润 $E(\prod_r)$ 和 $E(\prod_{rd})$ 增加，同时分销商的利润 $\prod_f$ 和 $\prod_{fd}$ 在减小，即零售商相对公平关切利润的参照点在减小。因此，给零售商带来的不公平负效用在减小，结合公平关切程度的影响使得零售商效用增加；而分销商相对公平关切利润的参照点在增加，即零售商的利润 $E(\prod_r)$ 和 $E(\prod_{rd})$ 增加，因此给分销商带来的不公平负效用在增加，结合公平关切程度的影响使得分销商效用减小。

（2）收益共享契约下分销商相对公平关切程度对企业决策和绩效的影响

由表 3.3 和表 3.4，得图 3.4 和图 3.5。

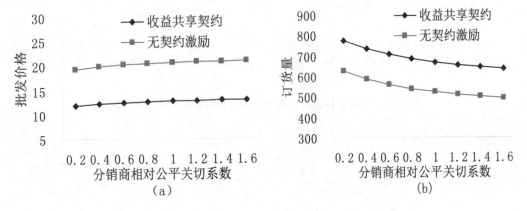

图3.4　批发价格和订货量与分销商相对公平关切程度关系

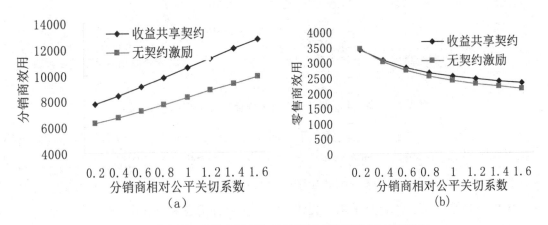

图3.5　零售商和分销商效用与分销商相对公平关切系数关系

由图 3.4 可知，在无契约激励情形下，分销商的批发价格随着分销商相对公平关切程度的增加而增加，零售商的订货量随着分销商相对公平关切程度的增加而减小。由图 3.5 可知，分销商的效用随着分销商相对公平关切程度的增加而增加，零售商的效用随着分销商相对公平关切程度的增加而减小；分销商考虑相对公平关切，给自身带来有利的影响，而给零售商带来不利的影响。

由图 3.4 可知，收益共享契约情形下，批发价格随着分销商相对公平关切程度的增加而增加，但小于无契约情形下分销商的批发价格，零售商的订货量随着分销商相对公平关切程度的增加而减小，但大于无契约激励情形下零售商订货量。由图 3.5 可知，分销商的效用随着分销商相对公平关切程度的增加而增加，大于无契约情形下分销商效用，且与无契约情形下分销商效用差额越来越大，零售商的效用随着分销商相对公平关切程度的增加而减小，但大于无契约情形下零售商效用，且与无契约情形下零售商效用差额越来越大；分销商考虑相对公平关切，给自身带来有利的影响，而给零售商带来不利的影响。

由表 3.3 和表 3.4 可知，在无契约激励和收益共享契约情形下，随着分销商相对公平关切程度的增加，分销商的利润 $\prod_f$ 和 $\prod_{fd}$ 减小，同时零售商的利润 $E(\prod_r)$ 和 $E(\prod_{rd})$ 在减小，但是零售商利润减小的幅度大于分销商减小的幅度。对于分销商而言，分销商相对公平关切利润的参照点在减小，因此给分销商带来的不公平负效用在减小，结合公平关切程度的影响使得分销商效用增加，而零售商相对公平关切利润的参照点在增加；对于零售商而言，分销商的利润 $\prod_f$ 和 $\prod_{fd}$ 增加，因此给零售商带来的不公平负效用在增加，结合公平关切程度的影响使得零售商效用减小。

由图 3.3 和图 3.5 可知，零售商和分销商考虑相对公平关切，会使得自身的效用增加，但会导致对方效用下降。因此零售商和分销商考虑公平关切会给对方带来不利的影响，通过收益共享契约，当收益共享系数在一定的条件下，收益共享契约能够有效地提高彼此的绩效，发挥激励的作用，实现企业彼此的双赢。

由表 3.1- 表 3.4 可知，在收益共享契约情形下，供应链总效用大于无契约情形下的供应链总效用，因此收益共享契约能够提高供应链的绩效。

（3）相对公平关切下收益共享系数对企业绩效的影响

由表 3.5 数据，得图 3.6。

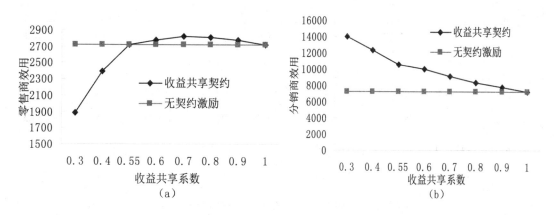

图3.6　零售商和分销商效用与收益共享系数关系

由图 3.6 可知，当收益共享系数在（0.551，1）区间，分销商和零售商获得的效用大于无契约激励情形下的效用。从图 3.6（a）可看到，在此区间，零售商效用随着收益共享系数的增加，先上升而后下降，在收益共享系数等于 0.7 时，零售商获得最大效用值，为 2819.71；从图 3.6（b）可看到，在此区间，分销商的效用随着收益共享系数的增加而下降，在收益共享系数等于 0.551 时，分销商获得最大效用值，为 10537.23 。

3.1.4.2 基于回购契约的算例分析

假设供应链由一个相对公平关切零售商和一个相对公平关切分销商组成，需求服从均匀分布 $X\sim U[2, 2000]$，$p=30$，$c=10$，$v=1$；

首先，分析零售商相对公平关切程度 a_r 对各个变量的影响，取 $a_f=0.6$，在无契约情形下，随着零售商相对公平关切程度 a_r 的变化，根据优化模型，得到各变量值的结果如表 3.1；在回购契约情形下，回购价格取 $h=2$，结果证明回购价格取 $h=2$ 能够提高对分销商和零售商的绩效，达到与无契约激励比较的目的，随着零售商相对公平关切程度 a_r 的变化得到表 3.6。

其次，分析分销商相对公平关切程度 a_f 对各个变量的影响，取 $a_r=0.2$，在无契约情形下，随着分销商相对公平关切程度 a_f 的变化，根据优化模型，得到各变量值的结果如表 3.3；在回购契约情形下，同样回购价格取 $h=2$，随着分销商相对公平关切程度 a_f 的变化得到表 3.7。

最后，分析回购价格 h 的变化对各变量的影响，取 $a_r=0.2$，$a_f=0.6$，随着回购价格 h 的变化，根据优化模型，得到各变量值的结果如表 3.8。

表 3.6 回购契约激励情形下，不同 a_r 时的变量值

变量	a_r							
	0.20	0.40	0.60	0.80	1.00	1.20	1.40	1.60
w_h	20.26	19.50	19.01	18.68	18.43	18.25	18.10	17.99
Q_h	576.74	562.27	550.96	541.88	534.43	528.20	522.92	518.39
$\mu_r(Q_h)$	2777.44	3066.65	3354.35	3641.10	3927.21	4212.86	4498.20	4783.30
$\mu_f(w_h)$	7415.21	6247.46	5509.64	5002.00	4631.72	4349.90	4128.33	3949.61
$E(\prod_{rh})$	3287.20	3693.33	3929.74	4080.05	4181.70	4253.66	4306.45	4346.30
$E(\prod_{fh})$	5836.02	5260.02	4888.72	4628.74	4436.19	4287.65	4169.49	4073.18
μ_{rfh}	10192.64	9314.11	8864.00	8643.10	8558.93	8562.76	8626.53	8732.91

表 3.7　回购契约激励情形下，不同 a_f 时的变量值

变量	a_f							
	0.20	0.40	0.60	0.80	1.00	1.20	1.40	1.60
w_h	19.47	19.94	20.26	20.50	20.69	20.83	20.95	21.05
Q_h	643.09	604.00	576.74	556.64	541.21	528.98	519.07	510.86
$\mu_r(Q_h)$	3453.23	3046.23	2777.44	2587.21	2445.74	2336.53	2249.73	2179.13
$\mu_f(w_h)$	6430.87	6902.87	7415.21	7951.97	8504.66	9068.30	9639.79	10217.11
$E(\Pi_{rh})$	3875.65	3523.75	3287.20	3117.49	2989.90	2890.52	2810.95	2745.81
$E(\Pi_{fh})$	5987.77	5911.35	5836.02	5768.89	5710.66	5660.44	5617.01	5579.24
μ_{rfh}	9884.10	9949.10	10192.64	10539.18	10950.40	11404.83	11889.52	12396.24

表 3.8　回购契约激励情形下，不同 h 时的变量值

变量	h						
	2	6	11.2	14	18	23.29	26
w_h	20.26	20.59	21.04	21.66	22.59	24.15	27.31
Q_h	576.74	659.58	770.22	925.45	1159.05	1550.39	2340.70
$\mu_r(Q_h)$	2777.44	3023.59	3292.46	3554.30	3694.32	2720.33	-273.94
$\mu_f(w_h)$	7415.21	8480.34	10537.23	11898.64	14902.03	19933.55	30094.74
μ_{rfh}	10192.64	11503.93	13829.69	15452.94	18596.36	22653.88	29820.80

（1）回购契约下零售商相对公平关切程度对企业决策和绩效的影响

由表 3.1 和表 3.6 数据，得图 3.7。

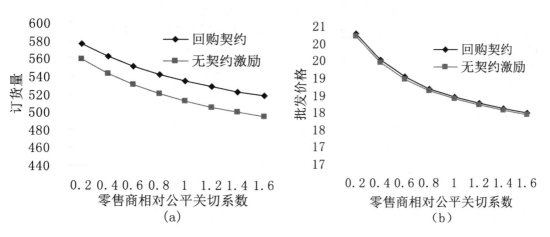

图3.7　批发价格和订货量与零售商相对公平关切系数关系

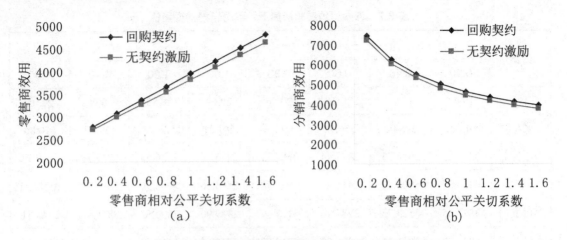

图3.8 零售商和分销商效用与零售商相对公平关切系数关系

在无契约激励情形下，零售商相对公平关切程度对订货量和批发价格的影响已经在基于收益共享契约决策的算例中进行了分析，在此就不再分析。只分析在回购契约情形下，零售商相对公平关切程度对零售商订货量和分销商批发价格的影响。

由图 3.7 可知，在回购契约情形下，零售商的订货量随着零售商相对公平关切程度的增加而减少，大于无契约激励情形下零售商订货量，批发价格随着零售商相对公平关切程度的增加而减少，且大于无契约情形下分销商的批发价格。图 3.8 可知，零售商的效用随着零售商相对公平关切程度的增加而增加，大于无契约情形下零售商效用，且与无契约激励情形下零售商效用的差额越来越大，分销商的效用随着零售商相对公平关切程度的增加而减少，但大于无契约情形下分销商的效用；零售商考虑相对公平关切，给自身带来有利的影响，而给分销商带来不利的影响。

由表 3.1 和表 3.6 可知，在回购契约情形下，随着零售商相对公平关切程度的增加，零售商的利润 $E(\prod_{rh})$ 增加，同时分销商的利润 $E(\prod_{fh})$ 在减小，即零售商相对公平关切利润的参照点在减小，因此给零售商带来的不公平负效用在减小。结合公平关切程度的影响使得零售商效用增加，而分销商相对公平关切利润的参照点在增加，即零售商的利润 $E(\prod_{rh})$ 增加，因此给分销商带来的不公平负效用在增加，结合公平关切程度的影响使得分销商效用减小。

（2）回购契约下分销商相对公平关切程度对企业决策和绩效的影响

由表 3.3 和表 3.7 数据，得到图 3.9。

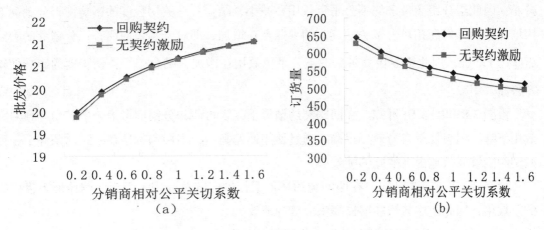

图3.9　批发价格和订货量与分销商相对公平关切系数关系

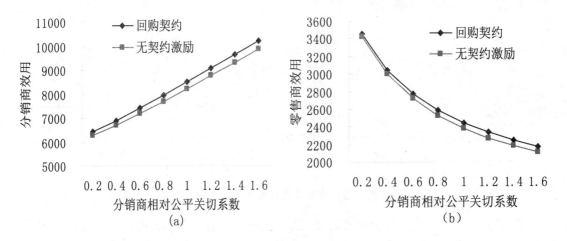

图3.10　零售商和分销商效用与分销商相对公平关切系数关系

在无契约激励情形下，分销商相对公平关切程度对批发价格和订货量的影响已经在基于收益共享契约决策的算例中进行了分析，在此就不再分析。

由图3.9可知，在回购契约情形下，批发价格随着分销商相对公平关切程度的增加而增加，当分销商相对公平关切程度较低的时候，大于无契约情形下分销商的批发价格；当分销商相对公平关切程度较高的时候，与无契约情形下分销商的批发价格差额越来越小。零售商的订货量随着分销商相对公平关切程度的增加而减小，但大于无契约激励情形下零售商订货量。图3.10可知，分销商的效用随着分销商相对公平关切程度的增加而增加，大于无契约情形下分销商效用；零售商的效用随着分销商相对公平关切程度的增加而减小，但大于无契约情形下零售商效用，且与无契约情形下零售商效用差额越来越大。分销商考虑相对公平关切，给自身带来有利的影响，而给零售商带来不利的影响。

由表3.6和表3.7可知，在回购契约情形下，随着分销商相对公平关切程度的增加，导致分销商的利润 $E(\prod_{fh})$ 减小，同时零售商的利润 $E(\prod_{rh})$ 在减小，但是零售商利润减小的幅度大于分销商减小的幅度。对于分销商而言，分销商相对公平关切利润的参照点在减小，因此给分销商带来的不公平负效用在减小，结合公平关切程度的影响使得分销商效用增加；而零售商相对公平关切利润的参照点在增加，即对于零售商而言，分销商的利润 $E(\prod_{fn})$ 增加，因此给零售商带来的不公平负效用在增加，结合公平关切程度的影响使得零售商效用减小。

由图 3.8 和图 3.10 可知，在回购契约情形下，零售商和分销商考虑公平关切导致对方效用下降，但会使得自身效用提高；通过使用回购契约，当回购价格在一定的条件下，回购契约能够有效地提高彼此的绩效。

由表 3.6 和表 3.7 可知，在回购契约情形下，供应链总效用大于无契约情形下供应链的总效用，因此回购契约能够提高供应链的绩效。

（3）相对公平关切下回购价格对企业绩效的影响

由表 3.8 的数据，得图 3.11。

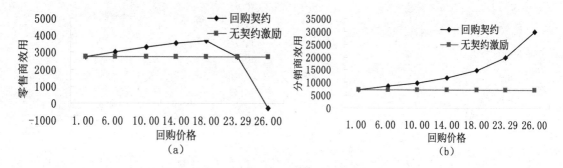

图3.11　零售商和分销商效用与回购价格关系

由图 3.11 可知，回购价格在（1，23.29）区间，分销商和零售商获得的效用分别大于无契约激励情形下分销商和零售商获得的效用。从图 3.11（a）可看到，在此区间，零售商效用随着回购价格的增加，先上升而后下降，在回购价格等于 18 时，零售商获得最大效用值，为 3694.32；从图 3.11（b）可看到，在此区间，分销商的效用随着回购价格的增加而上升，在回购价格等于 23.29 时，分销商获得最大效用值，为 19933.55。

（4）相对公平关切下收益共享契约和回购契约的比较

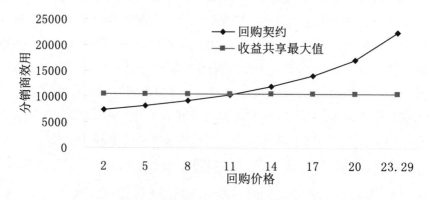

图3.12　分销商效用与回购价格关系

分销商作为供应链主导者，通过选择合适的契约来使得自身效用最大化，由表 3.5 可知，在收益共享系数（0.551，1）之间零售商都能够接受收益共享契约，但是随着共享系数的增大，分销商的绩效在减小。在回购契约情形下，分销商制定合适的回购价格以获得大于收益共享契约情形下分销商的最大效用，由 3.11 图和 3.12 可知，当回购价格在（11.2，23.29）区间都能够获得大于收益共享契约情形下的效用，同时零售商的效用也得到了增加。因此，回购价格在（11.2，23.29）区间时，分销商只能考虑回购契约；当回购价格小于 11.2 时，收益共享契约和回购契约均可考虑。

3.2　生产商和分销商相对公平关切下供应链决策与管理策略研究

研究单个具有相对公平关切的生产商与单个相对公平关切的分销商组成的两阶段模型（如图 3.13）。

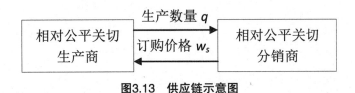

图3.13　供应链示意图

为了建立模型和讨论问题的方便，在此提出如下假设：

①生产商生产成本与产品的生产量 q（决策变量）有关，且总生产成本 $c_s(q)$ 为 q 的严格增函数。相应地，成本函数可以写为 $c_s(q) = c_0 + c_1 q + c_2 q^2$，其中 c_0 为固定成本，即不生产也要支付的费用，如日常消耗、固定资产折旧等；c_1 为生产商产品的投入成本，如原材料等，$c_1 > 0$；c_2 为生产商的努力成本系数，$c_2 > 0$，$c_2 q^2$ 表示生产商生产产品的努力成本，包括生产所花费的时间、精力等。

②由于分销商在供应链中起主导作用，在下游销售供应链中有众多零售商与分销商长期交易，假定需求确定，所有产品都以批发价 p_s 全部售出，不存在处理费用。

3.2.1　无契约分散决策分析

在无契约分散决策情形下，生产商的决策变量为生产量 q，其目标利润函数为：

$$\prod_s = w_s q - c_0 - c_1 q - c_2 q^2 \tag{3.16}$$

分销商的利润函数如下：

$$\prod_f = p_s q - w_s q \tag{3.17}$$

a_s 作为生产商相对公平关切系数，a_f 作为分销商相对公平关切系数，$a_s > 0$，$a_f > 0$，基于相对公平关切理论，生产商效用为：

$$\begin{aligned} \mu_s &= \prod_s - a_s(\prod_f - \prod_s) \\ &= (1+a_s)\prod_s - a_s \prod_f \end{aligned}$$

将式（3.16）和式（3.17）代入生产商效用 μ_s 得：

$$\mu_s = (1+a_s)(w_s q - c_0 - c_1 q - c_2 q^2) - a_s(p_s q - wq) \tag{3.18}$$

生产商的效用 μ_s 对 q 求导数，可得：

$$\frac{d\mu_s}{dq} = (1+a_s)(w_s - c_1 - 2c_2 q) - a_s(p_s - w_s)$$

令 $\dfrac{d\mu_s}{dq} = 0$，得到：

$$q = \frac{w_s - c_1}{2c_2} - \frac{a_s(p_s - w_s)}{2c_2(1+a_s)} \tag{3.19}$$

显然，$\dfrac{d^2\mu_s}{dq^2} < 0$，生产商最优生产量存在，并且唯一，记为 q_0。

当生产商确定最优生产量 q_0 后，分销商便能确定价格 w_s。由于分销商为相对公平关切，因此分销商效用为：

$$\begin{aligned} \mu_f &= \prod_f - a_f(\prod_s - \prod_f) \\ &= (1+a_f)\prod_f - a_f \prod_s \end{aligned}$$

将式（3.16）和式（3.17）代入分销商效用 μ_f 得：

$$\begin{aligned} \mu_f &= (1+a_f)\prod_f - a_f \prod_s \\ &= (1+a_f)(p_s q - w_s q) - a_f(w_s q - c_0 - c_1 q - c_2 q^2) \end{aligned} \tag{3.20}$$

为求使得其效用最大的订购价格，式（3.20）对求 w_s 导数可得：

$$\frac{d\mu_f}{dw_s} = (1+a_f)(p_s - w_s)\frac{dq}{dw_s} - (1+a_f)q - a_f(q + w_s\frac{dq}{dw_s} - c_1\frac{dq}{dw_s} - 2c_2\frac{dq}{dw_s}) \tag{3.21}$$

令 $\dfrac{d\mu_f}{dw_s}=0$ ，可得：

$$(1+a_f)(p_s-w_s)\frac{dq}{dw_s}-(1+a_f)q-a_f(q+w_s\frac{dq}{dw_s}-c_1\frac{dq}{dw_s}-2c_2\frac{dq}{dw_s})=0$$

得到的解为相对公平关切分销商的最优订购价格 w_{s0} ，其中 $\dfrac{dq}{dw_s}$ 可以由式（3.19）通过求导得到：

$$\frac{dq}{dw_s}=\frac{1}{2c_2}+\frac{a_s}{2c_2(1+a_s)}$$

将生产商的最优生产量 q_0 和分销商的最优订购价格 w_{s0} 代入式（3.18）和式（3.20）得到供应链效用：

$$\begin{aligned}\mu_{sf}&=\mu_s(q_0)+\mu_f(w_{s0})\\&=(1+a_s)(w_{s0}q_0-c_0-c_1q_0-c_2q_0^2)-a_s(p_sq_0-w_{s0}q_0)\\&\quad+(1+a_f)(p_sq_0-w_{s0}q_0)-a_f(w_{s0}q_0-c_0-c_1q_0-c_2q_0^2)\end{aligned}$$

3.2.2 基于成本分担契约的决策分析

分销商提供成本分担契约机制的实质是分销商与生产商共同投入成本进行生产，提高了生产商生产的积极性，以及增加生产商和分销商的绩效。

用 c 代表分散决策下的成本分担契约供应链。在成本分担契约供应链中，分销商承诺承担 $1-\varepsilon$ 比例的生产成本。

生产商的利润为：

$$\prod_{sc}=w_sq-\varepsilon c_0-\varepsilon c_1q-\varepsilon c_2q^2 \tag{3.22}$$

分销商的利润为：

$$\prod_{fc}=(p_s-w_s)q-(1-\varepsilon)c_0-(1-\varepsilon)c_1q-(1-\varepsilon)c_2q^2 \tag{3.23}$$

由于生产商为相对公平关切，则生产商的效用为：

$$\begin{aligned}\mu_{sc}&=\prod_{sc}-a_s(\prod_{fc}-\prod_{sc})\\&=(1+a_s)\prod_{sc}-a_s\prod_{fc}\end{aligned}$$

将式（3.22）和式（3.23）代入生产商的效用 μ_{sc} 可得：

$$\mu_{sc} = (1+a_s)\prod_{sc} -a_s \prod_{fc}$$
$$= (1+a_s)(w_s q - \varepsilon c_0 - \varepsilon c_1 q - \varepsilon c_2 q^2) - a_s[(p_s - w_s)q \quad \text{（3.24）}$$
$$-(1-\varepsilon)c_0 - (1-\varepsilon)c_1 q - (1-\varepsilon)c_2 q^2]$$

式（3.24）对 q 求一阶导数可得：

$$\frac{d\mu_{sc}}{dq} = (1+a_s)(w_s - \varepsilon c_1 - 2\varepsilon c_2 q) - a_s[(p_s - w_s) - (1-\varepsilon)c_1 - 2(1-\varepsilon)c_2 q]$$

式（3.24）对 q 求二阶导数可得：

$$\frac{d^2\mu_{sc}}{dq^2} = 2c_2 q[a_s(1-\varepsilon) - (1+a_s)\varepsilon]$$

$$\begin{cases} \dfrac{d^2\mu_{sc}}{dq^2} > 0, & \varepsilon < \dfrac{a_s}{2a_s+1} \\[3mm] \dfrac{d^2\mu_{sc}}{dq^2} < 0, & \varepsilon > \dfrac{a_s}{2a_s+1} \end{cases}$$

当 $\varepsilon > \dfrac{a_s}{2a_s+1}$，$\mu_{sc}$ 是关于 q 的严格凹函数，存在唯一最优生产量。

因此，令 $\dfrac{d\mu_{sd}}{dQ} = 0$，可得生产商的最优生产量：

$$q_c = \frac{(1+a_s)(w_s - \varepsilon c_1) - a_s[(p_s - w_s) - (1-\varepsilon)c_1]}{2(1+a_s)\varepsilon c_2 - 2a_s(1-\varepsilon)c_2} \quad \text{（3.25）}$$

当生产商确定最优生产量 q_c 后，分销商便能确定价格 w_s，由于分销商为相对公平关切，因此分销商效用为：

$$\mu_{fc} = \prod_{fc} -a_f(\prod_{sc} - \prod_{fc})$$
$$= (1+a_f)\prod_{fc} -a_f \prod_{sc}$$

将式（3.22）和式（3.23）代入上式可得：

$$\mu_{fc} = (1+a_f)\prod_{fc} -a_f \prod_{sc}$$
$$= (1+a_f)((p_s - w_s)q - (1-\varepsilon)c_0 - (1-\varepsilon)c_1 q - (1-\varepsilon)c_2 q^2) \quad \text{（3.26）}$$
$$-a_f(w_s q - \varepsilon c_0 - \varepsilon c_1 q - \varepsilon c_2 q^2)$$

为求使得其效用最大的订购价格，式（3.26）对 w_s 求导数可得：

$$\frac{d\mu_{fc}}{dw_s} = (1+a_f)[(p_s-w_s)\frac{dq}{dw}-q-(1-\varepsilon)c_1\frac{dq}{dw}-2(1-\varepsilon)c_2\frac{dq}{dw}]$$

$$-a_f(w_s\frac{dq}{dw}+q-\varepsilon c_1\frac{dq}{dw}-2\varepsilon c_2\frac{dq}{dw})$$

令 $\frac{d\mu_{fc}}{dw_s}=0$，可得：

$$(1+a_f)[(p_s-w_s)\frac{dq}{dw}-q-(1-\varepsilon)c_1\frac{dq}{dw}-2(1-\varepsilon)c_2\frac{dq}{dw}]$$

$$-a_f(w_s\frac{dq}{dw}+q-\varepsilon c_1\frac{dq}{dw}-2\varepsilon c_2\frac{dq}{dw})=0$$

得到的解为相对公平关切分销商的最优订购价格 w_{sc}，其中 $\frac{dq}{dw_s}$ 可以由式（3.25）通过求导得到：

$$\frac{dq}{dw_s}=\frac{1+2a_s}{2(1+a_s)\varepsilon c_2 - 2a_s(1-\varepsilon)c_2}$$

将生产商的最优生产量 q_c 和分销商最优订购价格 w_{sc} 代入式（3.24）和式（3.26）得到供应链效用：

$$\mu_{sfc}=\mu_{sc}(q_c)+\mu_{fc}(w_{sc})$$
$$=(1+a_s)(w_{sc}q_c-\varepsilon c_0-\varepsilon c_1 q_c-\varepsilon c_2 q_c^2)-a_s[(p_s-w_{sc})q_c-(1-\varepsilon)c_0$$
$$-(1-\varepsilon)c_1 q_c-(1-\varepsilon)c_2 q_c^2]+(1+a_f)(w_{sc}q_c-\varepsilon c_0-\varepsilon c_1 q_c-\varepsilon c_2 q_c^2)$$
$$-a_f((p_s-w_{sc})q_c-(1-\varepsilon)c_0-(1-\varepsilon)c_1 q_c-(1-\varepsilon)c_2 q_c^2)$$

3.2.3 算例分析

假设供应链由一个相对公平关切生产商和一个相对公平关切分销商组成，分销商在此供应链中占主导地位，生产商生产成本系数分别为 $c_0=150$，$c_1=0.5$，$c_2=0.0008$，批发价格 $p_s=2.7$。

首先，分析生产商相对公平关切程度 a_s 对各个变量的影响，取 $a_f=0.6$，在无契约情形下，随着生产商相对公平关切程度 a_s 的变化，根据优化模型，得到各变量值的结果如表 3.9；在成本分担契约情形下，成本分担系数取 $\varepsilon=0.7$，表 3.10 显示的是生产商相对公

平关切程度 a_s 的变化对各变量的影响，因此当 ε =0.7，能够起到激励的作用。

其次，分析分销商相对公平关切程度 a_f 对各个变量的影响，取 a_s =0.2，在无契约情形下，随着分销商相对公平关切程度 a_f 的变化，根据优化模型，得到各变量值的结果如表 3.11；在成本分担契约情形下，同样成本分担系数取 ε =0.7；随着分销商相对公平关切程度 a_f 的变化得到表 3.12。

最后，分析成本分担系数 ε 的变化对各变量的影响，取 $a_s = 0.2$，$a_f = 0.6$，随着成本分担系数 ε 的变化，根据优化模型，得到各变量值的结果如表 3.13。

表 3.9　无契约激励情形下，不同 a_s 时的变量值

变量	a_s							
	0.20	0.40	0.60	0.80	1.00	1.20	1.40	1.60
w_s	1.58	1.66	1.72	1.75	1.78	1.80	1.81	1.83
q_0	557.43	541.34	528.85	518.87	510.71	503.93	498.19	493.27
$\mu_s(q_0)$	118.30	118.21	117.99	117.68	117.33	116.94	116.53	116.10
$\mu_f(w_{s0})$	878.37	751.64	671.73	616.85	576.88	546.50	522.64	503.41
$\prod_s$	202.75	244.90	269.01	284.07	294.08	301.04	306.05	309.76
$\prod_f$	625.01	561.61	520.71	492.06	470.83	454.45	441.42	430.79
μ_{sf}	996.67	869.85	789.72	734.53	694.21	663.44	639.17	619.51

表 3.10　成本分担契约激励情形下，不同 a_s 时的变量值

变量	a_s							
	0.20	0.40	0.60	0.80	1.00	1.20	1.40	1.60
w_{sc}	1.29	1.38	1.43	1.47	1.50	1.52	1.54	1.55
q_c	703.92	706.58	708.76	710.59	712.15	713.49	714.66	715.68
$\mu_s(q_c)$	192.20	214.49	236.76	259.03	281.30	303.56	325.82	348.08
$\mu_f(w_{sc})$	986.55	854.59	770.64	712.53	669.92	637.34	611.62	590.81
$\prod_{sc}$	280.46	342.51	382.37	410.20	430.77	446.61	459.20	469.44
$\prod_{fc}$	721.77	662.56	625.04	599.15	580.24	565.82	554.46	542.30
μ_{sfc}	1178.75	1069.08	1007.40	971.56	951.22	940.90	937.44	935.88

表 3.11　无契约激励情形下，不同 a_f 时的变量值

变量	a_f							
	0.20	0.40	0.60	0.80	1.00	1.20	1.40	1.60
w_s	1.67	1.62	1.58	1.55	1.53	1.51	1.50	1.49
q_0	625.00	585.11	557.43	537.11	521.55	509.26	499.30	491.07
$\mu_s(q_0)$	195.00	148.66	118.30	96.95	81.14	68.97	59.33	51.51
$\mu_f(w_{s0})$	717.50	795.56	878.37	964.03	1051.54	1140.32	1230.00	1320.36
$\prod_s$	269.64	229.52	202.75	183.66	169.35	158.25	149.38	142.14
$\prod_f$	642.86	633.84	625.01	617.20	610.45	604.64	599.64	595.30
μ_{sf}	912.50	944.22	996.67	1060.98	1132.67	1209.29	1289.33	1371.86

表 3.12　成本分担契约激励情形下，不同 a_f 时的变量值

变量	a_f							
	0.20	0.40	0.60	0.80	1.00	1.20	1.40	1.60
w_{sc}	1.35	1.32	1.29	1.27	1.26	1.25	1.24	1.23
q_c	772.47	732.36	703.92	682.72	666.30	653.21	642.52	633.64
$\mu_s(q_c)$	255.35	217.68	192.20	173.85	160.03	149.25	140.61	133.54
$\mu_f(w_{sc})$	816.72	899.68	986.55	1075.85	1166.75	1258.76	1351.58	1445.01
$\prod_{sc}$	335.54	302.93	280.46	264.05	251.55	241.71	233.76	227.21
$\prod_{fc}$	736.52	729.18	721.77	715.05	709.15	704.00	699.52	695.60
μ_{sfc}	1072.07	1117.36	1178.75	1249.70	1326.77	1408.01	1492.19	1578.55

表 3.13　成本分担契约激励情形下，不同 ε 时的变量值

变量	ε							
	0.227	0.4	0.5	0.6	0.7	0.8	0.9	1
w_{sc}	0.59	0.91	1.05	1.18	1.29	1.39	1.49	1.58
q_c	1201.95	954.86	853.45	771.51	703.92	647.23	598.98	557.43
$\mu_s(q_c)$	118.30	208.59	216.35	208.76	192.20	170.31	145.25	118.30
$\mu_f(w_{sc})$	1534.98	1242.45	1132.02	1049.13	986.55	939.37	904.13	878.37
μ_{sfc}	1653.28	1451.03	1348.37	1257.89	1178.75	1109.68	1049.38	996.67

（1）成本分担契约下生产商相对公平关切程度对企业决策和绩效的影响

由表3.9和表3.10，得图3.14和图3.15。

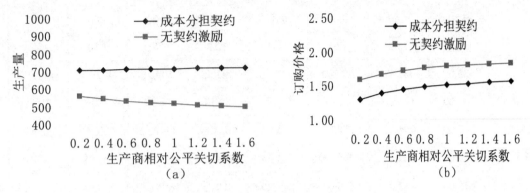

图3.14　订购价格和生产量与生产商相对公平关切系数关系

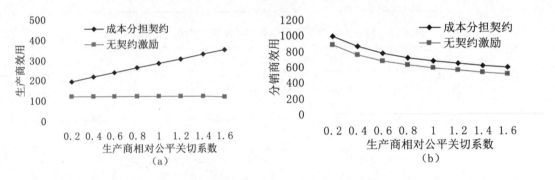

图3.15　生产商和分销商效用与生产商相对公平关切系数关系

由图 3.14 可知，在无契约激励情形下，生产商的生产量随着生产商相对公平关切程度的增加而减小，分销商订购价格随着生产商相对公平关切程度的增加而增加。由图 3.15 可知，生产商的效用随着生产商相对公平关切程度的增加而产生微弱的变化，几乎无影响，而分销商的效用随着生产商相对公平关切程度的增加而大幅度减少；生产商考虑相对公平关切，对自身但影响不大，而给分销商带来更加不利的影响。

由图 3.14 可知，在成本分担契约情形下，生产商的生产量随着生产商相对公平关切程度的增加而略有增加，大于无契约激励情形下生产商生产量，订购价格随着生产商相对公平关切程度的增加而增加，且小于无契约情形下分销商的订购价格。从图 3.15 可知，生产商的效用随着生产商相对公平关切程度的增加而显著增加，大于无契约情形下生产商的效用，且与无契约激励情形下生产商效用的差额越来越大，分销商的效用随着生产商相对公平关切程度的增加而减少，但大于无契约情形下分销商的效用。生产商考虑相对公平关切给自身带来有利的影响，而给分销商带来不利的影响。

由表 3.9 可知，在无契约激励情形下，随着生产商相对公平关切程度的增加，生产商的利润 $\prod_s$ 增加，同时分销商的利润 $\prod_f$ 在减小，即生产商相对公平关切利润的参照点在减小，因此给生产商带来的不公平负效用在减小，但是由于公平关切程度的增加，使得生产商效用有微弱的下降。而分销商相对公平关切利润的参照点在增加，即生产商的利润 $\prod_s$ 增加，因此给分销商带来的不公平负效用在增加，结合公平关切程度的影响使得分销商效用减小。

表 3.10 可知，在成本分担契约情形下，随着生产商相对公平关切程度的增加，生产商的利润 $\prod_{sc}$ 增加，同时分销商的利润 $\prod_{fc}$ 在减小，即生产商相对公平关切利润的参照点在减小，因此给生产商带来的不公平负效用在减小，结合公平关切程度的影响使得生产商效用增加。而分销商相对公平关切利润的参照点在增加，即生产商的利润 $\prod_{sc}$ 增加，因此给分销商带来的不公平负效用在增加，结合公平关切程度的影响使得分销商效用减小。

（2）成本分担契约下分销商相对公平关切程度对企业决策和绩效的影响

由表 3.11 和表 3.12，得图 3.16 和图 3.17。

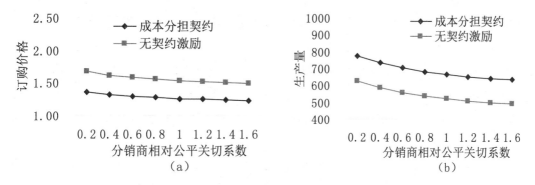

图3.16　订购价格和生产量与分销商相对公平关切系数关系

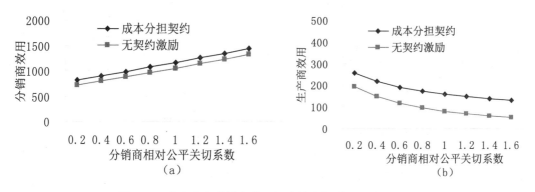

图3.17　生产商和分销商效用与分销商相对公平关切系数关系

由图 3.16 可知，在无契约激励情形下，分销商的订购价格和生产商的生产量随着分销商相对公平关切程度的增加而降低。由图 3.17 可知，分销商的效用随着分销商相对公平关切程度的增加而增加，生产商的效用随着分销商相对公平关切程度的增加而减小；分销商考虑相对公平关切，给自身带来有利的影响，但给生产商带来不利的影响。

由图 3.16 可知，在成本分担契约情形下，订购价格随着分销商相对公平关切程度的增加而减小，但小于无契约情形下分销商的订购价格；生产商的生产量随着分销商相对公平关切程度的增加而减小，但大于无契约激励情形下生产商的生产量。图 3.17 可知，分销商的效用随着分销商相对公平关切程度的增加而增加，大于无契约情形下分销商的效用；生产商的效用随着分销商相对公平关切程度的增加而减小，但大于无契约情形下生产商的效用，且与无契约情形下生产商效用差额越来越大。分销商考虑相对公平关切，给自身带来有利的影响，而给生产商带来不利的影响。

由表 3.11 和表 3.12 可知，在无契约激励和成本分担契约情形下，随着分销商相对公平关切程度的增加，分销商的利润 $\prod_f$ 和 $\prod_{fc}$ 减小，同时生产商的利润 $\prod_s$ 和 $\prod_{sc}$ 在减小，但是生产商利润减小的幅度大于分销商减小的幅度。对于分销商而言，分销商相对公平关切利润的参照点在减小，因此给分销商带来的不公平负效用在减小，结合公平关切程度的影响使得分销商效用增加。而生产商相对公平关切利润的参照点在增加，即对于生产商而言，分销商的利润 $\prod_f$ 和 $\prod_{fc}$ 增加，因此给生产商带来的不公平负效用在增加，结合公平关切程度的影响使得生产商效用减小。

由图 3.15 和图 3.17 可知，当成本分担系数在一定的条件下，成本分担契约能够有效地提高彼此的绩效。

由表 3.9 和表 3.12 可知，成本分担契约情形下的供应链总效用大于无契约情形下的供应链总效用，因此成本分担契约能够提高供应链的绩效。

（3）相对公平关切下成本分担契约系数对企业绩效的影响

由表 3.13，得图 3.18。

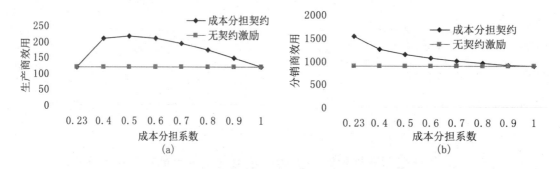

图3.18　生产商和分销商效用与成本分担系数关系

由图 3.18 可知，当成本分担系数在（0.227，1）区间，在成本分担契约情形下分销商和生产商获得的效用大于无契约激励情形下的效用。从图 3.18（a）可看到，在（0.227，1）区间内随着成本分担系数的增加，生产商的效用先增加而后下降，在成本分担系数等于 0.5 时，生产商获得最大效用值，为 216.35；从图 3.18（b）可看到，分销商的效用随着成本分担系数的增加而下降，在成本分担系数等于 0.227 时，分销商获得最大效用值，为 1534.98。

3.3 本章小结

本章节基于相对公平关切研究零售商的订货策略、分销商的定价策略、生产商的生产策略以及收益共享契约、回购契约和成本分担契约对生产商、分销商和零售商绩效的影响，通过模型推导以及算例分析，得到如下主要结论：

1）零售商和分销商相对公平关切下供应链决策与管理策略研究

（1）零售商相对公平关切给零售商自身绩效带来有利影响，给分销商绩效带来不利影响。

在无契约激励情形下，随着零售商相对公平关切程度的增加，零售商减小订货量，分销商降低批发价格；在收益共享契约情形下，随着零售商相对公平关切程度的增加，零售商增加订货量，分销商降低批发价格，且比无契约情形下批发价格更低；在回购契约情形下，零售商的订货量随着零售商相对公平关切程度的增加而减少，大于无契约激励情形下零售商订货量，批发价格随着零售商相对公平关切程度的增加而减少，且大于无契约情形下分销商的批发价格。

在无契约激励、收益共享契约和回购契约激励情形下，随着零售商相对公平关切程度的增加，零售商的利润增加，分销商的利润减小，即零售商相对公平关切利润的参照点在减小，因此给零售商带来的不公平负效用在减小，结合公平关切程度的影响使得零售商效用增加；而分销商相对公平关切利润的参照点在增加，即零售商的利润增加，因此给分销商带来的不公平负效用在增加，结合公平关切程度的影响使得分销商效用减小；在收益共享契约和回购契约情形下，零售商和分销商绩效得到进一步增加和改善。

（2）分销商相对公平关切给分销商带来有利的影响，给零售商带来不利的影响。

在无契约激励、收益共享契约和回购契约情形下，随着分销商相对公平关切程度的增加，分销商的批发价格增加，以及零售商的订货量减小。在收益共享契约下，批发价格小于无契约情形下分销商的批发价格，零售商的订货量大于无契约激励情形下零售商订货量；在回购契约情形下，批发价格和订货量均大于无契约情形下批发价格和订货量。

在无契约激励、收益共享契约和回购契约情形下，随着分销商相对公平关切程度的增加，分销商的利润和零售商的利润减小，但是零售商利润减小的幅度大于分销商减小的幅度；对于分销商而言，分销商相对公平关切利润的参照点在减小，因此给分销商带来的不公平负效用在减小，结合公平关切程度的影响使得分销商效用增加；而零售商相对公平关切利润的参照点在增加，即对于零售商而言，分销商的利润增加，因此给零售商带来的不公平负效用在增加，结合公平关切程度的影响使得零售商效用减小；在收益共享契约和回购契约情形下，零售商和分销商的效用分别大于无契约激励情形下零售商和分销商的效用。

分销商作为供应链主导者，通过选择契约来使得自身效用最大化，在合适的回购价格范围内分销商获得的效用大于收益共享契约情形下的最大效用，同时零售商的效用也得到了增加。

2）生产商和分销商相对公平关切下供应链决策与管理策略研究

（1）生产商考虑相对公平关切，在无契约情形下，对自身影响不大。在成本分担情形下给生产商绩效带来更有利影响，两种情形下均会给分销商带来不利影响。

在无契约激励情形下，随着生产商相对公平关切程度的增加，生产商的生产量减小和分销商订购价格增加；在成本分担契约情形下，随着生产商相对公平关切程度的增加，生产商的生产量略有增加，大于无契约激励情形下生产商生产量，同时随着生产商相对公平关切程度的增加，导致订购价格增加，但小于无契约情形下分销商的订购价格。

在成本分担契约激励情形下，随着生产商相对公平关切程度的增加，生产商的利润增加，而分销商的利润在减小，即生产商相对公平关切利润的参照点在减小，因此给生产商带来的不公平负效用在减小，但是由于公平关切程度的增加，使得生产商效用有微弱的下降，但影响不大；而分销商相对公平关切利润的参照点在增加，即生产商的利润增加，因此给分销商带来的不公平负效用在增加，结合公平关切程度的影响使得分销商效用减小；在成本分担契约情形下，分销商和生产商的效用分别大于无契约激励情形下分销商和生产商的效用。

（2）分销商相对公平关切给生产商带来不利的影响，给分销商带来有利影响。

在无契约激励情形和成本分担契约情形下，分销商相对公平关切程度的增加，导致分销商的订购价格降低和生产商的生产量减小。但成本分担契约情形下订购价格小于无契约情形下分销商的订购价格，生产商的生产量大于无契约激励情形下生产商生产量。

在无契约激励和成本分担契约情形下，分销商相对公平关切程度的增加，导致分销商的利润减小和生产商的利润减小，但是生产商利润减小的幅度大于分销商减小的幅度。对于分销商而言，分销商相对公平关切利润的参照点在减小，因此给分销商带来的不公平负效用在减小，结合公平关切程度的影响使得分销商效用增加；而生产商相对公平关切利润的参照点在增加，即对于生产商而言，分销商的利润增加，因此给生产商带来的不公平负效用在增加，结合公平关切程度的影响使得生产商效用减小。成本分担系数在一定的条件下，成本分担契约能够有效地提高彼此的绩效。

4. 绝对公平关切下分销商主导供应链决策与管理策略研究

第 3 章探讨了相对公平关切情形下供应链决策和激励问题，本章将讨论在绝对公平关切情形下供应链决策和激励问题。Bolton 和 OckenfelS（2000）对绝对公平进行了探讨，认为绝对公平关切是指参与者认为自身获得的收益必须占到供应链总体收益的一定比例时，结果才是公平的。即人们将自身获得的收益与总体收益进行比较，而不是与其他成员的收益进行比较。黄松等（2013）在假设需求确定情形下，采用了绝对公平模型对由单一制造商和单一零售商组成的两级供应链进行了分析，研究绝对公平关切对供应链定价决策的影响。

鉴于此，本章将基于博弈模型，分别讨论由一个零售商与一个分销商所组成的供应链和由一个生产商与一个分销商所组成的供应链。在零售商、生产商和分销商均为绝对公平关切的情形下，零售商最优订货策略、生产商最优生产策略、分销商最优定价策略，以及零售商绩效、生产商绩效和分销商绩效的影响问题。

4.1 零售商和分销商绝对公平关切下供应链决策与管理策略研究

研究单个具有绝对公平关切的零售商与单个绝对公平关切的分销商组成的两阶段模型，零售商面对不确定市场需求情形（如图 4.1）。假设零售商面对随机市场需求 X，其概率密度函数为 $f(x)$，分布函数为 $F(x)$，均值为 μ，零售商单位产品价格为 p，剩余产品单位残值为 v，分销商的单位产品成本为 c，单位产品批发价格为 w，零售商订货量为 Q，基于理性假设 $p > w > c > v$，零售商绝对公平利润分配比例为 γ_r，$0 < \gamma_r \leq 1$，分销商绝对公平利润分配比例为 γ_f，$0 < \gamma_f \leq 1$，零售商绝对公平关切系数为 b_r，$b_r > 0$，分销商绝对公平关切系数为 b_f，$b_f > 0$。

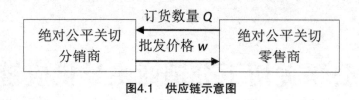

图4.1 供应链示意图

4.1.1 无契约分散决策分析

由于零售商和分销商为绝对公平关切，即将自身获得的收益与总体收益进行比较，自身获得的收益必须占到供应链总体收益的一定比例时，结果才是公平的。$\gamma_r \prod_c$ 表示对零售商而言公平的利润份额，$\gamma_f \prod_c$ 表示对分销商而言公平的利润份额，其中 $\prod_c$ 表示供应链的总体利润。

零售商的期望利润为：

$$E(\prod_r) = p(Q - \int_0^Q F(x)dx) + v\int_0^Q F(x)dx - wQ$$
$$= (p-w)Q - (p-v)\int_0^Q F(x)dx \tag{4.1}$$

供应链的期望利润为：

$$\prod_c = \begin{cases} px + v(Q-x) - cQ, & x < Q \\ pQ - cQ, & x > Q \end{cases}$$

当 $x < Q$ 时，即产品实际量供过于求，供应链的利润等于销售总收入，加上产品残值收益，减去分销商产品成本。当 $x > Q$ 时，即产品实际量供不应求，供应链的利润等于销售总收入，减去产品成本。

供应链的期望利润为：

$$E(\prod_c) = p(Q - \int_0^Q F(x)dx) + v\int_0^Q F(x)dx - cQ$$
$$= (p-c)Q - (p-v)\int_0^Q F(x)dx \tag{4.2}$$

由于零售商为绝对公平关切，其效用可以表示为：

$$\mu_r = E(\prod_r) - b_r(\gamma_r E(\prod_c) - E(\prod_r))$$
$$= (1+b_r)E(\prod_r) - b_r\gamma_r E(\prod_c)$$

将式（4.1）和式（4.2）代入上式得：

$$\mu_r = (1+b_r)[(p-w)Q - (p-v)\int_0^Q F(x)dx] - b_r\gamma_r[(p-c)Q - (p-v)\int_0^Q F(x)dx] \tag{4.3}$$

零售商的效用 μ_r 对 Q 求一阶导数，可得：

$$\frac{d\mu_r}{dQ} = (1+b_r)[(p-w)-(p-v)F(Q)]-b_r\gamma_r[(p-c)-(p-v)F(Q)]$$

令 $\frac{d\mu_r}{dQ}=0$ ，得到：

$$Q = F^{-1}(\frac{(1+b_r)(p-w)-b_r\gamma_r(p-c)}{(1+b_r)(p-v)-b_r\gamma_r(p-v)}) \tag{4.4}$$

零售商的效用 μ_r 对 Q 求二阶导数，可得：

$$\frac{d^2\mu_r}{dQ^2} = -f(Q)(1+b_r-b_r\gamma_r)(p-v)<0$$

可知，$\frac{d^2\mu_r}{dQ^2}<0$ ，零售商向分销商订购产品时的最优订货量存在，并且唯一，最优

订货量所对应的最大期望效用存在并且唯一，记为 Q_0 。

当零售商确定最优订货量 Q_0 后，分销商便能确定批发价格 w ，此时分销商的利润函数如下：

$$\prod_f = wQ - cQ \tag{4.5}$$

由于分销商也为绝对公平关切，因此分销商的效用为：

$$\begin{aligned}\mu_f &= \prod_f - b_f(\gamma_r E(\prod_c) - \prod_f) \\ &= (1+b_f)\prod_f - b_f\gamma_r E(\prod_c)\end{aligned}$$

将式（4.2）和式（4.5）代入上式得：

$$\begin{aligned}\mu_f &= (1+b_f)\prod_f - b_f\gamma_r E(\prod_c) \\ &= (1+b_f)(wQ-cQ)-b_f\gamma_r[(p-c)Q-(p-v)\int_0^Q F(x)dx]\end{aligned} \tag{4.6}$$

为求使得其效用最大的批发价格，上式对 w 求导数可得：

$$\frac{d\mu_f}{dw} = (1+b_f)[(w-c)\frac{dQ}{dw}+Q]-b_f\gamma_r[(p-c)\frac{dQ}{dw}-Q-(p-v)F(Q)\frac{dQ}{dw}]$$

令 $\frac{d\mu_f}{dw}=0$ ，可得：

$$(1+b_f)[(w-c)\frac{dQ}{dw}+Q]-b_f\gamma_r[(p-c)\frac{dQ}{dw}-Q-(p-v)F(Q)\frac{dQ}{dw}]=0$$

得到的解为绝对公平关切分销商的最优批发价格 w_0 ，其中 $\dfrac{dQ}{dw}$ 可以由式（4.4）通过隐函数求导得到：

$$\frac{dQ}{dw} = -\frac{1+b_r}{[(1+b_r)(p-v)-b_r\gamma_r(p-v)]f(Q)}$$

将最优订货量 Q_0 和最优批发价格 w_0 代入式（4.3）和式（4.6）得到供应链期望效用：

$$\begin{aligned}
\mu_{rf} &= \mu_r(Q_0) + \mu_f(w_0) \\
&= (1+b_r)[(p-w_0)Q_0-(p-v)\int_0^{Q_0}F(x)dx]-b_r\gamma_r[(p-c)Q_0-(p-v)\int_0^{Q_0}F(x)dx] \\
&\quad +(1+b_f)(w_0-c)Q_0-b_f\gamma_r[(p-c)Q_0-(p-v)\int_0^{Q_0}F(x)dx]
\end{aligned}$$

4.1.2 基于收益共享契约的决策分析

在绝对公平关切情形下，公平关切分销商采用收益共享契约，分销商以较低的批发价格 w 提供给零售商产品，并以 $1-\phi$ 比例的收益作为回报，用 d 代表收益共享契约供应链。研究在绝对公平关切情形下，分销商是否可以通过收益共享契约提高分销商和零售商的绩效。

在收益共享契约情形下，零售商的期望利润为：

$$E(\textstyle\prod_{rd}) = \phi(pQ-(p-v)\int_0^Q F(x)dx)-wQ \tag{4.7}$$

分销商的利润为：

$$E(\textstyle\prod_{fd}) = (w-c)Q+(1-\phi)(pQ-(p-v)\int_0^Q F(x)dx) \tag{4.8}$$

由于零售商为绝对公平关切，则零售商的效用为：

$$\begin{aligned}
\mu_{rd} &= E(\textstyle\prod_{rd})-b_r(\gamma_r E(\textstyle\prod_c)-E(\textstyle\prod_{rd})) \\
&= (1+b_r)E(\textstyle\prod_{rd})-b_r\gamma_r E(\textstyle\prod_c)
\end{aligned}$$

将式（4.2）和式（4.7）代入上式得零售商的效用为：

$$\mu_{rd} = (1+b_r)[\phi(pQ-(p-v)\int_0^Q F(x)dx)-wQ]-b_r\gamma_r[(p-c)Q-(p-v)\int_0^Q F(x)dx] \tag{4.9}$$

零售商的效用 μ_{rd} 对 Q 求一阶导数可得：

$$\frac{d\mu_{rd}}{dQ} = (1+b_r)[\phi(p-(p-v)F(Q))-w]-b_r\gamma_r[(p-c)-(p-v)F(Q)]$$

零售商的效用 μ_{rd} 对 Q 求二阶导数可得：

$$\frac{d^2\mu_{rd}}{dQ^2} = [b_r\gamma_r - \phi(1+b_r)](p-v)f(Q)$$

当 $\phi > \dfrac{b_r\gamma_r}{1+b_r}$，则 $\dfrac{d^2\mu_{rd}}{dQ^2} < 0$，$\mu_{rd}$ 是关于 Q 的严格凹函数，存在唯一最优订货量，

记为 Q_d。因此零售商的最优订货量为：

$$Q_d = F^{-1}\left(\frac{\phi(1+b_r)p - w(1+b_r) - b_r\gamma_r(p-c)}{\phi(1+b_r)(p-v) - b_r\gamma_r(p-v)}\right) \tag{4.10}$$

当零售商确定最优订货量 Q_d 后，分销商便能确定批发价格 w，由于分销商也为绝对公平关切，因此分销商的效用为：

$$\mu_{fd} = E(\textstyle\prod_{fd}) - b_f(\gamma_f E(\textstyle\prod_c) - E(\textstyle\prod_{fd}))$$
$$= (1+b_f)E(\textstyle\prod_{fd}) - b_f\gamma_f E(\textstyle\prod_c)$$

将式（4.2）和式（4.8）代入上式得分销商的效用为：

$$\mu_{fd} = (1+b_f)E(\textstyle\prod_{fd}) - b_f\gamma_f E(\textstyle\prod_c)$$
$$= (1+b_f)\left[(w-c)Q + (1-\phi)(pQ - (p-v)\int_0^Q F(x)dx)\right] \tag{4.11}$$
$$- b_f\gamma_f[(p-c) - (p-v)F(Q)]$$

为求使得其效用最大的批发价格 w，式（4.11）对 w 求导数可得：

$$\frac{d\mu_{fd}}{dw} = (1+b_f)\left[(w-c)\frac{dQ}{dw} + Q + (1-\phi)(p\frac{dQ}{dw} - (p-v)F(Q)\frac{dQ}{dw})\right]$$
$$- b_f\gamma_f[(p-c) - (p-v)F(Q)]$$

令 $\dfrac{d\mu_{fd}}{dw} = 0$，可得：

$$(1+b_f)\left[(w-c)\frac{dQ}{dw} + Q + (1-\phi)(p\frac{dQ}{dw} - (p-v)F(Q)\frac{dQ}{dw})\right]$$
$$- b_f\gamma_f[(p-c) - (p-v)F(Q)] = 0$$

得到的解为绝对公平关切分销商的最优批发价格 w_d，其中 $\dfrac{dQ}{dw}$ 可以由式（4.10）通过隐函数求导得到：

$$\frac{dQ}{dw} = \frac{-(1+b_r)}{[\phi(1+b_r)(p-v) - b_r\gamma_r(p-v)]f(Q)}$$

将最优订货量 Q_d 和最优批发价格 w_d 代入式（4.9）和式（4.11）得到供应链期望效用：

$$\mu_{rfd} = \mu_{rd}(Q_d) + \mu_{fd}(w_d)$$

$$= (1+b_r)[\phi(pQ_d - (p-v)\int_0^{Q_d} F(x)dx) - w_dQ_d] - b_r\gamma_r[(p-c)Q_d - (p-v)\int_0^{Q_d} F(x)dx]$$

$$(1+b_f)[(w_d-c)Q_d + (1-\phi)(pQ_d - (p-v)\int_0^{Q_d} F(x)dx)] - b_f\gamma_f[(p-c) - (p-v)F(Q_d)]$$

4.1.3 基于回购契约的决策分析

在分销商和零售商均为绝对公平关切情形下，分销商采用回购契约，用 h 代表回购契约供应链。在回购契约供应链中，分销商在销售期末将零售商未销售出的产品以 h（$w>h>v$）价格回购。研究分销商是否可以通过回购契约提高零售商分销商和零售商的绩效。

在回购契约情形下，零售商的期望利润为：

$$E(\Pi_{rh}) = p(Q - \int_0^Q F(x)dx) + h\int_0^Q F(x)dx - wQ$$

$$= (p-w)Q - (p-h)\int_0^Q F(x)dx \tag{4.12}$$

分销商的期望利润为：

$$E(\Pi_{fh}) = (w-c)Q - (h-v)\int_0^Q (Q-x)f(x)dx$$

$$= (w-c)Q - (h-v)Q\int_0^Q f(x)dx + (h-v)\int_0^Q xf(x)dx \tag{4.13}$$

由于零售商为绝对公平关切，则零售商的效用为：

$$\mu_{rh} = E(\Pi_{rh}) - b_r(\gamma_r E(\Pi_c) - E(\Pi_{rh}))$$

$$= (1+b_r)E(\Pi_{rh}) - b_r\gamma_r E(\Pi_c) \tag{4.14}$$

将式（4.2）和式（4.12）代入上式得零售商的效用为：

$$\mu_{rh} = (1+b_r)[(p-w)Q - (p-h)\int_0^Q F(x)dx]$$

$$- b_r\gamma_r[(p-c)Q - (p-v)\int_0^Q F(x)dx]$$

零售商的效用 μ_{rh} 对 Q 求一阶导数可得：

$$\frac{d\mu_{rh}}{dQ} = (1+b_r)[(p-w) - (p-h)F(Q)] - b_r\gamma_r[(p-c) - (p-v)F(Q)]$$

零售商的效用 μ_{rh} 对 Q 求二阶导数可得：

$$\frac{d^2\mu_{rh}}{dQ^2} = -[(1+b_r)(p-h) - b_r\gamma_r(p-v)]f(Q)$$

$$\begin{cases} \dfrac{d^2\mu_{rh}}{dQ^2} < 0, & \dfrac{1+b_r}{\gamma_r b_r} > \dfrac{p-v}{p-h} \\[3mm] \dfrac{d^2\mu_{rh}}{dQ^2} > 0, & \dfrac{1+b_r}{\gamma_r b_r} < \dfrac{p-v}{p-h} \end{cases}$$

当 $\dfrac{1+b_r}{\gamma_r b_r} < \dfrac{p-v}{p-h}$，$\mu_{rh}$ 是关于 Q 的严格凸函数，使效用最大化的订货量应该在需求

分布的两个极值点处进行选择，显然这种情况现实中很少见。当 $\dfrac{1+b_r}{\gamma_r b_r} > \dfrac{p-v}{p-h}$，$\mu_{rh}$ 是关

于 Q 的严格凹函数，存在唯一最优订货量，记为 Q_h。

令 $\dfrac{d\mu_{rh}}{dQ} = 0$，零售商的最优订货量为：

$$Q_h = F^{-1}\left(\frac{(1+b_r)(p-w) - b_r\gamma_r(p-c)}{(1+b_r)(p-h) - b_r\gamma_r(p-v)}\right) \tag{4.15}$$

当零售商确定最优订货量 Q_h 后，分销商便能确定批发价格 w，由于分销商也为绝对

公平关切，因此分销商的效用为：

$$\begin{aligned}\mu_{fh} &= E(\textstyle\prod_{fh}) - b_f\gamma_f(E(\textstyle\prod_c) - E(\textstyle\prod_{fh})) \\ &= (1+b_f)E(\textstyle\prod_{fh}) - b_f\gamma_f E(\textstyle\prod_c)\end{aligned}$$

将式（4.2）和式（4.13）代入上式得分销商的效用为：

$$\begin{aligned}\mu_{fh} &= (1+b_f)E(\textstyle\prod_{fh}) - b_f\gamma_f E(\textstyle\prod_c) \\ &= (1+b_f)\left[(w-c)Q - (h-v)Q\int_0^Q f(x)dx + (h-v)\int_0^Q xf(x)dx\right] \\ &\quad - b_f\gamma_f\left[(p-c)Q - (p-v)\int_0^Q F(x)dx\right]\end{aligned} \tag{4.16}$$

为求使得其效用最大的批发价格，分销商的效用 μ_{fh} 对 w 求导数可得：

$$\begin{aligned}\frac{d\mu_{fh}}{dw} &= (1+b_f)\left[(w-c)\frac{dQ}{dw} + Q - (h-v)F(Q)\frac{dQ}{dw}\right] - b_f\gamma_f\left[(p-c)\frac{dQ}{dw} - (h-v)F(Q)\frac{dQ}{dw}\right] + Q(1+b_f) \\ &= (1+b_f)\frac{dQ}{dw}\left[(w-c) - (h-v)F(Q)\right] - b_f\gamma_f\frac{dQ}{dw}\left[(p-c) - (h-v)F(Q)\right] + Q(1+b_f)\end{aligned}$$

令 $\dfrac{d\mu_{fh}}{dw} = 0$，可得：

$$(1+b_f)\dfrac{dQ}{dw}[(w-c)-(h-v)F(Q)]-b_f\gamma_f\dfrac{dQ}{dw}[(p-c)-(h-v)F(Q)]+Q(1+b_f)=0$$

得到的解为绝对公平关切分销商的最优批发价格 w_h，其中 $\dfrac{dQ}{dw}$ 可以由式（4.15）通过隐函数求导得到：

$$\dfrac{dQ}{dw}=\dfrac{-(1+b_r)}{[(1+b_r)(p-h)-b_r\gamma_r(p-v)]f(Q)}$$

将最优订货量 Q_h 和最优批发价格 w_h 代入式（4.14）和式（4.16）得到供应链期望效用：

$$
\begin{aligned}
\mu_{rfh} &= \mu_{rh}(Q_h)+\mu_{fh}(w_h)\\
&= (1+b_r)[(p-w_h)Q_h-(p-h)\int_0^{Q_h}F(x)dx]-b_r\gamma_r[(p-c)Q_h-(p-v)\int_0^{Q_h}F(x)dx]\\
&\quad +(1+b_f)[(w_h-c)Q_h-(h-v)Q_h\int_0^{Q_h}f(x)dx+(h-v)\int_0^{Q_h}xf(x)dx]\\
&\quad -b_f\gamma_f[(p-c)Q_h-(p-v)\int_0^{Q_h}F(x)dx]
\end{aligned}
$$

4.1.4 算例分析

针对收益共享契约和回购契约两种激励情形，通过具体算例分析，探讨在零售商和分销商均为绝对公平关切时，绝对公平关切对供应链决策与绩效的影响。

4.1.4.1 基于收益共享契约的算例分析

在收益共享契约情形下，假设供应链由一个零售商和一个分销商组成，分销商在此供应链中占主导地位，需求服从均匀分布 $X \sim U[2, 2000]$，$p=30$，$c=10$，$v=1$；

首先，分析零售商绝对公平关切程度 b_r 对各个变量的影响，取 b_f =0.6，γ_f =0.6，在无契约情形下，取 γ_r =0.1 和 γ_r =0.4，目的是在不同的零售商绝对公平利润分配比例下发现各个变量的差异，同时随着零售商绝对公平关切程度 b_r 的变化，根据优化模型，得到各变量值的结果如表4.1；在收益共享契约情形下，取 γ_r =0.1 和 γ_r =0.4，收益共享系数取 ϕ =0.7，随着零售商绝对公平关切程度 b_r 的变化得到表4.2。

其次，分析分销商绝对公平关切程度 b_f 对各个变量的影响，取 b_r =0.2，γ_r =0.4，在无契约情形下，取 γ_f =0.3 和 γ_f =0.6，目的是在不同的分销商绝对公平利润分配比例下发现各个变量的差异，同时随着分销商绝对公平关切程度 b_f 的变化，根据优化模型，得到各变量值的结果如表 4.3；在收益共享契约情形下，取 γ_f =0.3 和 γ_f =0.6，同样收益共享系数取 ϕ =0.7，随着分销商绝对公平关切程度 b_f 的变化得到表 4.4。

最后，分析收益共享系数 ϕ 的变化对各变量的影响，取 $b_r=0.2$，$b_f=0.6$，γ_f =0.6，γ_r =0.4，随着收益共享系数 ϕ 的变化，根据优化模型，得到各变量值的结果如表 4.5。

表 4.1　无契约激励情形下，不同 b_r 时的变量值

γ_r	变量	b_r							
		0.20	0.40	0.60	0.80	1.00	1.20	1.40	1.60
0.1	w_0	21.10	20.99	20.90	20.83	20.78	20.73	20.69	20.66
	Q_0	600.56	599.33	598.38	597.63	597.01	596.51	596.08	595.72
	$\mu_r(Q_0)$	3085.56	3541.63	3997.69	4453.74	4909.78	5365.82	5821.85	6277.88
	$\mu_f(w_0)$	7286.81	7157.67	7060.85	6985.58	6925.37	6876.13	6835.10	6800.38
	$E(\Pi_r)$	2727.91	2797.80	2849.99	2890.44	2922.70	2949.03	2970.93	2989.43
	Π_f	6668.43	6584.58	6521.65	6472.69	6433.50	6401.43	6374.70	6352.08
	$E(\Pi_c)$	9396.34	9382.38	9371.64	9363.13	9356.20	9350.47	9345.64	9341.51
	μ_{rf}	10372.37	10699.30	11058.54	11439.31	11835.15	12241.94	12656.95	13078.27
0.4	w_0	20.61	20.15	19.80	19.53	19.31	19.13	18.99	18.86
	Q_0	595.13	589.31	584.45	580.34	576.80	573.74	571.05	568.68
	$\mu_r(Q_0)$	2875.98	3122.13	3368.04	3613.76	3859.33	4104.80	4350.18	4595.49
	$\mu_f(w_0)$	6744.85	6229.88	5844.54	5545.43	5306.58	5111.47	4949.12	4811.92
	$E(\Pi_r)$	3018.97	3289.34	3486.91	3636.97	3754.46	3848.70	3925.83	3990.02
	Π_f	6315.87	5979.06	5725.66	5528.02	5369.51	5239.52	5130.98	5038.97
	$E(\Pi_c)$	9620.83	9352.01	9212.57	9159.19	9165.92	9216.27	9299.30	9407.41
	μ_{rf}	9334.84	9268.41	9212.57	9164.99	9123.97	9088.23	9056.81	9028.99

表 4.2 收益共享契约激励情形下，不同 b_r 时的变量值

γ_r	变量	b_r							
		0.20	0.40	0.60	0.80	1.00	1.20	1.40	1.60
0.1	w_d	13.48	13.36	13.27	13.20	13.15	13.10	13.06	13.03
	Q_d	725.53	726.14	726.60	726.97	727.27	727.52	727.73	727.91
	$\mu_r(Q_d)$	3129.44	3593.37	4057.29	4521.21	4985.12	5449.04	5912.95	6376.87
	$\mu_f(w_d)$	8803.14	8672.13	8573.89	8497.49	8436.36	8386.36	8344.69	8309.43
	$E(\Pi_{rd})$	2786.10	2872.40	2937.22	2987.69	3028.10	3061.19	3088.78	3112.14
	Π_{fd}	7908.17	7827.58	7767.17	7720.20	7682.64	7651.92	7626.33	7604.68
	$E(\Pi_{cd})$	10694.28	10699.98	10704.39	10707.89	10710.74	10713.11	10715.11	10716.81
	μ_{rfd}	11932.57	12265.50	12631.18	13018.69	13421.49	13835.40	14257.64	14686.29
0.4	w_d	12.98	12.50	12.15	11.87	11.65	11.47	11.32	11.19
	Q_d	728.21	731.15	733.68	735.86	737.77	739.46	740.95	742.29
	$\mu_r(Q_d)$	2921.88	3178.11	3434.23	3690.26	3946.22	4202.11	4457.96	4713.76
	$\mu_f(w_d)$	8253.02	7729.33	7336.76	7031.55	6787.49	6587.87	6421.58	6280.92
	$E(\Pi_{rd})$	3149.53	3498.34	3762.04	3968.61	4134.95	4271.84	4386.52	4484.02
	Π_{fd}	7570.04	7248.98	7008.94	6822.79	6674.25	6553.01	6452.20	6367.07
	$E(\Pi_{cd})$	10719.57	10747.32	10770.98	10791.40	10809.20	10824.85	10838.72	10851.09
	μ_{rfd}	11174.89	10907.44	10770.98	10721.81	10733.71	10789.99	10879.54	10994.68

表 4.3   无契约激励情形下，不同 b_f 时的变量值

γ_f	变量	b_f							
		0.20	0.40	0.60	0.80	1.00	1.20	1.40	1.60
0.3	w_0	19.59	19.78	19.93	20.05	20.15	20.23	20.30	20.36
	Q_0	670.67	656.46	645.43	636.60	629.39	623.39	618.31	613.96
	$\mu_r(Q_0)$	3652.40	3499.26	3382.58	3290.76	3216.63	3155.55	3104.35	3060.82
	$\mu_f(w_0)$	7109.14	7790.03	8476.59	9167.11	9860.51	10556.06	11253.27	11951.78
	$E(\Pi_r)$	3720.50	3583.05	3478.04	3395.23	3328.25	3272.98	3226.59	3187.11
	Π_f	6431.91	6421.87	6410.31	6398.69	6387.64	6377.35	6367.90	6359.24
	$E(\Pi_c)$	10152.40	10004.92	9888.35	9793.92	9715.89	9650.33	9594.49	9546.35
	μ_{rf}	10761.55	11289.29	11859.17	12457.87	13077.14	13711.61	14357.62	15012.60
0.6	w_0	19.86	20.28	20.61	20.89	21.12	21.32	21.49	21.63
	Q_0	650.62	619.91	595.13	574.71	557.59	543.04	530.50	519.60
	$\mu_r(Q_0)$	3437.23	3120.47	2875.98	2681.99	2524.59	2394.49	2285.25	2192.30
	$\mu_f(w_0)$	6506.18	6612.42	6744.85	6896.55	7062.85	7240.47	7427.06	7620.85
	$E(\Pi_r)$	3527.25	3241.20	3018.97	2841.63	2697.01	2576.92	2475.69	2389.23
	Π_f	6416.16	6370.96	6315.87	6257.98	6200.76	6145.85	6093.99	6045.43
	$E(\Pi_c)$	9943.41	9612.16	9334.84	9099.62	8897.77	8722.78	8569.68	8434.65
	μ_{rf}	9943.41	9732.89	9620.83	9578.54	9587.45	9634.96	9712.30	9813.15

表 4.4　收益共享契约激励情形下，不同 b_f 时的变量值

γ_f	变量	b_f							
		0.20	0.40	0.60	0.80	1.00	1.20	1.40	1.60
0.3	w_d	12.29	12.42	12.52	12.60	12.66	12.72	12.76	12.80
	Q_d	803.33	789.44	778.58	769.85	762.68	756.68	751.60	747.23
	$\mu_r(Q_d)$	3555.86	3433.96	3340.08	3265.59	3205.04	3154.87	3112.62	3076.55
	$\mu_f(w_d)$	8515.35	9368.07	10225.34	11085.81	11948.61	12813.19	13679.12	14546.14
	$E(\prod_{rd})$	3722.41	3613.00	3528.52	3461.33	3406.63	3361.23	3322.94	3290.23
	$\prod_{fd}$	7665.52	7657.53	7648.22	7638.80	7629.77	7621.32	7613.52	7606.34
	$E(\prod_{cd})$	11387.93	11270.53	11176.74	11100.13	11036.39	10982.55	10936.46	10896.57
	μ_{rfd}	12071.21	12802.03	13565.42	14351.39	15153.65	15968.05	16791.74	17622.69
0.6	w_d	12.47	12.75	12.98	13.17	13.33	13.47	13.59	13.70
	Q_d	783.70	753.21	728.21	707.34	689.66	674.48	661.31	649.78
	$\mu_r(Q_d)$	3384.16	3125.94	2921.88	2756.81	2620.69	2506.62	2409.72	2326.41
	$\mu_f(w_d)$	7836.99	8034.21	8253.02	8488.06	8735.63	8993.06	9258.38	9530.14
	$E(\prod_{rd})$	3568.21	3335.02	3149.53	2998.63	2873.56	2768.28	2678.47	2600.98
	$\prod_{fd}$	7652.94	7616.05	7570.04	7520.76	7471.26	7423.12	7377.11	7333.59
	$E(\prod_{cd})$	11221.15	10951.06	10719.57	10519.40	10344.83	10191.40	10055.58	9934.57
	μ_{rfd}	11221.15	11160.15	11174.89	11244.87	11356.32	11499.68	11668.10	11856.55

表 4.5　收益共享契约激励情形下，不同 ϕ 时的变量值

变量	ϕ						
	0.4	0.5	0.601	0.7	0.8	0.9	1
w_d	6.13	8.29	10.82	12.98	15.46	18.01	20.61
Q_d	937.93	855.78	780.57	728.21	677.70	633.74	595.13
$\mu_r(Q_d)$	2551.17	2760.97	2875.98	2921.88	2930.15	2911.77	2875.98
$\mu_f(w_d)$	10629.89	9698.80	8850.56	8253.02	7680.55	7182.35	6744.85
μ_{rfd}	13181.06	12459.77	11726.54	11174.89	10610.71	10094.12	9620.83

（1）收益共享契约下零售商绝对公平关切程度与公平利润分配比例对企业决策和绩效的影响

由表 4.1 和表 4.2，得图 4.2、图 4.3、图 4.4 和图 4.5。

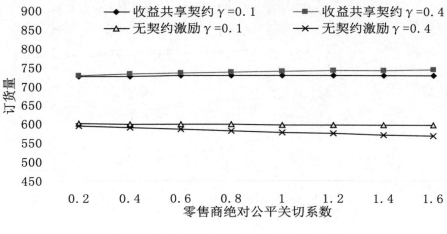

图4.2　订货量与零售商绝对公平关切系数关系

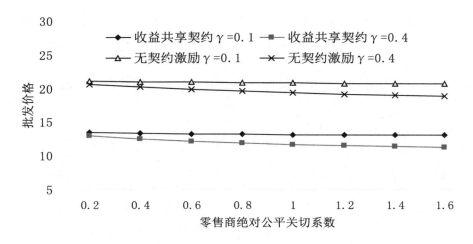

图4.3　批发价格与零售商绝对公平关切系数关系

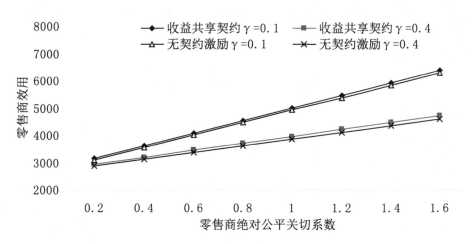

图4.4　零售商效用与零售商绝对公平关切程度关系

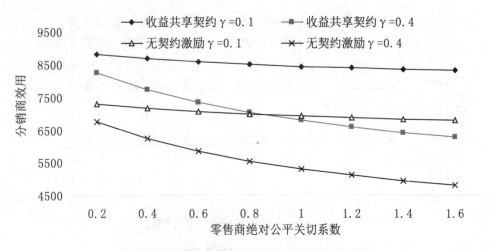

图4.5 分销商效用与零售商绝对公平关切程度关系

由图 4.2 和图 4.3 可知，在无契约激励情形下，零售商的订货量随着零售商绝对公平关切程度的增加而减小，在零售商绝对公平利润分配比例 γ_r =0.1 情形下的订货量要大于 γ_r =0.4 情形下的订货量；批发价格随着零售商绝对公平关切程度的增加而减少，在 γ_r =0.1 情形下的批发价格要大于 γ_r =0.4 情形下的批发价格。

由图 4.4 和图 4.5 可知，零售商的效用随着零售商绝对公平关切程度的增加而增加，在 γ_r =0.1 情形下的零售商效用要大于 γ_r =0.4 情形下的零售商效用；分销商的效用随着零售商绝对公平关切程度的增加而减少，在 γ_r =0.1 情形下的分销商效用要大于 γ_r =0.4 情形下的分销商效用。零售商考虑绝对公平关切，给自身带来有利的影响，而给分销商带来不利的影响。

由图 4.2 和图 4.3 可知，在收益共享契约情形下，零售商的订货量随着零售商绝对公平关切程度的增加而增加，大于无契约激励情形下零售商订货量，而 γ_r =0.1 情形下的订货量要小于 γ_r =0.4 情形下的订货量；批发价格随着零售商绝对公平关切程度的增加而减少，且小于无契约情形下分销商的批发价格，而 γ_r =0.1 情形下的批发价格要大于 γ_r =0.4 情形下的批发价格。

由 4.4 和图 4.5 可知，零售商的效用随着零售商绝对公平关切程度的增加而增加，大于无契约情形下零售商效用，且与无契约激励情形下零售商效用的差额越来越大，而 γ_r =0.1 情形下的零售商效用要大于 γ_r =0.4 情形下的零售商效用；分销商的效用随着零售商绝对公平关切程度的增加而减少，但大于无契约情形下分销商的效用，而 γ_r =0.1 情形下的分销商效用要大于 γ_r =0.4 情形下的分销商效用。零售商考虑绝对公平关切，给自身带来有利的影响，而给分销商带来不利的影响。

由表 4.1 和表 4.2 可知，在无契约激励情形下，随着零售商绝对公平关切程度的增加，导致零售商的利润 $E(\prod_r)$ 增加，同时供应链总利润 $E(\prod_c)$ 在减小，即零售商绝对公平关切利润的参照点在减小，因此给零售商带来的不公平负效用在减小，结合公平关切程度的影响使得零售商效用得到增加；此外当零售商绝对公平利润分配比例 γ_r =0.4 时，零售商的利润和供应链的利润都得到增加，大于当 γ_r =0.1 时的利润，但是当 γ_r =0.4 时，零售商的公平利润分配额也大幅度的得到增加，其增加的幅度大于零售商利润增加的幅度，比较而言，零售商的公平关切利润的参照点在增加，因此给零售商带来的不公平负效用在增加，因此当 γ_r =0.4 时零售商效用要小于当 γ_r =0.1 时零售商的效用。对于分销商而言，随着零售商绝对公平关切程度的增加，分销商利润大幅度减小，尽管总利润在减小，但是其下降的幅度小于分销商利润下降的幅度，即分销商的公平利润参照点在增加，给分销商带来的不公平负效用在增加，结合公平关切程度的影响使得分销商效用得到减小；此外当 γ_r =0.4 时，供应链总利润增加而分销商利润在减小，相比之下分销商公平利润参照点在增加，给分销商带来不公平性的负效用在增加，导致分销商效用小于当 γ_r =0.1 时分销商效用。

在收益共享契约情形下，当 γ_r =0.1 时，随着零售商绝对公平关切程度的增加，零售商的利润 $E(\prod_{rd})$ 增加，同时供应链总利润 $E(\prod_{cd})$ 在减小，即零售商绝对公平关切利润的参照点在减小，因此给零售商带来的不公平负效用在减小，结合公平关切程度的影响使得零售商效用增加；当 γ_r =0.4 时零售商的公平利润参照点大于当 γ_r =0.1 时公平利润参照点，当然其不公平负效用也大于当 γ_r =0.1 时的负效用，因此当 γ_r =0.4 时零售商效用要小于当 γ_r =0.1 时零售商效用。对于分销商而言，根据同样的分析可得，随着零售商绝对公平关切程度的增加，分销商效用减小，且当 γ_r =0.4 时分销商效用要小于当 γ_r =0.1 时分销商效用。

（2）收益共享契约下分销商绝对公平关切程度与公平利润分配比例对企业和绩效的影响

由表 4.3 和表 4.4 数据，得图 4.6、图 4.6、图 4.6 和图 4.9。

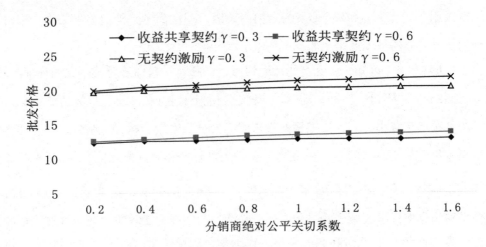

图4.6　批发价格与分销商绝对公平关切系数关系

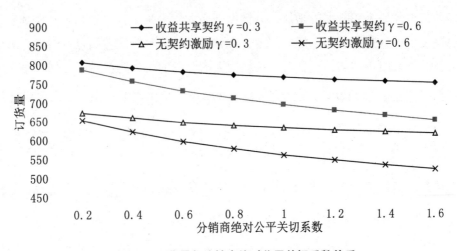

图4.7　订货量与分销商绝对公平关切系数关系

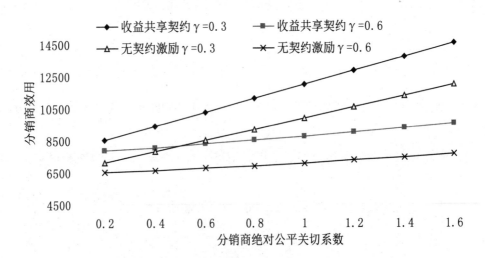

图4.8　分销商效用与分销商绝对公平关切程度关系

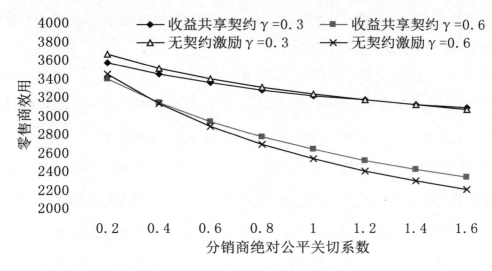

图4.9 零售商效用与分销商绝对公平关切程度关系

由图 4.6 和图 4.7 可知，在无契约激励情形下，批发价格随着分销商绝对公平关切程度的增加而增加，在 γ_f =0.3 情形下的批发价格要小于 γ_f =0.6 情形下的批发价格；零售商的订货量随着分销商绝对公平关切程度的增加而减小，在零售商绝对公平利润分配比例 γ_f =0.3 情形下的订货量要大于 γ_f =0.6 情形下的订货量。

由图 4.8 和图 4.9 可知，分销商的效用随着分销商绝对公平关切程度的增加而增加，在 γ_f =0.3 情形下的分销商效用要大于 γ_f =0.6 情形下的分销商效用；零售商的效用随着分销商绝对公平关切程度的增加而减少，在 γ_f =0.3 情形下的零售商效用要大于 γ_f =0.6 情形下的零售商效用。分销商考虑绝对公平关切，给自身带来有利的影响，而给零售商带来不利的影响。

由图 4.6 和图 4.7 可知，在收益共享契约情形下，与无契约激励情形下一样，批发价格随着分销商绝对公平关切程度的增加而增加，但要小于无契约情形的批发价格，而 γ_f =0.3 情形下的批发价格要小于 γ_f =0.6 情形下的批发价格；零售商的订货量随着分销商绝对公平关切程度的增加而减小，但要大于无契约情形下的订货量，而 γ_f =0.3 情形下的订货量要大于 γ_f =0.6 情形下的订货量。

由 4.8 和图 4.9 可知，分销商的效用随着分销商绝对公平关切程度的增加而增加，大于无契约情形下分销商效用，而 γ_f =0.3 情形下的分销商效用要大于 γ_f =0.6 情形下的分销商效用；零售商的效用随着分销商绝对公平关切程度的增加而减少，但大于无契约情形下零售商的效用，且与无契约情形下零售商效用的差额越来越大，而 γ_f =0.3 情形下的零

售商效用要大于 γ_f =0.6 情形下的零售商效用。分销商考虑绝对公平关切，给自身带来有利的影响，而给零售商带来不利的影响。

由表 4.3 和表 4.4 可知，在无契约激励情形下和收益共享契约情形下，随着分销商绝对公平关切程度的增加，分销商的利润 $\prod_f$ 和 $\prod_{fd}$ 减小，同时供应链总利润 $E(\prod_c)$ 和 $E(\prod_{cd})$ 在减小，但分销商利润下降的幅度小于供应链总利润的幅度。对于分销商而言绝对公平关切利润的参照点在减小，因此给分销商带来的不公平负效用在减小，结合公平关切程度的影响使得分销商效用得到增加。此外当分销商绝对公平利润分配比例 γ_f =0.6 时，分销商的利润和供应链的利润都得到减小，且小于当 γ_f =0.3 时的利润，但是当 γ_f =0.6 时，分销商的公平利润分配额也大幅度增加，比较而言，分销商的公平关切利润的参照点在增加，因此给分销商带来的不公平负效用在增加，因此当 γ_f =0.6 时分销商效用要小于当 γ_f =0.3 时分销商效用；对于零售商而言，随着分销商绝对公平关切程度的增加，零售商利润大幅度减小，尽管总利润在减小，但是零售商下降的幅度大于供应链利润下降的幅度，即零售商的公平利润参照点在增加，给零售商带来的不公平负效用在增加，结合公平关切程度的影响使得零售商效用减小；此外当 γ_f =0.6 时，零售商利润减小的幅度大于供应链总利润减小的幅度，相比之下导致零售商的绝对公平利润参照点在增加，因此给零售商带来的不公平负效用在增加，因此当 γ_f =0.6 时零售商效用要小于当 γ_f =0.3 时零售商效用。

（3）绝对公平关切下收益共享系数对企业绩效的影响

由表 4.5 数据，得图 4.10。

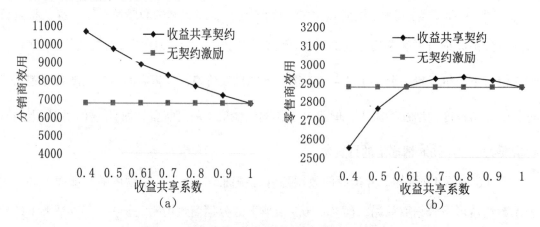

图4.10 零售商和分销商效用与收益共享系数关系

由图 4.10 可知，当收益共享系数在（0.601，1）区间，分销商和零售商获得的效用分别大于无契约激励情形下分销商和零售商获得的效用。从图 4.10（a）可看到，在此区间，分销商的效用随着收益共享系数的增加而下降，在收益共享系数等于 0.601 时，分销商获得最大效用值，为 8850.56；从图 4.10（b）可看到，在此区间，零售商效用随着收益共享系数的增加，先上升而后下降，在收益共享系数等于 0.8 时，零售商获得最大效用值，为 2930.15。

4.1.4.2 基于回购契约的算例分析

在回购契约情形下，能不能通过该契约提高分销商和零售商的绩效呢？同样假设需求服从均匀分布 $X \sim U[2, 2000]$，$p=30$，$c=10$，$v=1$。

首先，分析零售商绝对公平关切程度 b_r 对各个变量的影响，取 $b_f =0.6$，$\gamma_f =0.6$，在无契约情形下，取 $\gamma_r =0.1$ 和 $\gamma_r =0.4$，随着零售商绝对公平关切程度 b_r 的变化，根据优化模型，得到各变量值的结果如表 4.1；在回购契约情形下，取 $\gamma_r =0.1$ 和 $\gamma_r =0.4$，回购价格取 $h =2$，随着零售商绝对公平关切程度 b_r 的变化得到表 4.6。

其次，分析分销商绝对公平关切程度 b_f 对各个变量的影响，取 $b_r =0.2$，$\gamma_r =0.4$，在无契约情形下，取 $\gamma_f =0.3$ 和 $\gamma_f =0.6$，随着分销商绝对公平关切程度 b_f 的变化，根据优化模型，得到各变量值的结果如表 4.3；在回购契约情形下，取 $\gamma_f =0.3$ 和 $\gamma_f =0.6$，同样回购价格取 $h =2$，随着分销商绝对公平关切程度 b_f 的变化得到表 4.7。

最后，分析回购价格 h 的变化对各变量的影响，取 $b_r = 0.2$，$b_f = 0.6$，$\gamma_f =0.6$，$\gamma_r =0.4$，随着回购价格 h 的变化，根据优化模型，得到各变量值的结果如表 4.8。

表 4.6　回购契约激励情形下，不同 b_r 时的变量值

γ_r	变量	b_r							
		0.20	0.40	0.60	0.80	1.00	1.20	1.40	1.60
0.1	Q_h	617.37	616.34	615.55	614.92	614.41	613.98	613.63	613.32
	w_h	21.17	21.06	20.97	20.90	20.84	20.80	20.76	20.73
	$\mu_r(Q_h)$	3146.33	3612.58	4078.81	4545.04	5011.26	5477.47	5943.68	6409.89
	$\mu_f(w_h)$	7490.73	7360.83	7263.43	7187.70	7127.12	7077.56	7036.27	7001.34
	$E(\Pi_{rh})$	2781.68	2853.92	2907.90	2949.77	2983.19	3010.48	3033.19	3052.37
	Π_{fh}	6802.39	6718.76	6656.00	6607.17	6568.10	6536.12	6509.47	6486.91
	$E(\Pi_{ch})$	9584.07	9572.68	9563.91	9556.95	9551.29	9546.60	9542.65	9539.28
	μ_{rfh}	10637.06	10973.41	11342.25	11732.73	12138.37	12555.03	12979.95	13411.22
0.4	Q_h	612.83	607.95	603.86	600.39	597.40	594.80	592.53	590.51
	w_h	20.68	20.21	19.86	19.59	19.37	19.19	19.04	18.92
	$\mu_r(Q_h)$	2936.92	3193.40	3449.61	3705.62	3961.48	4217.21	4472.84	4728.38
	$\mu_f(w_h)$	6945.45	7820.90	7292.10	6881.78	6554.20	6286.69	6064.14	5876.11
	$E(\Pi_{rh})$	3083.02	3364.36	3571.04	3728.80	3852.86	3952.79	4034.88	4103.43
	Π_{fh}	6450.80	6115.05	5862.52	5665.62	5507.74	5378.31	5270.25	5178.66
	$E(\Pi_{ch})$	9533.82	9479.41	9433.56	9394.42	9360.60	9331.10	9305.13	9282.10
	μ_{rfh}	9882.36	9620.33	9488.26	9442.69	9457.58	9516.37	9608.05	9725.00

表 4.7 回购契约激励情形下，不同 b_f 时的变量值

γ_f	变量	b_f							
		0.20	0.40	0.60	0.80	1.00	1.20	1.40	1.60
0.3	Q_h	685.86	673.22	663.36	655.44	648.95	643.53	638.93	634.99
	w_h	19.73	19.89	20.02	20.12	20.21	20.28	20.34	20.39
	$\mu_r(Q_h)$	3678.58	3544.25	3441.12	3359.48	3293.26	3238.47	3192.40	3153.12
	$\mu_f(w_h)$	7270.14	7988.91	8712.07	9438.32	10166.84	10897.05	11628.58	12361.13
	$E(\Pi_{rh})$	3752.60	3632.11	3539.39	3465.84	3406.10	3356.60	3314.93	3279.36
	Π_{fh}	6554.19	6546.43	6537.43	6528.34	6519.64	6511.52	6504.02	6497.14
	$E(\Pi_{ch})$	10306.79	10178.54	10076.82	9994.18	9925.73	9868.12	9818.95	9776.51
	μ_{rfh}	10948.72	11533.15	12153.19	12797.80	13460.10	14135.52	14820.97	15514.25
0.6	Q_h	665.78	636.56	612.83	593.18	576.63	562.51	550.31	539.68
	w_h	19.99	20.37	20.68	20.94	21.15	21.34	21.49	21.63
	$\mu_r(Q_h)$	3466.31	3168.76	2936.92	2751.55	2600.18	2474.37	2368.26	2277.60
	$\mu_f(w_h)$	6657.79	6790.00	6945.45	7118.14	7304.00	7500.12	7704.40	7915.29
	$E(\Pi_{rh})$	3562.05	3293.53	3083.02	2913.80	2774.95	2659.06	2560.92	2476.80
	Π_{fh}	6539.88	6499.94	6450.80	6398.78	6347.03	6297.10	6249.73	6205.19
	$E(\Pi_{ch})$	10101.93	9793.47	9533.82	9312.58	9121.97	8956.16	8810.66	8681.99
	μ_{rfh}	10124.10	9958.76	9882.36	9869.69	9904.17	9974.49	10072.66	10192.89

表 4.8 回购契约激励情形下，不同 h 时的变量值

变量	h					
	5	9.3	15	20	26.1	27
Q_h	672.87	782.78	999.12	1318.85	2141.06	2389.32
w_h	20.91	21.32	22.14	23.35	26.45	27.39
$\mu_r(Q_h)$	3133.04	3470.68	3913.09	4209.28	2875.98	1826.83
$\mu_f(w_h)$	7625.83	8850.56	11323.34	14946.99	24231.5	27078.94
μ_{rfh}	10758.87	12321.24	15236.43	19156.26	27107.48	28905.77

（1）回购契约下零售商绝对公平关切程度与公平利润分配比例对企业决策和绩效的影响

由表4.1和表4.6数据，得图4.11、图4.12、图4.13和图4.14。

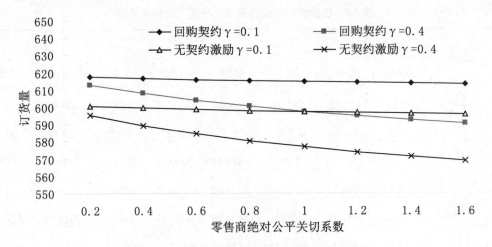

图4.11　订货量与零售商绝对公平关切系数关系

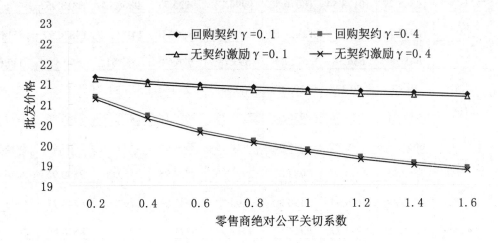

图4.12　批发价格与零售商绝对公平关切系数关系

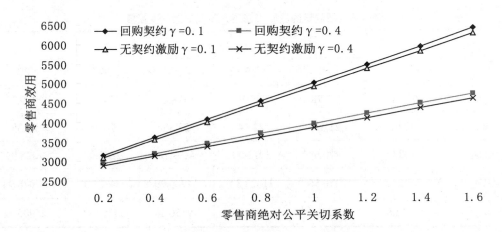

图4.13　零售商效用与零售商绝对公平关切系数关系

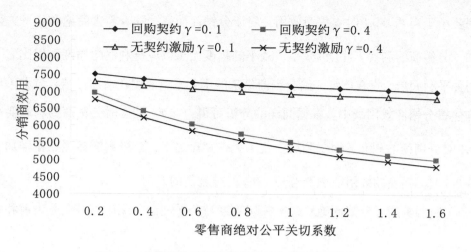

图4.14　分销商效用与零售商绝对公平关切系数关系

由图 4.11 和图 4.12 可知，在回购契约情形下，零售商的订货量随着零售商绝对公平关切程度的增加而减小，但大于无契约激励情形下零售商订货量，而 γ_r =0.1 情形下的订货量要大于 γ_r =0.4 情形下的订货量；批发价格随着零售商绝对公平关切程度的增加而减少，且大于无契约情形下分销商的批发价格，而 γ_r =0.1 情形下的批发价格要大于 γ_r =0.4 情形下的批发价格。

由图 4.13 和图 4.14 可知，零售商的效用随着零售商绝对公平关切程度的增加而增加，大于无契约情形下零售商效用，且与无契约激励情形下零售商效用的差额越来越大，而 γ_r =0.1 情形下的零售商效用要大于 γ_r =0.4 情形下的零售商效用；分销商的效用随着零售商绝对公平关切程度的增加而减少，但大于无契约情形下分销商的效用，而 γ_r =0.1 情形下的分销商效用要大于 γ_r =0.4 情形下的分销商效用。零售商考虑绝对公平关切，给自身带来有利的影响，而给分销商带来不利的影响。

由表 4.6 可知，在回购契约情形下，当 γ_r =0.1 时，随着零售商绝对公平关切程度的增加，零售商的利润 $E(\prod_{rh})$ 增加，同时供应链总利润 $E(\prod_{ch})$ 在减小，即零售商绝对公平关切利润的参照点在减小，因此给零售商带来的不公平负效用在减小，结合公平关切程度的影响使得零售商效用得到增加；当 γ_r =0.4 时，随着零售商绝对公平关切程度的增加，零售商的利润 $E(\prod_{rh})$ 增加，同时供应链总利润 $E(\prod_{ch})$ 在减小，使得零售商绝对公平关切利润的参照点在减小，给零售商带来的不公平负效用在减小，结合公平关切程度的影响使得零售商效用增加，但是当 γ_r =0.4 时零售商的公平利润参照点大于当 γ_r =0.1 时公平利润参照点，当然其不公平负效用也大于当 γ_r =0.1 时的负效用，因此当 γ_r =0.4 时零售

商效用要小于当 γ_r =0.1 时零售商效用。对于分销商而言，随着零售商绝对公平关切程度的增加，分销商的利润 $E(\prod_{rh})$ 减小，减小的幅度大于供应链利润的幅度，相比之下，分销商的公平利润参照点在增加，给分销商带来的不公平负效用在增加，结合公平关切程度的影响使得分销商效用减小。根据同样的分析可得，当 γ_r =0.4 时分销商的利润要小于当 γ_r =0.1 时分销商的利润，而总利润变化不大，相比之下，公平利润参照点在增加，因此当 γ_r =0.4 时分销商的效用要小于当 γ_r =0.1 时分销商的效用。

（2）回购契约下分销商绝对公平关切程度与公平利润分配比例对企业决策和绩效的影响

由表 4.3 和表 4.7 数据，得图 4.15、图 4.16、图 4.17 和图 4.18。

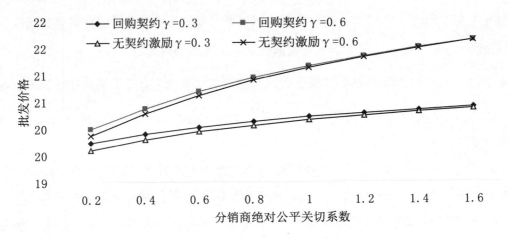

图4.15　批发价格与分销商绝对公平关切系数关系

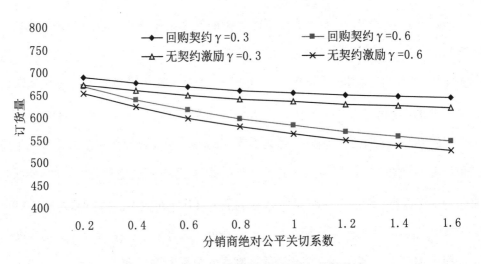

图4.16　订货量与分销商绝对公平关切系数关系

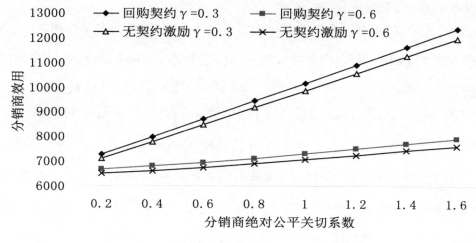

图4.17 分销商效用与分销商绝对公平关切系数关系

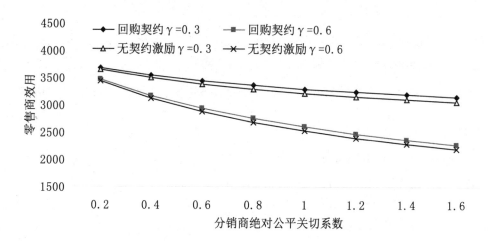

图4.18 零售商效用与分销商绝对公平关切系数关系

由图 4.15 和图 4.16 可知，在回购契约情形下，批发价格随着分销商绝对公平关切程度的增加而增加，而 γ_f =0.3 情形下的批发价格要小于 γ_f =0.6 情形下的批发价格。零售商的订货量随着分销商绝对公平关切程度的增加而减小，但要大于无契约情形下的订货量，而 γ_f =0.3 情形下的订货量要大于 γ_f =0.6 情形下的订货量。

由 4.17 和图 4.18 可知，分销商的效用随着分销商绝对公平关切程度的增加而增加，大于无契约情形下分销商效用，而 γ_f =0.3 情形下的分销商效用要大于 γ_f =0.6 情形下的分销商效用；零售商的效用随着分销商绝对公平关切程度的增加而减少，但大于无契约情形下零售商的效用，且与无契约情形下零售商效用的差额越来越大，而 γ_f =0.3 情形下的零售商效用要大于 γ_f =0.6 情形下的零售商效用。分销商考虑绝对公平关切，给自身带来有利的影响，而给零售商带来不利的影响。

由表 4.3 和表 4.7 可知，在回购契约情形下，随着分销商绝对公平关切程度的增加，分销商的利润 $\prod_{fh}$ 减小，同时供应链总利润 $E(\prod_{ch})$ 在减小，但分销商利润下降的幅度小于供应链总利润的幅度，对于分销商而言，绝对公平关切利润的参照点在减小，因此给分销商带来的不公平负效用在减小，结合公平关切程度的影响使得分销商效用增加；此外当分销商绝对公平利润分配比例 γ_f =0.6 时，分销商的利润和供应链的利润都得到减小，小于当 γ_f =0.3 时的利润，供应链总利润下降的幅度大于分销商下降的幅度，且当 γ_f =0.6 时，分销商的公平利润分配额也大幅度地增加，综合以上因素使得分销商的公平关切利润的参照点在增加，给分销商带来的不公平负效用在增加，因此当 γ_f =0.6 时分销商效用要小于当 γ_f =0.3 时分销商效用；对于零售商而言，随着分销商绝对公平关切程度的增加，零售商利润大幅度减小，尽管总利润在减小，但是零售商下降的幅度大于供应链利润下降的幅度，即零售商的公平利润参照点在增加，给零售商带来的不公平负效用在增加，结合公平关切程度的影响使得零售商效用减小，同样分析可得出，当 γ_f =0.6 时零售商的效用要小于当 γ_f =0.3 时零售商的效用。

（3）绝对公平关切下回购价格对企业绩效的影响

由表 4.12，得图 4.13。

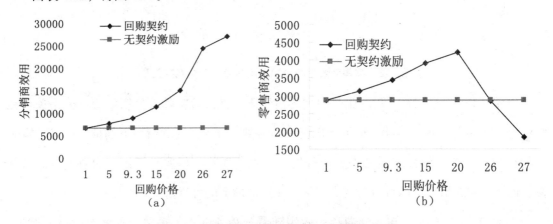

图4.19　零售商和分销商效用与回购价格关系

由图 4.19 可知，回购价格在（1，26.1）区间，分销商和零售商获得的效用分别大于无契约激励情形下分销商和零售商获得的效用。从图 4.19（a）可看到，在此区间，零售商效用随着回购价格的增加，先上升而后下降，在回购价格等于 20 时，零售商获得最大效用值，为 4209.28；从图 4.19（b）可看到，在此区间，分销商的效用随着回购价格的增加而上升，在回购价格等于 26.1 时，分销商获得最大效用值，为 24231.5。

（4）绝对公平关切下收益共享契约和回购契约的比较

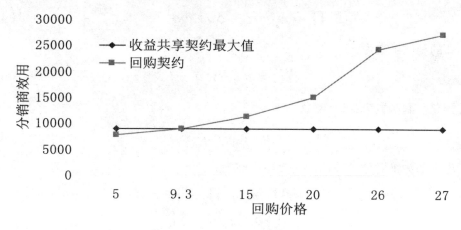

图4.20 分销商效用与回购价格关系

在绝对公平关切下，分销商通过选择合适的契约来使得自身效用最大化，由表 4.5 和图 4.20 可知，当回购价格在（9.3，26.1）区间时，都能够获得大于收益共享情形下的效用，同时零售商的效用也得到了增加。因此，当回购价格在（9.3，26.1）区间时，分销商选择回购契约；在回购价格小于 9.3 时，分销商均可考虑收益共享契约和回购契约。

4.2　生产商和分销商绝对公平关切下供应链决策与管理策略研究

本节考虑由绝对公平生产商和绝对公平关切分销商组成的两级供应链（如图 4.21）。

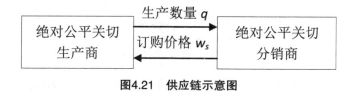

图4.21 供应链示意图

4.2.1 无契约分散决策分析

生产商绝对公平关切系数为 b_s，$b_s > 0$，分销商绝对公平关切系数为 b_f，$b_f > 0$，生产商绝对公平利润分配比例为 γ_s，$0 < \gamma_s \le 1$。分销商绝对公平利润分配比例为 γ_f，$0 < \gamma_f \le 1$，$\gamma_s \prod_c$ 表示对生产商而言公平的利润份额，$\gamma_f \prod_c$ 表示对分销商而言公平的利润份额，其中 $\prod_c$ 表示供应链的总体利润。其他假设及符号与 3.2 节一致。

在无契约激励情形下，生产商的利润函数为：

$$\prod_s = w_s q - c_0 - c_1 q - c_2 q^2 \qquad (4.17)$$

分销商的利润函数为：

$$\prod_f = p_s q - w_s q \qquad (4.18)$$

供应链总利润函数为：

$$\prod_c = p_s q - c_0 - c_1 q - c_2 q^2 \qquad (4.19)$$

由于生产商为绝对公平关切，其效用函数为：

$$\mu_s = \prod_s - b_s (\gamma_s \prod_c - \prod_s)$$
$$= (1 + b_s) \prod_s - b_s \gamma_s \prod_c$$

将式（4.17）和式（4.19）代入上式可得生产商绝对公平关切下的效用为：

$$\mu_s = (1 + b_s)(w_s q - c_0 - c_1 q - c_2 q^2) - b_s \gamma_s (p_s q - c_0 - c_1 q - c_2 q^2) \qquad (4.20)$$

生产商的效用对 q 求一阶、二阶导数，得到：

$$\frac{d\mu_s}{dq} = (1 + b_s)(w_s - c_1 - 2c_2 q) - b_s \gamma_s (p_s - c_1 - 2c_2 q)$$

$$\frac{d^2 \mu_s}{dq^2} = -2c_2 (1 + b_s - b_s \gamma_s) < 0$$

由此可知生产商存在一个唯一的最优的生产数量来获取唯一的最大效用，记为 q_0，

令 $\dfrac{d\mu_s}{dq} = 0$，得到：

$$q_0 = \frac{(1 + b_s)(w_s - c_1) - b_s \gamma_s (p - c_1)}{(1 + b_s - b_s \gamma_s) 2 c_2} \qquad (4.21)$$

当生产商确定最优产品生产量 q_0 后，分销商便能确定订购价格 w_s。由于分销商也为绝对公平关切，因此分销商的效用函数为：

$$\mu_f = \prod_f - b_f (\gamma_f \prod_c - \prod_f)$$
$$= (1 + b_f) \prod_f - b_f \gamma_f \prod_c$$

将式（4.18）和式（4.19）代入上式，可得绝对公平关切分销商的效用为：

$$\mu_f = (1 + b_f)(p_s q - w_s q) - b_f \gamma_f (p_s q - c_0 - c_1 q - c_2 q^2) \qquad (4.22)$$

式（4.22）对 w_s 求导数可得：

$$\frac{d\mu_f}{dw_s} = (1+b_f)(p_s\frac{dq}{dw_s}-q-w_s\frac{dq}{dw_s})-b_f\gamma_f(p_s\frac{dq}{dw_s}-c_1\frac{dq}{dw_s}-2c_2\frac{dq}{dw_s})$$

令 $\frac{d\mu_f}{dw_s}=0$，可得：

$$w_s = \frac{(1+b_f)p_s-b_f\gamma_f(p_s-c_1-2c_2q)}{1+b_f}-q\,/\,\frac{dq}{dw_s} \qquad (4.23)$$

通过求解式（4.23），得到绝对公平关切分销商的最优订购价格 w_{s0}，其中 $\frac{dq}{dw_s}$ 可以由式（4.21）得到：

$$\frac{dq}{dw_s} = \frac{1+b_s}{(1+b_s-b_s\gamma_s)2c_2}$$

并代入式（4.23）得到分销商向生产商订购产品的价格：

$$w_{s0} = \frac{(1+b_f)p_s-b_f\gamma_f(p_s-c_1-2c_2q)}{1+b_f}-\frac{(1+b_s-b_s\gamma_s)2qc_2}{1+b_s}$$

将生产商的最优生产量 q_0 和分销商最优订购价格 w_{s0} 代入式（4.20）和式（4.22）得到供应链效用：

$$\begin{aligned}
\mu_{sf} &= \mu_s(q_0)+\mu_f(w_{s0}) \\
&= (1+b_s)(w_{s0}q_0-c_0-c_1q_0-c_2q_0{}^2)-b_s\gamma_s(p_sq_0-c_0-c_1q_0-c_2q_0{}^2) \\
&\quad +(1+b_f)(w_{s0}q_0-c_0-c_1q_0-c_2q_0{}^2)-b_f\gamma_f(p_sq_0-c_0-c_1q_0-c_2q_0{}^2)
\end{aligned}$$

4.2.2 基于成本分担契约的决策分析

在分销商和生产商均考虑绝对公平关切的情形下，分销商为了提高各自的绩效，通过采用成本分担契约对此进行激励。同样用 c 代表分散决策下的成本分担契约供应链，分销商承诺承担 $1-\varepsilon$ 比例的生产成本。

生产商的利润为：

$$\prod_{sc} = w_sq-\varepsilon c_0-\varepsilon c_1q-\varepsilon c_2q^2 \qquad (4.24)$$

分销商的利润为：

$$\prod_{fc} = (p_s-w_s)q-(1-\varepsilon)c_0-(1-\varepsilon)c_1q-(1-\varepsilon)c_2q^2 \qquad (4.25)$$

由于生产商为绝对公平关切，其效用函数为：

$$\mu_{sc} = \prod_{sc} - b_s (\gamma_s \prod_c - \prod_{sc})$$
$$= (1 + b_s) \prod_{sc} - b_s \gamma_s \prod_c$$

将式（4.19）和式（4.24）代入上式，得到生产商的效用为：

$$\mu_{sc} = (1 + b_s)(w_s q - \varepsilon c_0 - \varepsilon c_1 q - \varepsilon c_2 q^2) - b_s \gamma_s (p_s q - c_0 - c_1 q - c_2 q^2) \quad （4.26）$$

式（4.26）对 q 求导数，得到：

$$\frac{d\mu_{sc}}{dq} = (1 + b_s)(w_s - \varepsilon c_1 - 2\varepsilon c_2 q) - b_s \gamma_s (p_s - c_1 - 2c_2 q)$$

令 $\dfrac{d\mu_{sc}}{dq} = 0$，得到：

$$q = \frac{b_s \gamma_s (p_s - c_1) - (1 + b_s)(w_s - \varepsilon c_1)}{2c_2 b_s \gamma_s - 2\varepsilon c_2 (1 + b_s)} \quad （4.27）$$

又由于

$$\frac{d^2 \mu_{sc}}{dq^2} = 2c_2 [b_s \gamma_s - \varepsilon (1 + b_s)]$$

当 $\varepsilon > \dfrac{b_s \gamma_s}{1 + b_s}$ 时，μ_{sc} 是关于 q 的严格凹函数，存在唯一最优生产量，记为 q_c。

此时，分销商也为绝对公平关切，其效用函数为：

$$\mu_{fc} = \prod_{fc} - b_f (\gamma_f \prod_c - \prod_{fc})$$
$$= (1 + b_f) \prod_{fc} - b_f \gamma_f \prod_c$$

将式（4.19）和式（4.25）代入上式，得到生产商的效用为：

$$\mu_{fc} = (1 + b_f)[(p_s - w_s)q - (1 - \varepsilon)c_0 - (1 - \varepsilon)c_1 q - (1 - \varepsilon)c_2 q^2]$$
$$- b_f \gamma_f (p_s q - c_0 - c_1 q - c_2 q^2) \quad （4.28）$$

式（4.28）对 w_s 求导数可得：

$$\frac{d\mu_f}{dw_s} = (1 + b_f)[(p_s - w_s)\frac{dq}{dw_s} - q - (1 - \varepsilon)c_1 \frac{dq}{dw_s} - 2(1 - \varepsilon)c_2 \frac{dq}{dw_s}]$$
$$- b_f \gamma_f (p_s \frac{dq}{dw_s} - c_1 \frac{dq}{dw_s} - 2c_2 \frac{dq}{dw_s})$$

令 $\dfrac{d\mu_f}{dw_s} = 0$，得到：

$$(1+b_f)[(p_s-w_s)\frac{dq}{dw_s}-q-(1-\varepsilon)c_1\frac{dq}{dw_s}-2(1-\varepsilon)c_2\frac{dq}{dw_s}]-b_f\gamma_f\frac{dq}{dw_s}(p_s-c_1-2c_2)=0$$

得到的解为绝对公平关切分销商最优订购价格 w_{sc}，$\frac{dq}{dw_s}$ 可由式（4.27）得到：

$$\frac{dq}{dw_s}=-\frac{1+b_s}{2c_2b_s\gamma_s-2\varepsilon c_2(1+b_s)}$$

将生产商的最优生产量 q_c 和分销商最优订购价格 w_{sc} 代入式（4.26）和式（4.28）供应链效用：

$$
\begin{aligned}
\mu_{sfc} &= \mu_{sc}(q_c)+\mu_{fc}(w_{sc})\\
&=(1+b_s)(w_{sc}q_c-\varepsilon c_0-\varepsilon c_1 q_c-\varepsilon c_2 q_c^2)-b_s\gamma_s(p_s q_c-c_0-c_1 q_c-c_2 q_c^2)\\
&\quad +(1+b_f)((p_s-w_{sc})q_c-(1-\varepsilon)c_0-(1-\varepsilon)c_1 q_c-(1-\varepsilon)c_2 q_c^2)\\
&\quad -b_f\gamma_f(p_s q_c-c_0-c_1 q_c-c_2 q_c^2)
\end{aligned}
$$

4.2.3 算例分析

在成本分担契约情形下，假设供应链由一个生产商和一个分销商组成，分销商在此供应链中占主导地位，$c_0=150$，$c_1=0.5$，$c_2=0.0008$，批发价格 $p_s=2.7$。

首先，分析生产商绝对公平关切程度 b_s 对各个变量的影响，取 $b_f=0.6$，$\gamma_f=0.6$，在无契约情形下，取 $\gamma_s=0.1$ 和 $\gamma_s=0.4$，目的是在不同的生产商绝对公平利润分配比例下发现各个变量的差异，同时随着生产商绝对公平关切程度 b_s 的变化，根据优化模型，得到各变量值的结果如表4.8；在成本分担契约情形下，取 $\gamma_s=0.1$ 和 $\gamma_s=0.4$，成本分担系数取 $\varepsilon=0.7$，随着生产商绝对公平关切程度 b_s 的变化得到表4.9。

其次，分析分销商绝对公平关切程度 b_f 对各个变量的影响，取 $b_s=0.2$，$\gamma_s=0.4$，在无契约的情形下，取 $\gamma_f=0.3$ 和 $\gamma_f=0.6$，目的是在不同的分销商绝对公平利润分配比例下发现各个变量的差异，同时随着分销商绝对公平关切程度 b_f 的变化，根据优化模型，得到各变量值的结果如表4.10；在成本分担契约的情形下，取 $\gamma_f=0.3$ 和 $\gamma_f=0.6$，同样成本分担系数取 $\varepsilon=0.7$，随着分销商绝对公平关切程度 b_f 的变化得到表4.11。

最后，分析成本分担系数 ε 的变化对各变量的影响，取 $b_s=0.2$，$b_f=0.6$，γ_f

=0.6，γ_s =0.4，随着成本分担系数 ε 的变化，根据优化模型，得到各变量值的结果如表 4.12。

表 4.8   无契约激励情形下，不同 b_s 时的变量值

γ_s	变量	b_s							
		0.20	0.40	0.60	0.80	1.00	1.20	1.40	1.60
0.1	w_{s0}	1.48	1.49	1.50	1.51	1.51	1.52	1.52	1.53
	q_0	598.68	597.45	596.51	595.76	595.15	594.65	594.22	593.86
	$\mu_s(q_0)$	161.35	184.36	207.37	230.38	253.39	276.40	299.40	322.41
	$\mu_f(w_{s0})$	853.04	838.88	828.27	820.01	813.41	808.01	803.51	799.70
	$\prod_s$	149.13	156.80	162.52	166.95	170.49	173.38	175.78	177.81
	$\prod_f$	731.23	722.04	715.14	709.77	705.47	701.96	699.03	696.55
	$\prod_c$	880.37	878.84	877.66	876.73	875.97	875.34	874.81	874.36
	μ_{sf}	1014.39	1023.24	1035.64	1050.39	1066.80	1084.41	1102.91	1122.11
0.4	w_{s0}	1.53	1.58	1.62	1.65	1.68	1.70	1.71	1.73
	q_0	593.27	587.47	582.63	578.52	575.00	571.94	569.27	566.90
	$\mu_s(q_0)$	147.37	156.36	165.33	174.27	183.20	192.12	201.02	209.92
	$\mu_f(w_{s0})$	793.62	737.15	694.89	662.09	635.90	614.51	596.70	581.66
	$\prod_s$	181.05	210.70	232.36	248.82	261.70	272.03	280.49	287.53
	$\prod_f$	692.57	655.64	627.85	606.18	588.80	574.55	562.64	552.55
	$\prod_c$	940.98	893.51	860.22	836.36	819.10	806.62	797.73	791.58
	μ_{sf}	873.62	866.34	860.22	855.00	850.50	846.58	843.14	840.08

表 4.9　成本分担契约激励情形下，不同 b_s 时的变量值

γ_s	变量	b_s							
		0.20	0.40	0.60	0.80	1.00	1.20	1.40	1.60
0.1	w_{sc}	1.18	1.19	1.20	1.21	1.21	1.22	1.22	1.23
	q_c	723.27	723.87	724.33	724.70	725.00	725.25	725.46	725.64
	$\mu_s(q_c)$	220.16	253.03	285.91	318.78	351.65	384.52	417.39	450.26
	$\mu_f(w_{sc})$	947.32	932.95	922.18	913.80	907.10	901.62	897.05	893.18
	$\prod_{sc}$	200.51	209.98	217.08	222.62	227.05	230.68	233.70	236.27
	$\prod_{fc}$	822.18	813.34	806.72	801.57	797.45	794.08	791.27	788.90
	$\prod_{cc}$	1022.69	1023.32	1023.80	1024.19	1024.50	1024.76	1024.98	1025.17
	μ_{sfc}	1167.48	1185.99	1208.09	1232.58	1258.75	1286.14	1314.44	1343.44
0.4	w_{sc}	1.23	1.28	1.32	1.35	1.38	1.40	1.41	1.43
	q_c	725.93	728.87	731.38	733.56	735.47	737.14	738.64	739.97
	$\mu_s(q_c)$	206.40	225.50	244.58	263.66	282.73	301.79	320.84	339.89
	$\mu_f(w_{sc})$	886.99	829.57	786.52	753.05	726.29	704.40	686.17	670.74
	$\prod_{sc}$	240.37	278.61	307.53	330.18	348.42	363.43	376.01	386.70
	$\prod_{fc}$	785.10	749.90	723.57	703.16	686.87	673.58	662.52	653.19
	$\prod_{cc}$	1025.47	1028.51	1031.11	1033.34	1035.30	1037.01	1038.53	1039.89
	μ_{sfc}	1093.40	1055.07	1031.11	1016.71	1009.02	1006.19	1007.01	1010.64

表 4.10 无契约激励情形下，不同 b_f 时的变量值

γ_f	变量	b_f							
		0.20	0.40	0.60	0.80	1.00	1.20	1.40	1.60
0.3	w_{s0}	1.65	1.62	1.61	1.59	1.58	1.57	1.57	1.56
	q_0	668.58	654.41	643.41	634.62	627.43	621.44	616.38	612.04
	$\mu_s(q_0)$	232.51	215.72	202.92	192.85	184.72	178.03	172.41	167.64
	$\mu_f(w_{s0})$	788.56	872.23	956.51	1041.23	1126.27	1211.54	1296.99	1382.59
	$\prod_s$	257.98	242.90	231.39	222.31	214.96	208.90	203.82	199.49
	$\prod_f$	705.30	704.20	702.93	701.66	700.44	699.32	698.28	697.33
	$\prod_c$	963.27	947.10	934.32	923.96	915.41	908.22	902.10	896.82
	μ_{sf}	1021.07	1087.94	1159.43	1234.08	1310.99	1389.56	1469.40	1550.23
0.6	w_{s0}	1.62	1.57	1.53	1.50	1.48	1.46	1.44	1.42
	q_0	648.58	617.98	593.27	572.92	555.85	541.34	528.85	517.98
	$\mu_s(q_0)$	208.91	174.18	147.37	126.10	108.84	94.57	82.59	72.40
	$\mu_f(w_{s0})$	731.44	761.09	793.62	828.25	864.49	901.96	940.42	979.67
	$\prod_s$	236.79	205.42	181.05	161.60	145.74	132.58	121.47	111.99
	$\prod_f$	703.57	698.62	692.57	686.23	679.95	673.93	668.24	662.92
	$\prod_c$	940.36	904.03	873.62	847.83	825.70	806.51	789.72	774.91
	μ_{sf}	940.36	935.27	940.98	954.35	973.32	996.53	1023.01	1052.07

表 4.11　成本分担契约激励情形下，不同 b_f 时的变量值

γ_f	变量	b_f							
		0.20	0.40	0.60	0.80	1.00	1.20	1.40	1.60
0.3	w_{sc}	1.31	1.29	1.28	1.27	1.27	1.26	1.26	1.25
	q_c	800.82	786.98	776.15	767.44	760.29	754.32	749.25	744.90
	$\mu_s(q_c)$	275.92	262.55	252.26	244.09	237.45	231.95	227.32	223.36
	$\mu_f(w_{sc})$	888.76	982.27	1076.27	1170.63	1265.24	1360.05	1455.00	1550.07
	$\prod_{sc}$	303.19	291.19	281.92	274.56	268.56	263.58	259.38	255.79
	$\prod_{fc}$	795.57	794.70	793.68	792.64	791.65	790.73	789.87	789.08
	$\prod_{cc}$	1098.76	1085.88	1075.60	1067.20	1060.21	1054.30	1049.25	1044.88
	μ_{sfc}	1164.68	1244.82	1328.53	1414.72	1502.69	1592.00	1682.32	1773.44
0.6	w_{sc}	1.29	1.26	1.23	1.21	1.19	1.18	1.16	1.15
	q_c	781.25	750.85	725.93	705.13	687.50	672.37	659.25	647.75
	$\mu_s(q_c)$	257.09	228.78	206.40	188.30	173.38	160.87	150.24	141.11
	$\mu_f(w_{sc})$	823.38	854.00	886.99	921.77	957.92	995.15	1033.24	1072.04
	$\prod_{sc}$	286.28	260.71	240.37	223.82	210.10	198.56	188.71	180.21
	$\prod_{fc}$	794.19	790.15	785.10	779.70	774.27	768.99	763.95	759.17
	$\prod_{cc}$	1080.47	1050.85	1025.47	1003.52	984.38	967.55	952.66	939.39
	μ_{sfc}	1080.47	1082.78	1093.40	1110.07	1131.29	1156.01	1183.48	1213.15

表 4.12　成本分担契约激励情形下，不同 ε 时的变量值

变量	ε					
	0.1	0.2	0.4	0.6	0.8	1
w_{sc}	0.27	0.49	0.85	1.12	1.34	1.53
q_c	1313.20	1157.18	935.00	784.40	675.58	593.27
$\mu_s(q_c)$	49.18	147.37	219.75	219.02	189.31	147.37
$\mu_f(w_{sc})$	1475.13	1304.65	1075.63	935.88	848.22	793.62
μ_{sfc}	1524.31	1452.02	1295.39	1154.90	1037.53	940.98

（1）成本分担契约下生产商绝对公平关切程度与公平利润分配比例对企业决策和绩效的影响

由表 4.8 和表 4.9，得图 4.22、图 4.23、图 4.24 和图 4.25。

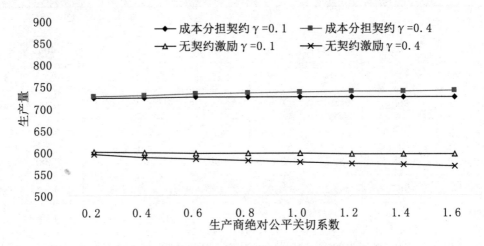

图4.22　生产量与生产商绝对公平关切系数关系

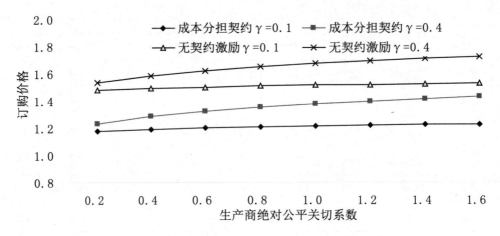

图4.23　订购价格与生产商绝对公平关切系数关系

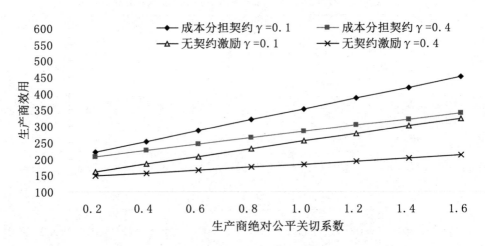

图4.24　生产商效用与生产商绝对公平关切系数关系

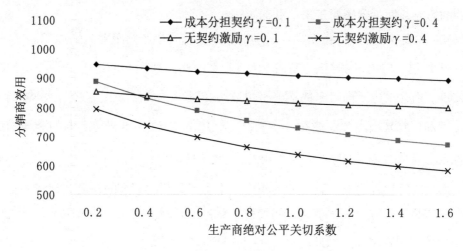

图4.25　分销商效用与生产商绝对公平关切系数关系

由图 4.22 和图 4.23 可知，在无契约激励情形下，生产商的生产量随着生产商绝对公平关切程度的增加而减小。在生产商绝对公平利润分配比例 γ_s =0.1 情形下的生产量要大于 γ_s =0.4 情形下的生产量；订购价格随着生产商绝对公平关切程度的增加而增大，在 γ_s =0.1 情形下的订购价格要低于 γ_s =0.4 情形下的订购价格。

由图 4.24 和图 4.25 可知，生产商的效用随着生产商绝对公平关切程度的增加而增加，在 γ_s =0.1 情形下的生产商效用要大于 γ_s =0.4 情形下的生产商效用；分销商的效用随着生产商绝对公平关切程度的增加而减少，在 γ_s =0.1 情形下的分销商效用要大于 γ_s =0.4 情形下的分销商效用。生产商考虑绝对公平关切，给自身带来有利的影响，而给分销商带来不利的影响。

由图 4.22 和图 4.23 可知，在成本分担契约情形下，生产商的生产量随着生产商绝对公平关切程度的增加而增加，大于无契约激励情形下生产商生产量，而 γ_s =0.1 情形下的生产量要小于 γ_s =0.4 情形下的生产量；订购价格随着生产商绝对公平关切程度的增加而增大，且小于无契约情形下分销商的订购价格，而 γ_s =0.1 情形下的订购价格要低于 γ_s =0.4 情形下的订购价格。

由 4.24 和图 4.25 可知，生产商的效用随着生产商绝对公平关切程度的增加而增加，大于无契约情形下生产商效用，且与无契约激励情形下生产商效用的差额越来越大，而 γ_s =0.1 情形下的生产商效用要大于 γ_s =0.4 情形下的生产商效用；分销商的效用随着生产商绝对公平关切程度的增加而减少，但大于无契约情形下分销商的效用，而 γ_s =0.1 情形下的分销商效用要大于 γ_s =0.4 情形下的分销商效用。生产商考虑绝对公平关切，给自身带来有利的影响，而给分销商带来不利的影响。

由表 4.8 和表 4.9 可知，在无契约激励情形下，随着生产商绝对公平关切程度的增加，生产商的利润 $\prod_s$ 增加，同时供应链总利润 $\prod_c$ 在减小，即生产商绝对公平关切利润的参照点在减小，因此给生产商带来的不公平负效用在减小，结合公平关切程度的影响使得生产商效用增加；此外当生产商绝对公平利润分配比例 γ_s =0.4 时，生产商的利润和供应链的利润都得到增加，且大于当 γ_s =0.1 时的利润，但是当 γ_s =0.4 时，生产商的公平利润分配额也大幅度的得到增加，其增加的幅度大于生产商利润增加的幅度，比较而言，生产商的公平关切利润的参照点在增加，同时在绝对公平利润分配比例的影响下，给生产商带来的不公平负效用在增加，因此当 γ_s =0.4 时生产商效用要小于当 γ_s =0.1 时生产商效用。对于分销商而言，随着生产商绝对公平关切程度的增加，分销商利润大幅度减小，尽管总利润在减小，但是其下降的幅度小于分销商利润下降的幅度，即分销商的公平利润参照点在增加，给分销商带来的不公平负效用在增加，结合公平关切程度的影响使得分销商效用减小；此外当 γ_s =0.4 时，供应链总利润增加而分销商利润在减小，相比之下分销商公平利润参照点在增加，给分销商带来不公平性的负效用在增加，导致分销商效用小于当 γ_s =0.1 时分销商效用。

在成本分担契约情形下，当 γ_s =0.1 时，随着生产商绝对公平关切程度的增加，生产商的利润 $\prod_{sc}$ 和供应链总利润 $\prod_{cc}$ 增加，生产商利润增大的幅度大于供应链总利润增加的幅度，使得生产商绝对公平关切利润的参照点减小，因此给生产商带来的不公平负效用减小，结合公平关切程度的影响使得生产商效用增加；当 γ_s =0.4 时，生产商的利润 $\prod_{sc}$ 和供应链总利润 $\prod_{cc}$ 都较 γ_s =0.1 得到增加，但供应链总利润增加的幅度较小，使得生产商绝对公平关切利润的参照点减小，给生产商带来的不公平负效用减小，结合公平关切程度的影响使得生产商效用增加。对于分销商而言，当 γ_s =0.1 时，随着生产商绝对公平关切程度的增加，分销商的利润 $\prod_{fc}$ 减小，而供应链总利润 $\prod_{cc}$ 在增加，即分销商绝对公平关切利润的参照点增加，因此给分销商带来的不公平负效用增加，结合公平关切程度的影响使得分销商效用减小；当 γ_s =0.4 时，分销商的利润减小，而总利润增加，结合公平利润分配比例，使得分销商公平利润参照点增加。因此，分销商效用要小于当 γ_s =0.1 时分销商效用。

（2）成本分担契约下分销商绝对公平关切程度与公平利润分配比例对企业决策和绩效的影响

由表 4.10 和表 4.11，得图 4.26、图 4.27、图 4.28 和图 4.29。

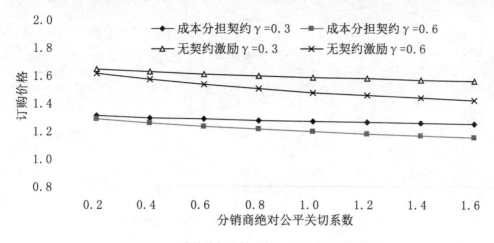

图4.26　订购价格与分销商绝对公平关切系数关系

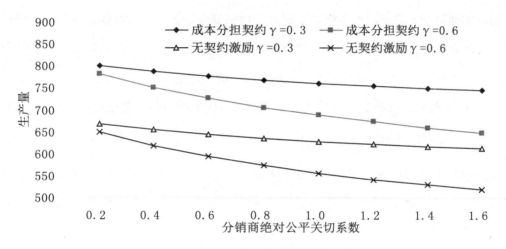

图4.27　生产量与分销商绝对公平关切系数关系

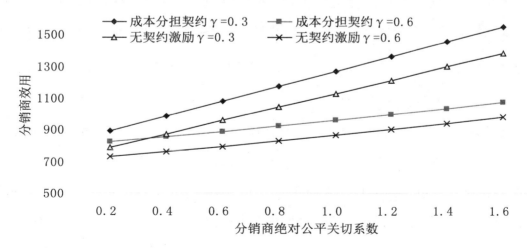

图4.28　分销商效用与分销商绝对公平关切系数关系

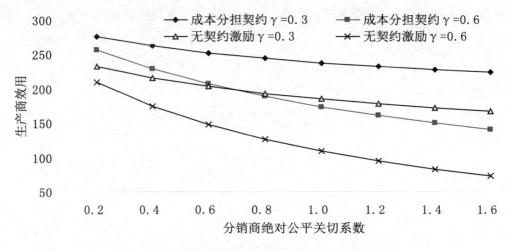

图4.29　生产商效用与分销商绝对公平关切系数关系

由图 4.26 和图 4.27 可知，在无契约激励情形下，订购价格随着分销商绝对公平关切程度的增加而减小，在 γ_f =0.3 情形下的订购价格要大于 γ_f =0.6 情形下的订购价格；生产商的生产量随着分销商绝对公平关切程度的增加而减小，在生产商绝对公平利润分配比例 γ_f =0.3 情形下的生产量要大于 γ_f =0.6 情形下的生产量。

由图 4.28 和图 4.29 可知，分销商的效用随着分销商绝对公平关切程度的增加而增加，在 γ_f =0.3 情形下的分销商效用要大于 γ_f =0.6 情形下的分销商效用；生产商的效用随着分销商绝对公平关切程度的增加而减少，在 γ_f =0.3 情形下的生产商效用要大于 γ_f =0.6 情形下的生产商效用。分销商考虑绝对公平关切，给自身带来有利的影响，而给生产商带来不利的影响。

由图 4.26 和图 4.27 可知，在成本分担契约情形下，与无契约激励情形下一样，订购价格随着分销商绝对公平关切程度的增加而减小，但要小于无契约情形的订购价格，而 γ_f =0.3 情形下的订购价格要大于 γ_f =0.6 情形下的订购价格；生产商的生产量随着分销商绝对公平关切程度的增加而减小，但要大于无契约情形下的生产量，而 γ_f =0.3 情形下的生产量要大于 γ_f =0.6 情形下的生产量。

由图 4.28 和图 4.29 可知，分销商的效用随着分销商绝对公平关切程度的增加而增加，大于无契约情形下分销商效用，而 γ_f =0.3 情形下的分销商效用要大于 γ_f =0.6 情形下的分销商效用；生产商的效用随着分销商绝对公平关切程度的增加而减少，但大于无契约情形下生产商的效用，且与无契约情形下生产商效用的差额越来越大，而 γ_f =0.3 情形下的

分销商效用要大于 γ_f =0.6 情形下的生产商效用。分销商考虑绝对公平关切，给自身带来有利的影响，而给生产商带来不利的影响。

由表 4.10 和表 4.11 可知，在无契约激励情形下和成本分担契约情形下，随着分销商绝对公平关切程度的增加，分销商的利润 $\prod_f$ 和 $\prod_{fc}$ 减小，同时供应链总利润 $\prod_c$ 和 $\prod_{cc}$ 在减小，但分销商利润下降的幅度小于供应链总利润的幅度，对于分销商而言绝对公平关切利润的参照点在减小，因此给分销商带来的不公平负效用在减小，结合公平关切程度的影响使得分销商效用得到增加；此外当分销商绝对公平利润分配比例 γ_f =0.6 时，相比当 γ_f =0.3 时，分销商的利润和供应链的利润都得到减小，分销商利润减小的幅度小于供应链总利润减小的幅度，况且当 γ_f =0.6 时，分销商的公平利润分配额也大幅度增加，比较而言，分销商的公平关切利润的参照点在增加，因此给分销商带来的不公平负效用在增加，因此当 γ_f =0.6 时分销商效用要小于当 γ_f =0.3 时分销商效用；对于生产商而言，随着分销商绝对公平关切程度的增加，生产商利润大幅度减小，尽管总利润在减小，但是生产商下降的幅度大于供应链利润下降的幅度，即生产商的公平利润参照点在增加，给生产商带来的不公平负效用在增加，结合公平关切程度的影响使得生产商效用减小；此外当 γ_f =0.6 时，生产商利润减小的幅度大于供应链总利润减小的幅度，相比之下导致生产商的绝对公平利润参照点在增加，给生产商带来的不公平负效用在增加，因此当 γ_f =0.6 时生产商效用要小于当 γ_f =0.3 时生产商效用。

（3）绝对公平关切下成本分担比例对企业绩效的影响

由表 4.12，得图 4.30。

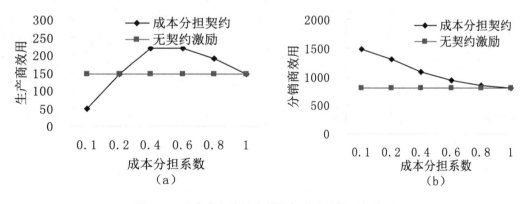

图4.30 生产商和分销商效用与成本分担系数关系

由图 4.30 可知，当成本分担系数在（0.2，1）区间时，分销商和生产商获得的效用大于无契约激励情形下的效用。从图 4.30（a）可看到，在（0.2，1）区间内随着成本分担系数的增加，生产商的效用先增加而后下降，在成本分担系数等于 0.4 时，生产商获得最大效用值，为 219.75；从图 4.30（b）可看到，分销商的效用随着成本分担系数的增加而下降，在成本分担系数等于 0.2 时，分销商获得最大效用值，为 1304.65。

4.3　对比分析

4.3.1　零售商和分销商对比分析

零售商相对公平关切给零售商自身绩效带来有利影响，给分销商绩效带来不利影响。随着零售商相对公平关切程度的增加，零售商利润增加，而分销商利润减小，因此零售商相对公平关切利润的参照点在减小；而分销商相对公平关切利润的参照点在增加，结合公平关切程度的影响使得零售商效用增加，而导致分销商效用降低。

分销商相对公平关切给分销商带来有利的影响，给零售商带来不利的影响。随着分销商相对公平关切程度的增加，分销商和零售商利润均减小，但是零售商利润减小的幅度大于分销商减小的幅度；分销商相对公平关切利润的参照点在减小，而零售商相对公平关切利润的参照点在增加。结合公平关切程度的影响使得分销商效用增加，而导致零售商效用降低。

零售商绝对公平关切给零售商带来有利的影响，给分销商带来不利的影响。随着零售商绝对公平关切程度的增加，零售商的利润增加，而分销商利润和供应链总利润均减小，对于零售商而言绝对公平利润参照点在减小，结合公平关切程度的影响使得零售商效用得到增加；对于分销商而言，由于供应链总利润下降的幅度小于分销商利润下降的幅度，分销商绝对公平利润参照点在增加，结合公平关切程度的影响导致分销商效用减小。

分销商绝对公平关切给分销商带来有利的影响，给零售商带来不利的影响。随着分销商绝对公平关切程度的增加，分销商利润、零售商利润和供应链总利润均减小，分销商利润下降的幅度小于供应链总利润下降的幅度，但零售商下降的幅度却大于供应链利润下降的幅度，因此对于分销商而言，绝对公平关切利润的参照点在减小，但对于零售商而言，绝对公平利润参照点在增加，结合公平关切程度的影响使得分销商效用增加，而导致零售商效用减小。分销商和零售商的绝对公平利润分配比例过大都会使得绝对公平利润参照点增大，进而促使分销商和零售商效用降低。

在零售商和分销商均为相对公平关切情形下，零售商和分销商以对方利润作为参照点；在零售商和分销商均为绝对公平关切情形下，零售商和分销商以供应链总利润作为参照点。因此，提高自身的公平关切程度都会降低自身的参照点，而提高对方的参照点，使得自身绩效增加，而导致对方绩效减小。

4.3.2 生产商和分销商对比分析

生产商考虑相对公平关切，在无契约情形下对自身影响不大，但成本分担情形下会给自身的绩效带来更有利影响，而均会给分销商带来不利影响。随着生产商相对公平关切程度的增加，生产商的利润增加，分销商的利润减小。因此分销商相对公平关切利润的参照点在增加，结合相对公平关切程度的影响导致分销商效用降低。

分销商相对公平关切会给生产商带来不利的影响，但会给分销商带来有利影响。随着分销商相对公平关切程度的增加，分销商和生产商的利润均减小，但是生产商利润减小的幅度大于分销商减小的幅度，对于分销商而言，分销商相对公平关切利润的参照点在减小，而生产商相对公平关切利润的参照点在增加。因此结合公平关切程度的影响使得分销商效用得到增加，而导致生产商效用减小。

生产商绝对公平关切给生产商自身绩效带来有利影响，给分销商绩效带来不利影响。在无契约激励情形下，随着生产商绝对公平关切程度的增加，生产商的利润增加，而分销商和供应链总利润减小，但分销商利润下降的幅度大于总利润下降的幅度。因此生产商绝对公平关切利润的参照点在减小，结合公平关切程度的影响使得生产商效用增加，而分销商绝对公平关切利润的参照点在增加，结合公平关切程度的影响使得分销商效用减小；在成本分担契约情形下，随着生产商绝对公平关切程度的增加，生产商和供应链总利润均增加，分销商的利润降低，而生产商利润增加的幅度大于供应链总利润增加的幅度，使得生产商绝对公平关切利润的参照点减小，而导致分销商绝对公平关切利润的参照点增加，结合公平关切程度的影响使得生产商效用增加，而导致分销商效用减小。

分销商绝对公平关切给生产商带来不利的影响，给分销商带来有利的影响。分销商绝对公平关切程度的增加，导致分销商、生产商和供应链总利润均降低，分销商利润下降的幅度小于供应链总利润的幅度，但生产商下降的幅度大于供应链利润下降的幅度。因此分销商参照点在减小，而生产商参照点在增加，结合公平关切程度的影响，使得分销商效用提高，而生产商效用降低。

分销商和生产商的绝对公平利润分配比例过大都会导致绝对公平利润参照点增大，进而引起分销商和生产商效用降低。

在生产商和分销商均为相对公平关切情形下，生产商和分销商以对方利润作为参照点；在生产商和分销商均为绝对公平关切情形下，生产商和分销商以供应链总利润作为参照点。因此，增加自身的公平关切程度都会提高对方参照点水平，导致对方绩效大幅度降低。

4.4　本章小结

本章节基于绝对公平关切研究零售商的订货策略、分销商的定价策略、生产商的生产策略以及收益共享契约、回购契约和成本分担契约对生产商、分销商和零售商绩效的影响，通过模型推导以及算例分析，得到如下主要结论：

1）零售商和分销商绝对公平关切下供应链决策激励研究

（1）零售商绝对公平关切给零售商自身的绩效带来有利影响，给分销商绩效带来不利影响。

在无契约激励情形下，零售商的订货量和分销商的批发价格随着零售商绝对公平关切程度的增加而减小；在收益共享契约情形下，零售商的订货量随着零售商绝对公平关切程度的增加而增加，大于无契约激励情形下零售商订货量，分销商的批发价格随着零售商绝对公平关切程度的增加而减少，且小于无契约情形下分销商的批发价格；在回购契约情形下，零售商的订货量随着零售商绝对公平关切程度的增加而减小，但大于无契约激励情形下零售商订货量，批发价格随着零售商绝对公平关切程度的增加而减少，但大于无契约激励情形下分销商批发价格；在无契约激励和回购契约情形下，零售商绝对公平利润分配比例过多会，导致订货量和批发价格下降；在收益共享契约情形下，零售商绝对公平利润分配比例过多会，导致订货量增加和批发价格下降；在无契约和回购契约情形下，零售商绝对公平利润分配比例过多会，导致订货量和批发价格均下降。

在无契约激励、收益共享契约和回购契约情形下，随着零售商绝对公平关切程度的增加，零售商的利润增加，但供应链总利润减小，即零售商绝对公平关切利润的参照点在减小，因此给零售商带来的不公平负效用在减小，结合公平关切程度的影响使得零售商效用得到增加，同时过大的零售商绝对公平利润分配比例会导致绝对公平利润参照点增大，进而引起零售商效用减小。随着零售商绝对公平关切程度的增加，分销商利润大幅度减小，尽管总利润在减小，但是其下降的幅度小于分销商利润下降的幅度，绝对公平利润参照点在增加，给分销商带来的不公平负效用在增加，结合公平关切程度的影响导致分销商效用减小；此外，当零售商绝对公平利润分配比例增加会使得分销商绝对公平利润参照点增大，导致分销商效用减小。在收益共享契约和回购契约情形下，零售商和分销商的效用分别大于无契约激励情形下零售商和分销商的效用。

（2）分销商绝对公平关切给零售商带来不利的影响，给分销商自身的绩效带来有利影响。

在无契约激励、收益共享契约和回购契约情形下，批发价格随着分销商绝对公平关切程度的增加而增加，零售商的订货量随着分销商绝对公平关切程度的增加而减小；在收益共享契约情形下，批发价格要低于无契约情形的批发价格，订货量要大于无契约情形下的订货量；在回购契约情形下，批发价格要高于无契约情形的批发价格，订货量也大于无契约情形下的订货量；分销商公平利润分配比例过大导致批发价格升高，订货量减小。

在无契约激励情形下、收益共享契约和回购契约情形下，随着分销商绝对公平关切程度的增加，分销商利润和供应链总利润减小，但分销商利润下降的幅度小于供应链总利润下降的幅度，对于分销商而言，绝对公平关切利润的参照点在减小，因此给分销商带来的不公平负效用在减小，结合公平关切程度的影响使得分销商效用增加。对于零售商而言，随着分销商绝对公平关切程度的增加，零售商利润大幅度减小，尽管总利润在减小，但是零售商下降的幅度大于供应链利润下降的幅度，即零售商的公平利润参照点在增加，给零售商带来的不公平负效用在增加，结合公平关切程度的影响使得零售商效用减小；此外当分销商绝对公平利润分配比例过大将会提高分销商和零售商绝对公平利润参照点，引起分销商和零售商效用减小。在收益共享契约和回购契约情形下，零售商和分销商的效用分别大于无契约激励情形下零售商和分销商的效用。

分销商作为供应链主导者，通过选择契约来使得自身效用最大化，在合适的回购价格范围内分销商获得的效用大于收益共享契约情形下的最大效用，同时零售商的效用也得到了增加。

2）生产商和分销商绝对公平关切下供应链决策与管理策略研究

（1）生产商绝对公平关切给生产商自身绩效带来有利影响，给分销商绩效带来不利影响。

在无契约激励情形下，随着生产商绝对公平关切程度的增加，生产商的生产量减小和分销商订购价格提高；在成本分担契约情形下，生产商绝对公平关切程度的增加，导致生产商的生产量增加，且大于无契约激励情形下生产量，订购价格随着生产商绝对公平关切程度的增加而增加，但小于无契约情形下订购价格；在无契约激励情形下，生产商绝对公平利润分配比例过大导致生产量减小，订购价格提高，在成本分担契约情形下，生产商绝对公平利润分配比例过大导致生产量增加，订购价格提高。

在无契约激励情形下，随着生产商绝对公平关切程度的增加，生产商的利润增加，以及供应链总利润减小，即生产商绝对公平关切利润的参照点在减小，因此给生产商带来的不公平负效用在减小，结合公平关切程度的影响使得生产商效用得到增加。对于分销商而言，随着生产商绝对公平关切程度的增加，而分销商利润大幅度减小，尽管总利润在减小，但是其下降的幅度小于分销商利润下降的幅度，对于分销商而言绝对公平利润参照点在增加，给分销商带来的不公平负效用在增加，结合公平关切程度的影响使得分销商效用得到减小。

在成本分担契约情形下，随着生产商绝对公平关切程度的增加，生产商的利润和供应链总利润增加，生产商利润增加的幅度大于供应链总利润增加的幅度，使得生产商绝对公平关切利润的参照点减小，因此给生产商带来的不公平负效用减小，结合公平关切程度的影响使得生产商效用得到增加。对于分销商而言，随着生产商绝对公平关切程度的增加，分销商的利润在减小，而供应链总利润在增加，因此分销商绝对公平关切利润的参照点在增加，给分销商带来的不公平负效用在增加，结合公平关切程度的影响使得分销商效用得到减小；在无契约和成本分担契约情形下，生产商绝对公平利润分配比例过大会导致分销商和生产商绝对公平利润参照点增大，进而引起分销商和生产商效用减小；成本分担契约情形下分销商和生产商的效用分别大于无契约激励情形下分销商和生产商的效用。

（2）分销商绝对公平关切给生产商带来不利的影响，给分销商带来有利的影响。

在无契约激励和成本分担契约情形下，分销商的订购价格和生产商的生产量随着分销商绝对公平关切程度的增加而减小；但是在成本分担契约情形下，订购价格小于无契约情形下的订购价格，生产量要大于无契约情形下的生产量。在无契约激励和成本分担契约情形下，分销绝对公平利润分配比例过大会导致分销商订购价格和生产商生产量降低。

在无契约激励和成本分担契约情形下，随着分销商绝对公平关切程度的增加，分销商的利润和供应链总利润均减小，但分销商利润下降的幅度小于供应链总利润下降的幅度，对于分销商而言绝对公平关切利润的参照点在减小，因此给分销商带来的不公平负效用在减小，结合公平关切程度的影响使得分销商效用增加。随着分销商绝对公平关切程度的增加，生产商利润大幅度减小，尽管总利润在减小，但是生产商下降的幅度大于供应链总利润下降的幅度，即生产商的公平利润参照点在增加，给生产商带来的不公平负效用在增加，结合公平关切程度的影响使得生产商效用减小；在无契约和成本分担契约情形下，分销商绝对公平利润分配比例过大会导致分销商和生产商绝对公平利润参照点增大，进而使得分销商和生产商效用减小。在成本分担契约情形下分销商和生产商的效用分别大于无契约激励情形下分销商和生产商的效用。

最后分析了成本分担比例对生产商和分销商绩效的影响，在一定的条件下，成本分担契约能够有效地提高生产商和分销商的绩效。

5. 公平关切互异下分销商主导供应链决策与管理策略研究

第 3 章和第 4 章分别探讨了相对公平关切情形下和绝对公平关切情形下供应链决策和激励问题，均假设供应链成员公平关切心理特征具有一致性。在实践中，也会存在供应链成员公平关切心理特征不一致的现象，有必要研究公平关切互异下供应链决策问题，探寻公平关切对供应链决策行为的影响机理，为企业在决策过程提供有益的参考和理论指导。

鉴于此，本章将基于博弈模型，分别讨论由一个零售商与一个分销商所组成的供应链和由一个生产商与一个分销商所组成的供应链。在零售商、生产商和分销商公平关切互异的情形下，零售商最优订货策略、生产商最优生产策略、分销商最优定价策略，以及零售商绩效、生产商绩效和分销商绩效的影响问题。

5.1 零售商相对公平和分销商绝对公平关切下供应链决策与管理策略研究

研究单个具有相对公平关切的零售商与单个绝对公平关切的分销商组成的两阶段模型（如图 5.1）。

假设零售商面对随机市场需求 X，其概率密度函数为 $f(x)$，分布函数为 $F(x)$，均值为 μ，零售商单位产品价格为 p，剩余产品单位残值为 v，分销商的单位产品成本为 c，单位产品批发价格为 w，零售商订货量为 Q。零售商相对公平关切系数为 a_r，$a_r > 0$，分销商绝对公平关切系数为 b_f，$b_f > 0$。

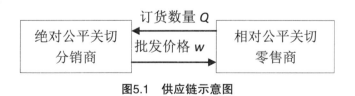

图5.1　供应链示意图

5.1.1 无契约分散决策分析

零售商为相对公平关切，a_r 作为零售商相对公平关切系数，零售商的公平关切效用函数为：

$$\mu_r = E(\prod_r) - a_r(\prod_f - E(\prod_r))$$
$$= (1+a_r)E(\prod_r) - a_r\prod_f \qquad (5.1)$$
$$= (1+a_r)[(p-w)Q - (p-v)\int_0^Q F(x)dx] - a_r(wQ-cQ)$$

根据第三章的相关结论，得到：

$$Q = F^{-1}(\frac{(1+a_r)(p-w) - a_r(w-c)}{(1+a_r)(p-v)}) \qquad (5.2)$$

当零售商确定最优订货量 Q_0 后，分销商便能确定批发价格 w，由于分销商为绝对公平关切，即将自身获得的收益与总体收益进行比较，自身获得的收益必须占到供应链总体收益的一定比例时，结果才是公平的。$\gamma_f\prod_c$ 表示对分销商而言公平的利润份额，其中 $\prod_c$ 表示供应链的总体利润。分销商的效应函数为：

$$\mu_f = \prod_f - b_f(\gamma_f E(\prod_c) - \prod_f)$$
$$= (1+b_f)\prod_f - b_f\gamma_f E(\prod_c) \qquad (5.3)$$
$$= (1+b_f)(wQ-cQ) - b_f\gamma_f[(p-c)Q - (p-v)\int_0^Q F(x)dx]$$

为求使得其效用最大的批发价格，上式对 w 求导数可得：

$$\frac{d\mu_f}{dw} = (1+b_f)[(w-c)\frac{dQ}{dw} + Q] - b_f\gamma_f[(p-c)\frac{dQ}{dw} - Q - (p-v)F(Q)\frac{dQ}{dw}]$$

令 $\frac{d\mu_f}{dw} = 0$，可得：

$$(1+b_f)[(w-c)\frac{dQ}{dw} + Q] - b_f\gamma_f[(p-c)\frac{dQ}{dw} - Q - (p-v)F(Q)\frac{dQ}{dw}] = 0$$

得到的解为绝对公平关切分销商的最优批发价格 w_0，其中 $\frac{dQ}{dw}$ 可以由式（5.2）通过隐函数求导得到：

$$\frac{dQ}{dw} = \frac{-(1+2a_r)}{(1+a_r)(p-v)f(Q)}$$

将最优订货量 Q_0 和最优批发价格 w_0 代入式（5.1）和式（5.3）得到供应链期望效用：

$$\mu_{rf} = \mu_r(Q_0) + \mu_f(w_0)$$
$$= (1+a_r)[(p-w_0)Q_0 - (p-v)\int_0^Q F(x)dx] - a_r(w_0-c)Q_0$$
$$+ (1+b_f)(w_0-c)Q_0 - b_f\gamma_f[(p-c)Q_0 - (p-v)\int_0^{Q_0} F(x)dx]$$

5.1.2 基于收益共享契约的决策分析

考虑分销商采用收益共享契约，用 d 代表收益共享契约供应链。在收益共享契约供应链中，分销商以较低的批发价格 w 提供给零售商产品，并以 $1-\phi$ 比例的收益作为回报，研究分销商是否可以通过收益共享契约提高分销商和零售商的绩效。

在收益共享下零售商的效用函数为：

$$\mu_{rd} = (1+a_r)[\phi(pQ - (p-v)\int_0^Q F(x)dx) - wQ] - a_r[(w-c)Q \tag{5.4}$$
$$+ (1-\phi)(pQ - (p-v)\int_0^Q F(x)dx)]$$

优化求解得到零售商的最优订货量为：

$$Q_d = F^{-1}(\frac{p}{p-v} - \frac{(1+2a_r)w - a_r c}{[\phi(1+a_r) - (1-\phi)a_r](p-v)}) \tag{5.5}$$

当零售商确定最优订货量 Q_d 后，分销商便能确定批发价格 w，由于分销商也为绝对公平关切，分销商的效用为：

$$\mu_{fd} = (1+b_f)E(\prod_{fd}) - b_f\gamma_f E(\prod_c)$$
$$= (1+b_f)[(w-c)Q + (1-\phi)(pQ - (p-v)\int_0^Q F(x)dx)] \tag{5.6}$$
$$- b_f\gamma_f[(p-c) - (p-v)F(Q)]$$

为求使得其效用最大的批发价格 w，式（5.4）对 w 求导数可得：

$$\frac{d\mu_{fd}}{dw} = (1+b_f)[(w-c)\frac{dQ}{dw} + Q + (1-\phi)(p\frac{dQ}{dw} - (p-v)F(Q)\frac{dQ}{dw})]$$
$$- b_f\gamma_f[(p-c) - (p-v)F(Q)]$$

令 $\dfrac{d\mu_{fd}}{dw} = 0$，可得：

$$(1+b_f)[(w-c)\frac{dQ}{dw}+Q+(1-\phi)(p\frac{dQ}{dw}-(p-v)F(Q)\frac{dQ}{dw})]$$
$$-b_f\gamma_f[(p-c)-(p-v)F(Q)]=0$$

得到的解为绝对公平关切分销商的最优批发价格 w_d ，其中 $\frac{dQ}{dw}$ 可以由式（5.5）通过隐函数求导得到：

$$\frac{dQ}{dw}=-\frac{1+2a_r}{[\phi(1+a_r)-(1-\phi)a_r](p-v)f(Q)}$$

将最优订货量 Q_d 和最优批发价格 w_d 代入式（5.4）和式（5.6）得到供应链期望效用：

$$\mu_{rfd}=\mu_{rd}(Q_d)+\mu_{fd}(w_d)$$
$$=(1+a_r)[\phi(pQ_d-(p-v)\int_0^Q F(x)dx)-w_dQ_d]-a_r[(w_d-c)Q_d+(1-\phi)(pQ_d-(p-v)\int_0^Q F(x)dx)]$$
$$(1+b_f)[(w_d-c)Q_d+(1-\phi)(pQ_d-(p-v)\int_0^{Q_d} F(x)dx)]-b_f\gamma_f[(p-c)-(p-v)F(Q_d)]$$

5.1.3 算例分析

针对收益共享契约激励情形，通过具体算例分析，探讨公平关切对供应链决策与绩效的影响。

假设供应链由一个相对公平关切零售商和一个绝对公平关切分销商组成，分销商在此供应链中占主导地位，需求服从均匀分布 $X\sim U[0, 2000]$，$p=30$，$c=10$，$v=1$。

首先，分析零售商相对公平关切程度 a_r 对各个变量的影响，取 $b_f=0.6$，在无契约情形下，随着零售商相对公平关切程度 a_r 的变化，根据优化模型，得到各变量值的结果如表5.1；在收益共享契约情形下，收益共享系数取 $\phi=0.7$，随着零售商相对公平关切程度 a_r 的变化得到表5.2。

其次，分析分销商绝对公平关切程度 b_f 对各个变量的影响，取 $a_r=0.2$，在无契约情形下，取 $\gamma_f=0.3$ 和 $\gamma_f=0.6$，目的是在不同的分销商绝对公平利润分配比例下发现各个变量的差异，同时随着分销商绝对公平关切程度 b_f 的变化，根据优化模型，得到各变量值的结果如表5.3和表5.5；在收益共享契约情形下，取 $\gamma_f=0.3$ 和 $\gamma_f=0.6$，同样收益共享系数取 $\phi=0.7$，随着分销商绝对公平关切程度 b_f 的变化得到表5.4和表5.6。

最后，分析收益共享系数 ϕ 的变化对各变量的影响，取 $a_r=0.2$，$b_f=0.6$，γ_f

=0.6，随着共享系数 ϕ 的变化，根据优化模型，得到各变量值的结果如表 5.7。

表 5.1　无契约激励情形下，不同 a_r 时的变量值

变量	a_r							
	0.20	0.40	0.60	0.80	1.00	1.20	1.40	1.60
Q_0	585.46	573.03	563.45	555.84	549.65	544.51	540.19	536.49
w_0	19.87	19.09	18.60	18.27	18.02	17.83	17.68	17.57
$\mu_r(Q_0)$	2982.07	3332.92	3682.75	4031.92	4380.67	4729.11	5077.34	5425.41
$\mu_f(w_0)$	5921.54	5068.16	4528.11	4155.98	3884.19	3677.07	3514.05	3382.43
μ_{rf}	8903.61	8401.08	8210.85	8187.91	8264.86	8406.19	8591.39	8807.84
$E(\Pi_r)$	3447.79	3869.40	4119.61	4282.09	4394.44	4475.87	4537.05	4584.36
Π_f	5776.40	5210.60	4847.71	4594.79	4408.22	4264.83	4151.12	4058.71

表 5.2　收益共享契约激励情形下，不同 a_r 时的变量值

变量	a_r							
	0.20	0.40	0.60	0.80	1.00	1.20	1.40	1.60
Q_d	733.15	739.85	745.30	749.83	753.64	756.91	759.73	762.19
w_d	12.22	11.43	10.93	10.58	10.33	10.13	9.98	9.85
$\mu_{rd}(Q_d)$	3039.59	3412.86	3785.54	4157.76	4529.63	4901.22	5272.59	5643.77
$\mu_{fd}(w_d)$	7415.26	6543.52	5989.50	5606.39	5325.75	5111.34	4942.22	4805.43
μ_{rfd}	10454.85	9956.39	9775.04	9764.16	9855.38	10012.57	10214.81	10449.19
$E(\Pi_{rd})$	3709.14	4302.36	4687.65	4959.23	5161.55	5318.44	5443.82	5546.43
Π_{fd}	7056.89	6526.11	6191.17	5961.06	5793.47	5666.11	5566.13	5485.60

表 5.3　无契约激励情形下，不同 b_f 时的变量值（γ_f =0.3）

变量	b_f							
	0.20	0.40	0.60	0.80	1.00	1.20	1.40	1.60
Q_0	668.94	653.36	641.22	631.49	623.52	616.88	611.25	606.42
w_0	18.83	19.02	19.17	19.29	19.39	19.48	19.55	19.61
$\mu_r(Q_0)$	3893.03	3713.82	3577.09	3469.40	3382.40	3310.68	3250.54	3199.39
$\mu_f(w_0)$	6479.12	7056.26	7639.65	8227.43	8818.41	9411.79	10007.02	10603.70
μ_{rf}	10372.16	10770.08	11216.75	11696.83	12200.81	12722.47	13257.56	13803.10

变量	b_f							
	0.20	0.40	0.60	0.80	1.00	1.20	1.40	1.60
$E(\Pi_r)$	4228.53	4077.34	3961.27	3869.38	3794.83	3733.15	3681.27	3637.03
Π_f	5905.99	5894.96	5882.17	5869.28	5856.98	5845.50	5834.92	5825.23
$E(\Pi_c)$	10134.52	9972.3	9843.44	9738.66	9651.81	9578.65	9516.19	9462.26

表 5.4　收益共享契约激励情形下，不同 b_f 时的变量值（γ_f =0.3）

变量	b_f							
	0.20	0.40	0.60	0.80	1.00	1.20	1.40	1.60
Q_d	668.94	653.36	641.22	631.49	623.52	616.88	611.25	606.42
w_d	18.83	19.02	19.17	19.29	19.39	19.48	19.55	19.61
$\mu_{rd}(Q_d)$	3893.03	3713.82	3577.09	3469.40	3382.40	3310.68	3250.54	3199.39
$\mu_{fd}(w_d)$	6479.12	7056.26	7639.65	8227.43	8818.41	9411.79	10007.02	10603.70
μ_{rfd}	10372.16	10770.08	11216.75	11696.83	12200.81	12722.47	13257.56	13803.10
$E(\Pi_{rd})$	4228.53	4077.34	3961.27	3869.38	3794.83	3733.15	3681.27	3637.03
Π_{fd}	5905.99	5894.96	5882.17	5869.28	5856.98	5845.50	5834.92	5825.23
$E(\Pi_{cd})$	10134.52	9972.3	9843.44	9738.66	9651.81	9578.65	9516.19	9462.26

表 5.5　无契约激励情形下，不同 b_f 时的变量值（γ_f =0.6）

变量	b_f							
	0.20	0.40	0.60	0.80	1.00	1.20	1.40	1.60
Q_0	646.93	613.03	585.46	562.61	543.36	526.93	512.73	500.34
w_0	19.10	19.52	19.87	20.15	20.39	20.59	20.77	20.92
$\mu_r(Q_0)$	3641.15	3269.48	2982.07	2753.84	2568.63	2415.58	2287.14	2177.94
$\mu_f(w_0)$	5877.85	5885.06	5921.54	5979.78	6054.64	6142.47	6240.63	6347.15
μ_{rf}	9519.00	9154.53	8903.61	8733.62	8623.27	8558.05	8527.77	8525.09
$E(\Pi_r)$	4015.73	3697.62	3447.79	3246.66	3081.42	2943.35	2826.33	2725.93
Π_f	5888.65	5838.35	5776.40	5710.74	5645.35	5582.22	5522.28	5465.88
$E(\Pi_{rf})$	9904.38	9535.97	9224.19	8957.4	8726.77	8525.57	8348.61	8191.81

表 5.6   收益共享契约激励情形下，不同 b_f 时的变量值（γ_f =0.6）

变量	b_f							
	0.20	0.40	0.60	0.80	1.00	1.20	1.40	1.60
Q_d	794.60	761.00	733.15	709.69	689.66	672.35	657.26	643.97
w_d	11.72	12.00	12.22	12.41	12.57	12.71	12.83	12.94
$\mu_{rd}(Q_d)$	3570.53	3274.92	3039.59	2848.17	2689.66	2556.38	2442.87	2345.10
$\mu_{fd}(w_d)$	7219.53	7305.59	7415.26	7542.96	7684.73	7837.70	7999.74	8169.20
μ_{rfd}	10790.06	10580.51	10454.85	10391.13	10374.38	10394.09	10442.61	10514.30
$E(\prod_{rd})$	4166.73	3913.71	3709.14	3540.44	3399.01	3278.79	3175.37	3085.48
$\prod_{fd}$	7147.72	7107.65	7056.89	7001.79	6945.81	6890.83	6837.85	6787.35
$E(\prod_{cd})$	11314.45	11021.36	10766.03	10542.23	10344.82	10169.62	10013.22	9872.83

表 5.7   收益共享契约激励情形下，不同 ϕ 时的变量值

变量	ϕ							
	0.10	0.20	0.30	0.40	0.50	0.60	0.80	1.00
Q_d	1479.62	1264.96	1104.70	980.47	881.36	800.45	676.28	585.46
w_d	1.06	2.09	3.63	5.49	7.58	9.84	14.70	19.87
$\mu_r(Q_d)$	-952.34	928.08	1946.47	2509.07	2815.91	2972.96	3050.58	2982.07
$\mu_f(w_d)$	14965.34	12794.20	11173.22	9916.79	8914.37	8096.00	6840.11	5921.54
μ_{rfd}	14013.00	13722.28	13119.68	12425.86	11730.28	11068.96	9890.69	8903.61

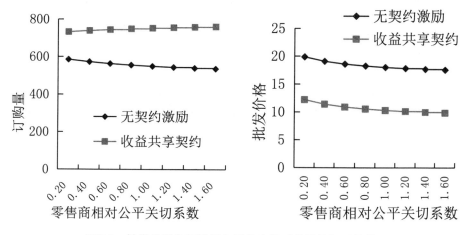

图5.2   批发价格和订购量与零售商相对公平关切系数关系

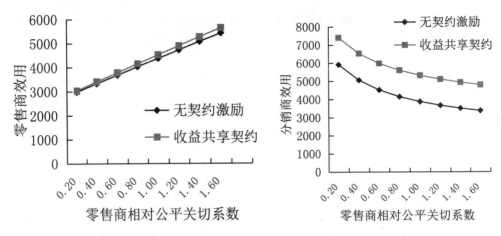

图5.3 零售商和分销商效用与零售商相对公平关切系数关系

由图 5.2 可知，在无契约激励情形下，零售商的订货量和分销商的批发价格均随着零售商相对公平关切程度的增加而减小。由图 5.3 可知，零售商的效用随着零售商相对公平关切程度的增加而增加，分销商的效用随着零售商相对公平关切程度的增加而减少；零售商考虑相对公平关切，给自身带来有利的影响，而给分销商带来不利的影响。

由图 5.2 可知，收益共享契约情形下，零售商的订货量随着零售商相对公平关切程度的增加而略有增加，大于无契约激励情形下零售商订货量，批发价格随着零售商相对公平关切程度的增加而减少，且小于无契约情形下分销商的批发价格。由图 5.3 可知，零售商的效用随着零售商相对公平关切程度的增加而增加，大于无契约情形下零售商效用，且与无契约激励情形下零售商效用的差额越来越大，分销商的效用随着零售商相对公平关切程度的增加而减少，但大于无契约情形下分销商的效用。零售商考虑相对公平关切，给自身带来有利的影响，而给分销商带来不利的影响。

由表 5.1 和表 5.2 可知，在无契约激励和收益共享契约情形下，随着零售商相对公平关切程度的增加，零售商的利润 $E(\prod_r)$ 和 $E(\prod_{rd})$ 增加，同时分销商的利润 $\prod_f$ 和 $\prod_{fa}$ 在减小，即零售商相对公平关切利润的参照点在减小，因此给零售商带来的不公平负效用在减小；结合公平关切程度的影响使得零售商效用增加，而分销商相对公平关切利润的参照点在增加，即零售商的利润 $E(\prod_r)$ 和 $E(\prod_{rd})$ 增加，因此给分销商带来的不公平负效用在增加，结合公平关切程度的影响使得分销商效用减小。

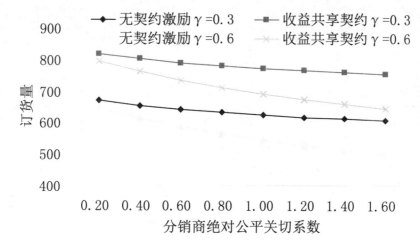

图 5.4　订购量与零售商相对公平关切系数关系

由图 5.4 可知，在无契约激励情形下，零售商的订货量随着分销商绝对公平关切程度的增加而减小，在零售商绝对公平利润分配比例 $\gamma_f = 0.3$ 情形下的订货量要大于 $\gamma_f = 0.6$ 情形下的订货量。

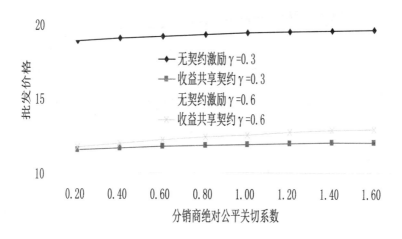

图 5.5　批发价格与零售商相对公平关切系数关系

由图 5.5 可知，在无契约激励情形下，分销商批发价格随着分销商绝对公平关切程度的增加而增加，在 $\gamma_f = 0.6$ 情形下的批发价格要高于 $\gamma_f = 0.3$ 情形下的批发价格。

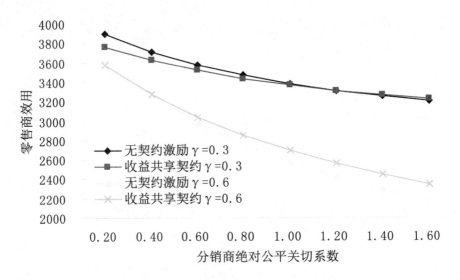

图5.6　零售商效用与分销商绝对公平关切系数关系

由图 5.6 可知，零售商的效用随着分销商绝对公平关切程度的增加而减少。当分销商绝对公平关切程度较小时，无契约激励下零售商效用大于收益共享契约零售商效用；随着分销商绝对公平关切程度增加，收益共享契约零售商效用超过无契约激励下零售商效用。γ_f =0.3 情形下的零售商效用要大于 γ_f =0.6 情形下的零售商效用。

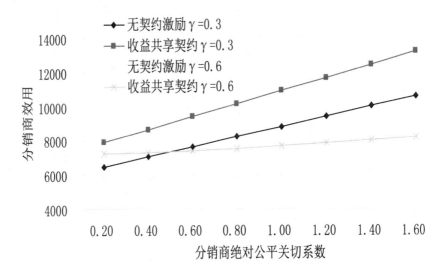

图5.7　分销商效用与分销商绝对公平关切系数关系

由图 5.7 可知，分销商的效用随着分销商绝对公平关切程度的增加而增加，大于无契约情形下分销商效用，而 γ_f =0.3 情形下的分销商效用要大于 γ_f =0.6 情形下的分销商效用。分销商考虑绝对公平关切，给自身带来有利的影响，而给零售商带来不利的影响。

由表 5.3- 表 5.6 可知，在无契约激励情形下和收益共享契约情形下，随着分销商绝对公平关切程度的增加，分销商的利润 $\prod_f$ 和 $\prod_{fd}$ 减小，同时供应链总利润 $E(\prod_c)$ 和 $E(\prod_{cd})$ 在减小，但分销商利润下降的幅度小于供应链总利润的幅度，对于分销商而言绝对公平关切利润的参照点在减小，因此给分销商带来的不公平负效用在减小，结合公平关切程度的影响使得分销商效用得到增加。

此外，当分销商绝对公平利润分配比例 γ_f =0.6 时，分销商的利润和供应链的利润都小于当 γ_f =0.3 时的利润，但是当 γ_f =0.6 时，分销商的公平利润分配额也大幅度的得到增加。比较而言，分销商的公平关切利润的参照点在增加，因此给分销商带来的不公平负效用在增加，因此当 γ_f =0.6 时分销商效用要小于当 γ_f =0.3 时分销商效用。

随着分销商绝对公平关切程度的增加，零售商利润大幅度减小，尽管分销商利润在减小，但是零售商下降的幅度大于分销商利润利润下降的幅度，即零售商的相对公平利润参照点在增加，给零售商带来的不公平负效用在增加，结合公平关切程度的影响使得零售商效用减小。

从表中还可以得出，随着分销商绝对公平利润分配比例增加，零售商的期望利润减小幅度大于分销商利润减小的幅度，相比之下导致零售商的相对公平利润参照点在增加，给零售商带来的不公平负效用在增加，因此当 γ_f =0.6 时零售商效用要小于当 γ_f =0.3 时零售商效用。

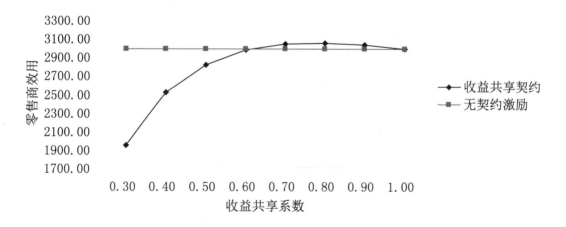

图5.8 零售商效用与收益共享系数关系

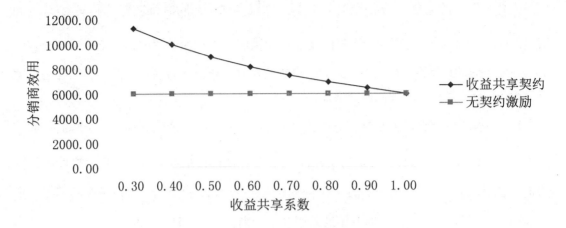

图5.9 分销商效用与收益共享系数关系

由图 5.8 和图 5.9 可知，当收益共享系数一定区间内，分销商和零售商获得的效用大于无契约激励情形下的效用。从图 5.8 可看到，在此区间，零售商的效用随着收益共享系数的增加，先上升而后下降；从图 5.9 可看到，在此区间，分销商的效用随着收益共享系数的增加而下降。

5.2　生产商相对公平和分销商绝对公平关切下供应链决策与管理策略研究

研究单个具有相对公平关切的生产商与单个绝对公平关切的分销商组成的两阶段模型（如图 3.10）。

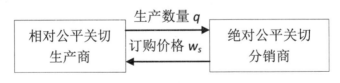

图 5.10　供应链示意图

为了建立模型和讨论问题的方便，在此提出如下假设：

①生产商生产成本与产品的生产量 q（决策变量）有关，且总生产成本 $c_s(q)$ 为 q 的严格增函数。相应地，成本函数可以写为 $c_s(q) = c_0 + c_1 q + c_2 q^2$，其中 c_0 为固定成本，即不生产也要支付的费用，如日常消耗、固定资产折旧等；c_1 为生产商产品的投入成本，如原材料等，$c_1 > 0$；c_2 为生产商的努力成本系数，$c_2 > 0$，$c_2 q^2$ 表示生产商生产产品的努力成本，包括生产所花费的时间、精力等。

②由于分销商在供应链中起主导作用，在下游销售供应链中有众多零售商与分销商长期交易，假定需求确定，所有产品都以批发价 p_s 全部售出，不存在处理费用。

5.2.1 无契约分散决策分析

在无契约分散决策情形下，生产商效用函数为：

$$\mu_s = (1+a_s)(w_s q - c_0 - c_1 q - c_2 q^2) - a_s(p_s q - wq) \qquad （5.7）$$

优化求解得到：

$$q_0 = \frac{w_s - c_1}{2c_2} - \frac{a_s(p_s - w_s)}{2c_2(1+a_s)} \qquad （5.8）$$

当生产商确定最优产品生产量 q_0 后，分销商便能确定订购价格 w_s。由于分销商为绝对公平关切，因此分销商的效用函数为：

$$\mu_f = (1+b_f)(p_s q - w_s q) - b_f \gamma_f(p_s q - c_0 - c_1 q - c_2 q^2) \qquad （5.9）$$

式（5.9）对 w_s 求导数可得：

$$\frac{d\mu_f}{dw_s} = (1+b_f)(p_s \frac{dq}{dw_s} - q - w_s \frac{dq}{dw_s}) - b_f \gamma_f(p_s \frac{dq}{dw_s} - c_1 \frac{dq}{dw_s} - 2c_2 \frac{dq}{dw_s})$$

令 $\dfrac{d\mu_f}{dw_s} = 0$，可得：

$$w_s = \frac{(1+b_f)p_s - b_f \gamma_f(p_s - c_1 - 2c_2 q)}{1+b_f} - q / \frac{dq}{dw_s}$$

其中，$\dfrac{dq}{dw_s}$ 可以由式（5.8）得到：

$$\frac{dq}{dw_s} = \frac{1}{2c_2} + \frac{a_s}{2c_2(1+a_s)}$$

分销商向生产商订购产品的价格：

$$w_s = \frac{(1+b_f)p_s - b_f \gamma_f(p_s - c_1 - 2c_2 q)}{1+b_f} - \frac{2qc_2(1+a_s)}{1+2a_s}$$

将生产商的最优生产量 q_0 和分销商最优订购价格 w_{s0} 代入式（5.7）和式（5.9）得到供应链效用：

$$\mu_{sf} = \mu_s(q_0) + \mu_f(w_{s0})$$
$$= (1+a_s)(w_{s0}q_0 - c_0 - c_1q_0 - c_2q_0^2) - a_s(p_s - w_{s0})q_0$$
$$+ (1+b_f)(p_sq_0 - w_{s0}q_0) - b_f\gamma_f(p_sq_0 - c_0 - c_1q_0 - c_2q_0^2)$$

5.2.2 基于成本分担契约的决策分析

分销商提供成本分担契约机制的实质是分销商与生产商共同投入成本进行生产，提高了生产商生产的积极性，以及改善生产商和分销商的绩效。

用 c 代表分散决策下的成本分担契约供应链。在成本分担契约供应链中，分销商承诺承担 $1-\varepsilon$ 比例的生产成本。

相对公平关切生产商的效用函数 μ_{sc} 为：

$$\mu_{sc} = (1+a_s)\prod_{sc} - a_s\prod_{fc}$$
$$= (1+a_s)(w_sq - \varepsilon c_0 - \varepsilon c_1q - \varepsilon c_2q^2) - a_s[(p_s - w_s)q \quad (5.10)$$
$$- (1-\varepsilon)c_0 - (1-\varepsilon)c_1q - (1-\varepsilon)c_2q^2]$$

优化求解得到生产商的最优生产量：

$$q_c = \frac{(1+a_s)(w_s - \varepsilon c_1) - a_s[(p_s - w_s) - (1-\varepsilon)c_1]}{2(1+a_s)\varepsilon c_2 - 2a_s(1-\varepsilon)c_2} \quad (5.11)$$

当生产商确定最优生产量 q_c 后，分销商便能确定价格 w_{sc}，由于分销商为绝对公平关切，其效用函数为：

$$\mu_{fc} = (1+b_f)[(p_s - w_s)q - (1-\varepsilon)c_0 - (1-\varepsilon)c_1q - (1-\varepsilon)c_2q^2]$$
$$- b_f\gamma_f(p_sq - c_0 - c_1q - c_2q^2) \quad (5.12)$$

式（5.12）对 w_s 求导数可得：

$$\frac{d\mu_f}{dw_s} = (1+b_f)[(p_s - w_s)\frac{dq}{dw_s} - q - (1-\varepsilon)c_1\frac{dq}{dw_s} - 2(1-\varepsilon)c_2\frac{dq}{dw_s}]$$
$$- b_f\gamma_f(p_s\frac{dq}{dw_s} - c_1\frac{dq}{dw_s} - 2c_2\frac{dq}{dw_s})$$

令 $\frac{d\mu_f}{dw_s} = 0$，得到：

$$(1+b_f)[(p_s - w_s)\frac{dq}{dw_s} - q - (1-\varepsilon)c_1\frac{dq}{dw_s} - 2(1-\varepsilon)c_2\frac{dq}{dw_s}] - b_f\gamma_f\frac{dq}{dw_s}(p_s - c_1 - 2c_2) = 0$$

得到的解为绝对公平关切分销商最优订购价格 w_{sc}，$\dfrac{dq}{dw_s}$ 可由式（5.11）得到：

$$\frac{dq}{dw_s} = \frac{1+2a_s}{2(1+a_s)\varepsilon c_2 - 2a_s(1-\varepsilon)c_2}$$

将生产商的最优生产量 q_c 和分销商最优订购价格 w_{sc} 代入式（5.10）和式（5.12）供应链效用：

$$
\begin{aligned}
\mu_{sfc} &= \mu_{sc}(q_c) + \mu_{fc}(w_{sc}) \\
&= (1+a_s)(w_{sc}q_c - \varepsilon c_0 - \varepsilon c_1 q_c - \varepsilon c_2 q_c^2) - a_s[(p_s - w_{sc})q_c - (1-\varepsilon)c_0 - (1-\varepsilon)c_1 q_c - (1-\varepsilon)c_2 q_c^2] \\
&\quad + (1+b_f)((p_s - w_{sc})q_c - (1-\varepsilon)c_0 - (1-\varepsilon)c_1 q_c - (1-\varepsilon)c_2 q_c^2) \\
&\quad - b_f \gamma_f (p_s q_c - c_0 - c_1 q_c - c_2 q_c^2)
\end{aligned}
$$

5.2.3 算例分析

假设供应链由一个相对公平关切生产商和一个绝对公平关切分销商组成，分销商在此供应链中占主导地位，生产商生产成本系数分别为 $c_0 = 150$，$c_1 = 0.5$，$c_2 = 0.0008$，批发价格 $p_s = 2.7$。

首先，分析生产商相对公平关切程度 a_s 对各个变量的影响，取 $b_f = 0.6$，$\gamma_f = 0.6$，在无契约情形下，随着生产商相对公平关切程度 a_s 的变化，根据优化模型，得到各变量值的结果如表 5.8；在成本分担契约情形下，成本分担系数取 $\varepsilon = 0.7$，表 5.9 显示的是生产商相对公平关切程度 a_s 的变化对各变量的影响。

其次，分析分销商绝对公平关切程度 b_f 对各个变量的影响，取 $a_s = 0.6$，在无契约情形下，随着分销商相对公平关切程度 b_f 的变化，根据优化模型，得到各变量值的结果如表 5.10 和表 5.12；在成本分担契约情形下，同样成本分担系数取 $\varepsilon = 0.7$，随着分销商绝对公平关切程度 a_f 的变化得到表 5.11 和表 5.13。

最后，分析成本分担系数 ε 的变化对各变量的影响，取 $a_s = 0.6$，$b_f = 0.6$，随着成本分担系数 ε 的变化，根据优化模型，得到各变量值的结果如表 3.13。

表 5.8　无契约激励情形下，不同 a_s 时的变量值

变量	a_s							
	0.20	0.40	0.60	0.80	1.00	1.20	1.40	1.60
q_0	583.63	571.24	561.69	554.10	547.93	542.81	538.50	534.81
w_s	1.61	1.70	1.75	1.79	1.82	1.84	1.85	1.87
$\mu_s(q_0)$	147.00	155.48	163.84	172.13	180.37	188.58	196.76	204.93
$\mu_f(w_{s0})$	703.33	609.76	550.54	509.73	479.93	457.21	439.34	424.90
μ_{sf}	850.34	765.23	714.37	681.86	660.29	645.79	636.10	629.83
$\prod_s$	228.07	274.30	301.74	319.56	331.88	340.81	347.52	352.70
$\prod_f$	633.42	571.37	531.58	503.85	483.39	467.67	455.20	445.06
$\prod_{fs}$	861.49	845.67	833.32	823.41	815.27	808.48	802.72	797.76

表 5.9　成本分担契约激励情形下，不同 a_s 时的变量值

变量	a_s							
	0.20	0.40	0.60	0.80	1.00	1.20	1.40	1.60
q_c	730.86	737.53	742.97	747.48	751.29	754.54	757.35	759.81
w_{sc}	1.32	1.40	1.46	1.50	1.52	1.55	1.56	1.58
$\mu_{sc}(q_0)$	216.31	245.24	274.11	302.92	331.70	360.45	389.17	417.87
$\mu_{fc}(w_{s0})$	795.13	699.54	638.79	596.78	566.00	542.49	523.95	508.94
μ_{sfc}	1011.44	944.78	912.89	899.70	897.70	902.94	913.12	926.82
$\prod_{sc}$	301.73	366.78	409.03	438.81	461.00	478.20	491.95	503.20
$\prod_{fc}$	728.83	670.63	633.90	608.67	590.29	576.32	565.36	556.53
$\prod_{fsc}$	1030.56	1037.41	1042.93	1047.48	1051.29	1054.52	1057.31	1059.73

表 5.10　无契约激励情形下，不同 b_f 时的变量值（γ_f =0.3）

变量	b_f							
	0.20	0.40	0.60	0.80	1.00	1.20	1.40	1.60
q_0	663.03	644.45	629.87	618.12	608.45	600.35	593.47	587.56
w_s	1.87	1.85	1.83	1.82	1.81	1.80	1.79	1.78
$\mu_s(q_0)$	322.69	291.60	267.82	249.05	233.87	221.34	210.83	201.88
$\mu_f(w_{s0})$	601.75	654.72	708.52	762.91	817.73	872.88	928.28	983.89

变量	b_f							
	0.20	0.40	0.60	0.80	1.00	1.20	1.40	1.60
μ_{sf}	924.44	946.32	976.34	1011.96	1051.60	1094.22	1139.11	1185.77
$\prod_s$	407.67	387.69	372.19	359.81	349.69	341.27	334.16	328.07
$\prod_f$	549.30	547.84	546.14	544.40	542.73	541.16	539.71	538.38
$\prod_{fs}$	956.97	935.53	918.33	904.21	892.42	882.43	873.87	866.45

表 5.11　成本分担契约激励情形下，不同 b_f 时的变量值（γ_f =0.3）

变量	b_f							
	0.20	0.40	0.60	0.80	1.00	1.20	1.40	1.60
q_c	843.11	825.33	811.21	799.70	790.16	782.11	775.23	769.29
w_{sc}	1.53	1.51	1.50	1.50	1.49	1.48	1.48	1.48
$\mu_{sc}(q_0)$	393.54	371.24	353.86	339.92	328.51	319.00	310.94	304.03
$\mu_{fc}(w_{s0})$	708.74	770.43	832.72	895.45	958.50	1021.80	1085.29	1148.93
μ_{sfc}	1102.28	1141.67	1186.58	1235.37	1287.01	1340.79	1396.23	1452.97
$\prod_{sc}$	488.75	474.42	463.08	453.89	446.29	439.89	434.44	429.74
$\prod_{fc}$	647.42	646.38	645.13	643.84	642.58	641.39	640.28	639.25
$\prod_{fsc}$	1136.17	1120.8	1108.21	1097.73	1088.87	1081.28	1074.72	1068.99

表 5.12　无契约激励情形下，不同 bf 时的变量值（γ_f =0.6）

变量	b_f							
	0.20	0.40	0.60	0.80	1.00	1.20	1.40	1.60
q_0	636.74	595.65	561.69	533.16	508.86	487.90	469.65	453.61
w_s	1.84	1.79	1.75	1.72	1.69	1.67	1.65	1.63
$\mu_s(q_0)$	278.97	214.14	163.84	123.86	91.44	64.70	42.33	23.37
$\mu_f(w_{s0})$	545.22	545.87	550.54	558.24	568.33	580.29	593.77	608.49
μ_{sf}	824.19	760.01	714.37	682.10	659.77	644.99	636.10	631.87
$\prod_s$	379.48	336.41	301.74	273.27	249.47	229.31	212.00	196.99
$\prod_f$	547.00	540.18	531.58	522.28	512.87	503.64	494.78	486.34
$\prod_{fs}$	926.48	876.59	833.32	795.55	762.34	732.95	706.78	683.33

表 5.13　成本分担契约激励情形下，不同 b_f 时的变量值（ γ_f =0.6）

变量	b_f							
	0.20	0.40	0.60	0.80	1.00	1.20	1.40	1.60
q_c	817.89	777.41	742.97	713.31	687.50	664.84	644.77	626.89
w_{sc}	1.51	1.48	1.46	1.44	1.42	1.40	1.39	1.38
$\mu_{sc}(q_0)$	362.04	313.48	274.11	241.63	214.44	191.39	171.63	154.53
$\mu_{fc}(w_{s0})$	641.21	638.46	638.79	641.54	646.25	652.56	660.19	668.94
μ_{sfc}	1003.25	951.95	912.89	883.17	860.69	843.95	831.83	823.47
$\prod_{sc}$	468.44	436.17	409.03	385.89	365.94	348.55	333.26	319.72
$\prod_{fc}$	645.76	640.64	633.90	626.34	618.44	610.48	602.65	595.04
$\prod_{fsc}$	1114.2	1076.81	1042.93	1012.23	984.38	959.03	935.91	914.76

表 5.14　成本分担契约激励情形下，不同 ε 时的变量值

变量	ε							
	0.3	0.4	0.5	0.6	0.7	0.8	0.9	1
q_c	1304.18	1097.02	946.65	832.53	742.97	670.81	611.42	561.69
w_{sc}	0.81	1.02	1.19	1.34	1.46	1.57	1.66	1.75
$\mu_{sc}(q_c)$	72.64	227.57	283.46	291.23	274.11	243.58	205.71	163.84
$\mu_{fc}(w_{sc})$	1038.90	879.77	770.84	693.96	638.79	598.99	570.49	550.54
μ_{sfc}	1111.54	1107.34	1054.30	985.19	912.89	842.57	776.21	714.37

（1）成本分担契约下生产商相对公平关切程度对企业决策和绩效的影响

由表 5.8 和表 5.9，得图 5.11 和图 5.12。

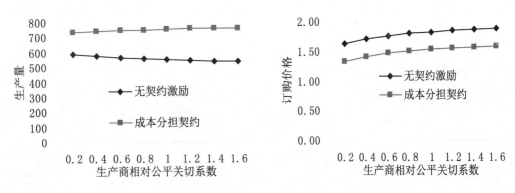

图5.11　订购价格和生产量与生产商相对公平关切系数关系

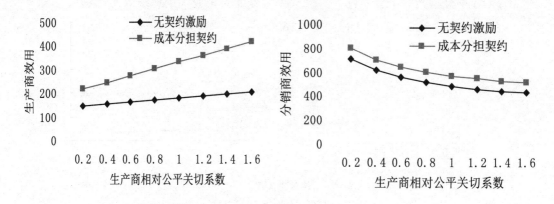

图5.12 生产商和分销商效用与生产商相对公平关切系数关系

由图 5.11 可知，在无契约激励情形下，生产商的生产量随着生产商相对公平关切程度的增加而减小，分销商订购价格随着生产商相对公平关切程度的增加而增加。由图 5.13 可知，生产商的效用随着生产商相对公平关切程度的增加而增加，而分销商的效用随着生产商相对公平关切程度的增加而减少。

由图 5.11 可知，在成本分担契约情形下，生产商的生产量随着生产商相对公平关切程度的增加而略有增加，大于无契约激励情形下生产商生产量，订购价格随着生产商相对公平关切程度的增加而增加，且小于无契约情形下分销商的订购价格。由图 5.13 可知，生产商的效用随着生产商相对公平关切程度的增加而增加，大于无契约情形下生产商效用，且与无契约激励情形下生产商效用的差额越来越大，分销商的效用随着生产商相对公平关切程度的增加而减少，但大于无契约情形下分销商的效用；生产商考虑相对公平关切，给自身带来有利的影响，而给分销商带来不利的影响。

由表 5.8 可知，在无契约激励情形下，随着生产商相对公平关切程度的增加，导致生产商的利润 $\prod_s$ 增加，同时分销商的利润 $\prod_f$ 在减小，即生产商相对公平关切利润的参照点在减小，因此给生产商带来的不公平负效用在减小，使得生产商效用增加。同时，生产商相对公平关切程度的增加，导致供应链的利润 $\prod_s$ 减小，而分销商利润减小的幅度更大，因此分销商绝对公平关切利润的参照点在增加，给分销商带来的不公平负效用在增加，结合公平关切程度的影响使得分销商效用减小。

表 5.9 可知，在成本分担契约情形下，随着生产商相对公平关切程度的增加，生产商的利润 $\prod_{sc}$ 增加，同时分销商的利润 $\prod_{fc}$ 在减小，即生产商相对公平关切利润的参照点在减小，因此给生产商带来的不公平负效用在减小，结合公平关切程度的影响使得生产商效用增加。同时，供应链总利润随之增加，而分销商利润减小，分销商相对公平关切利润的参照点在增加，给分销商带来的不公平负效用在增加，结合公平关切程度的影响使得分销商效用减小。

（2）成本分担契约下分销商绝对公平关切程度对企业决策和绩效的影响

由表 5.10—表 5.13，得图 5.13—图 5.16。

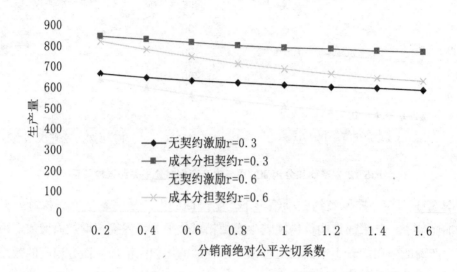

图5.13 生产量与分销商绝对公平关切系数关系

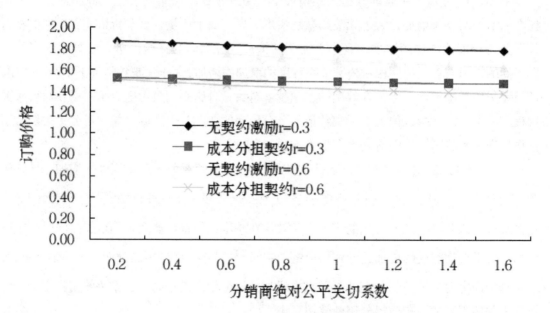

图5.14 订购价格与分销商绝对公平关切系数关系

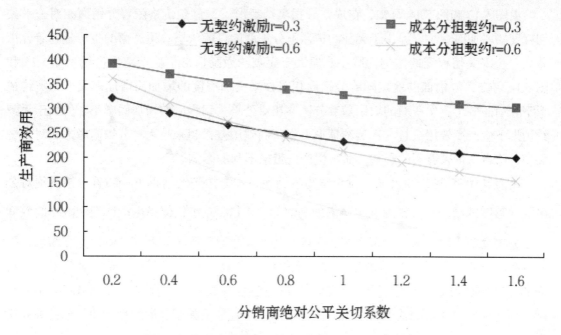

图5.15　生产商效用与分销商绝对公平关切系数关系

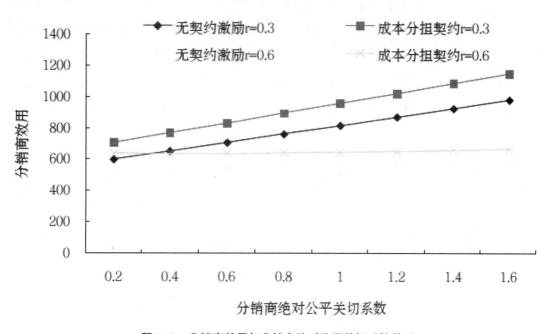

图5.16　分销商效用与分销商绝对公平关切系数关系

　　由图 5.13 和图 5.14 可知，在无契约激励情形下，生产商的生产量和分销商的订购价格随着分销商绝对公平关切程度的增加而降低。由图 5.15 和图 5.16 可知，生产商的效用随着分销商相对公平关切程度的增加而减小，分销商的效用随着分销商相对公平关切程度的增加而增加；分销商考虑相对公平关切，给自身带来有利的影响，而给生产商带来不利的影响。

由图 5.13 和图 5.14 可知，在成本分担契约情形下，订购价格随着分销商相对公平关切程度的增加而减小，但小于无契约情形下分销商的订购价格；生产商的生产量随着分销商相对公平关切程度的增加而减小，但大于无契约激励情形下生产商生产量。图 5.15 和图 5.16 可知，分销商的效用随着分销商相对公平关切程度的增加而增加，大于无契约情形下分销商效用；生产商的效用随着分销商相对公平关切程度的增加而减小，但大于无契约情形下生产商效用，且与无契约情形下生产商效用差额越来越大。分销商考虑相对公平关切，给自身带来有利的影响，而给生产商带来不利的影响。

由表 5.10 和表 5.13 可知，在无契约激励和成本分担契约情形下，随着分销商绝对公平关切程度的增加，分销商和生产商的利润 $\prod_f$ 和 $\prod_{fc}$ 减小，但是生产商利润减小的幅度大于分销商减小的幅度。对于生产商而言，生产商相对公平关切利润的参照点在增加，因此给生产商带来的不公平负效用增加，使得生产商效用减小。而分销商绝对公平关切利润的参照点在增加，即对于分销商而言，供应链总利润减小的幅度大于分销商减小的幅度，因此给分销商带来的不公平负效用在增加，结合公平关切程度的影响使得分销商效用减小。

以上可知，当成本分担系数在一定的条件下，成本分担契约能够有效地提高彼此的绩效。且成本分担契约情形下的供应链总效用大于无契约情形下的供应链总效用，因此成本分担契约能够提高供应链的绩效。

（3）相对公平关切下成本分担契约系数对企业绩效的影响

由表 5.14，得图 5.17 和图 5.18。

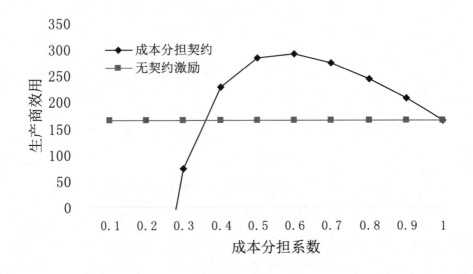

图5.17　生产商和分销商效用与成本分担系数关系

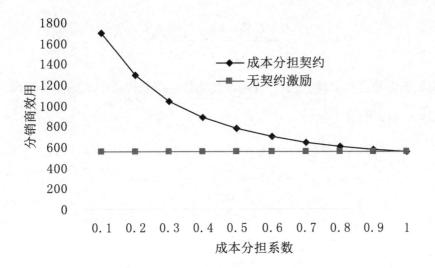

图5.18 分销商效用与成本分担系数关系

由图 5.17 和图 5.18 可知，当成本分担系数在一定的区间，在成本分担契约情形下分销商和生产商获得的效用大于无契约激励情形下的效用。从图 5.17 可看到，在一定的区间内随着成本分担系数的增加，生产商的效用先增加而后下降。从图 5.18 可看到，分销商的效用随着成本分担系数的增加而下降。

5.3 零售商绝对公平和分销商相对公平关切下供应链决策与管理策略研究

5.3.1 无契约分散决策分析

研究单个具有绝对公平关切的零售商与单个相对公平关切的分销商组成的两阶段模型（如图 5.19）。

图5.19 供应链示意图

由于零售商为绝对公平关切，其效用可以表示为：

$$\mu_r = (1+b_r)[(p-w)Q-(p-v)\int_0^Q F(x)dx]-b_r\gamma_r[(p-c)Q-(p-v)\int_0^Q F(x)dx] \quad （5.13）$$

优化求解得到：

$$Q = F^{-1}(\frac{(1+b_r)(p-w)-b_r\gamma_r(p-c)}{(1+b_r)(p-v)-b_r\gamma_r(p-v)}) \qquad (5.14)$$

当零售商确定最优订货量 Q_0 后，分销商便能确定批发价格 w。由于分销商为相对公平关切，因此分销商的效用为：

$$\mu_f = (1+a_f)\prod_f - a_f E(\prod_r)$$
$$= (1+a_f)(wQ-cQ) - a_f[(p-w)Q-(p-v)\int_0^Q F(x)dx] \qquad (5.15)$$

为求使得其效用最大的批发价格，分销商效用 μ_r 对 w 求导数可得：

$$\frac{d\mu_f}{dw} = (1+a_f)[(w-c)\frac{dQ}{dw}+Q] - a_f[(p-w)\frac{dQ}{dw}-Q-(p-v)F(Q)\frac{dQ}{dw}]$$

令 $\frac{d\mu_f}{dw}=0$，可得：

$$(1+a_f)[(w-c)\frac{dQ}{dw}+Q] - a_f[(p-w)\frac{dQ}{dw}-Q-(p-v)F(Q)\frac{dQ}{dw}] = 0$$

得到的解为相对公平关切分销商的最优批发价格 w_0，其中 $\frac{dQ}{dw}$ 可以由式（5.14）通过隐函数求导得到：

$$\frac{dQ}{dw} = -\frac{1+b_r}{[(1+b_r)(p-v)-b_r\gamma_r(p-v)]f(Q)}$$

将绝对公平关切零售商最优订货量 Q_0 和相对公平关切分销商最优批发价格 w_0 代入式（5.13）和式（5.15）得到供应链期望效用为：

$$\mu_{rf}(Q_0, w_0) = \mu_r(Q_0) + \mu_f(w_0)$$
$$= (1+b_r)[(p-w)Q-(p-v)\int_0^Q F(x)dx] - b_r\gamma_r[(p-c)Q-(p-v)\int_0^Q F(x)dx]$$
$$+ (1+a_f)(w_0Q_0-cQ_0) - a_f[(p-w_0)Q_0-(p-v)\int_0^{Q_0} F(x)dx]$$

5.3.2 基于收益共享契约的决策分析

在收益共享契约情形下，绝对公平关切零售商的效用为：

$$\mu_{rd} = (1+b_r)[\phi(pQ-(p-v)\int_0^Q F(x)dx)-wQ] - b_r\gamma_r[(p-c)Q-(p-v)\int_0^Q F(x)dx] \quad (5.16)$$

$$Q_d = F^{-1}\left(\frac{\phi(1+b_r)p - w(1+b_r) - b_r\gamma_r(p-c)}{\phi(1+b_r)(p-v) - b_r\gamma_r(p-v)}\right) \tag{5.17}$$

当零售商确定最优订货量 Q_d 后，分销商便能确定批发价格 w。由于分销商为相对公平关切，因此分销商的效用为：

$$
\begin{aligned}
\mu_{fd} &= \prod_{fd} - a_f(E(\prod_{rd}) - \prod_{fd}) \\
&= (1+a_f)[(w-c)Q + (1-\phi)(pQ - (p-v)\int_0^Q F(x)dx)] \\
&\quad - a_f[\phi(pQ - (p-v)\int_0^Q F(x)dx) - wQ]
\end{aligned} \tag{5.18}
$$

为求使得其效用最大的批发价格，式（5.18）对 w 求导数可得：

$$
\begin{aligned}
\frac{d\mu_{fd}}{dw} &= (1+a_f)[(w-c)\frac{dQ}{dw} + Q + (1-\phi)(p\frac{dQ}{dw} - (p-v)F(Q)\frac{dQ}{dw})] \\
&\quad - a_f[\phi(p\frac{dQ}{dw} - (p-v)F(Q)\frac{dQ}{dw}) - w\frac{dQ}{dw} - Q]
\end{aligned}
$$

令 $\dfrac{d\mu_{fd}}{dw} = 0$，可得：

$$
\begin{aligned}
&(1+a_f)[(w-c)\frac{dQ}{dw} + Q + (1-\phi)(p\frac{dQ}{dw} - (p-v)F(Q)\frac{dQ}{dw})] \\
&- a_f[\phi(p\frac{dQ}{dw} - (p-v)F(Q)\frac{dQ}{dw}) - w\frac{dQ}{dw} - Q] = 0
\end{aligned}
$$

得到的解为相对公平关切分销商的最优批发价格 w_d，其中 $\dfrac{dQ}{dw}$ 可以由式（5.17）通过隐函数求导得到：

$$\frac{dQ}{dw} = \frac{-(1+b_r)}{[\phi(1+b_r)(p-v) - b_r\gamma_r(p-v)]f(Q)}$$

将零售商的最优订货量 Q_d 和分销商的最优批发价格 w_d 代入式（5.16）和式（5.18）得到供应链期望效用：

$$
\begin{aligned}
\mu_{rfd} &= \mu_{rd}(Q_d) + \mu_{fd}(w_d) \\
&= (1+b_r)[\phi(pQ_d - (p-v)\int_0^Q F(x)dx) - wQ_d] - b_r\gamma_r[(p-c)Q_d - (p-v)\int_0^Q F(x)dx] \\
&\quad + (1+a_f)[(w_d-c)Q_d + (1-\phi)(pQ_d - (p-v)\int_0^{Q_d} F(x)dx)] - a_f[\phi(pQ_d - (p-v)\int_0^{Q_d} F(x)dx) - wQ_d]
\end{aligned}
$$

5.3.3 算例分析

针对收益共享契约激励情形，通过具体算例分析，探讨公平关切对供应链决策与绩效的影响。

假设供应链由一个绝对公平关切零售商和一个相对公平关切分销商组成，分销商在此供应链中占主导地位，需求服从均匀分布 $X \sim U[0, 2000]$，$p=30$，$c=10$，$v=1$。

首先，分析零售商绝对公平关切程度 b_r 对各个变量的影响，取 $a_f=0.6$，在无契约情形下，取 $\gamma_r=0.3$ 和 $\gamma_r=0.6$，目的是在不同的零售商绝对公平利润分配比例下发现各个变量的差异，同时随着零售商绝对公平关切程度 b_r 的变化，根据优化模型，得到各变量值的结果如表 5.15—表 5.17；在收益共享契约情形下，取 $\gamma_r=0.3$ 和 $\gamma_r=0.6$，同样收益共享系数取 $\phi=0.7$，随着分销商绝对公平关切程度 b_r 的变化得到表 5.16 和表 5.17。

其次，分析分销商相对公平关切程度 a_f 对各个变量的影响，取 $b_r=0.6$，在无契约情形下，随着分销商相对公平关切程度 a_f 的变化，根据优化模型，得到各变量值的结果如表 5.19；在收益共享契约情形下，收益共享系数取 $\phi=0.7$，随着零售商相对公平关切程度 a_f 的变化得到表 5.20。

最后，分析收益共享系数 ϕ 的变化对各变量的影响，取 $a_f=0.6$，$b_r=0.6$，$\gamma_r=0.3$，随着共享系数 ϕ 的变化，根据优化模型，得到各变量值的结果如表 5.21。

表 5.15　无契约激励情形下，不同 b_r 时的变量值（$\gamma_r=0.3$）

变量	b_r							
	0.20	0.40	0.60	0.80	1.00	1.20	1.40	1.60
Q_0	574.07	568.76	564.45	560.88	557.87	555.31	553.09	551.16
w_0	21.09	20.75	20.49	20.28	20.12	19.99	19.88	19.79
$\mu_r(Q_0)$	2723.79	3002.01	3280.06	3557.99	3835.83	4113.60	4391.31	4668.99
$\mu_f(w_0)$	8553.65	8027.70	7634.23	7328.85	7085.00	6885.80	6720.04	6579.95
μ_{rf}	11277.44	11029.71	10914.29	10886.84	10920.83	10999.40	11111.35	11248.94
$E(\prod_r)$	2724.43	2918.29	3060.19	3168.24	3253.08	3321.35	3377.41	3424.21
$\prod_f$	6367.69	6111.67	5918.96	5768.62	5648.03	5549.13	5466.55	5396.55
$E(\prod_{rf})$	9092.12	9029.96	8979.15	8936.86	8901.11	8870.48	8843.96	8820.76

表 5.16   收益共享契约激励情形下，不同 b_r 时的变量值（γ_r =0.3）

变量	b_r							
	0.20	0.40	0.60	0.80	1.00	1.20	1.40	1.60
Q_d	703.83	704.63	705.30	705.86	706.34	706.75	707.11	707.43
w_d	13.37	13.01	12.74	12.53	12.37	12.23	12.12	12.02
$\mu_{rd}(Q_d)$	2801.32	3095.72	3390.10	3684.48	3978.86	4273.23	4567.60	4861.97
$\mu_{fd}(w_d)$	10487.01	9945.38	9539.18	9223.25	8970.52	8763.75	8591.44	8445.65
μ_{rfd}	13288.33	13041.10	12929.28	12907.74	12949.38	13036.98	13159.05	13307.62
$E(\Pi_{rd})$	2858.69	3110.62	3300.01	3447.60	3565.88	3662.80	3743.68	3812.20
Π_{fd}	7626.39	7382.35	7199.49	7057.38	6943.78	6850.89	6773.53	6708.11
$E(\Pi_{rfd})$	10485.08	10492.97	10499.5	10504.98	10509.66	10513.69	10517.21	10520.31

表 5.17   无契约激励情形下，不同 b_r 时的变量值（γ_r =0.6）

变量	b_r							
	0.20	0.40	0.60	0.80	1.00	1.20	1.40	1.60
Q_0	566.50	553.79	542.40	532.12	522.80	514.32	506.56	499.44
w_0	20.61	19.92	19.40	19.01	18.69	18.44	18.23	18.05
$\mu_r(Q_0)$	2512.84	2579.25	2644.82	2709.76	2774.23	2838.34	2902.19	2965.83
$\mu_f(w_0)$	7817.73	6772.11	5993.50	5392.15	4914.35	4526.01	4204.46	3934.04
μ_{rf}	10330.58	9351.36	8638.31	8101.91	7688.58	7364.35	7106.65	6899.88
$E(\Pi_r)$	2994.37	3359.87	3613.89	3795.97	3929.46	4028.97	4104.04	4161.14
Π_f	6008.97	5492.52	5101.15	4793.58	4545.01	4339.62	4166.80	4019.21
$E(\Pi_{rf})$	9003.34	8852.39	8715.04	8589.55	8474.47	8368.59	8270.84	8180.35

表 5.18   收益共享契约激励情形下，不同 b_r 时的变量值（γ_r =0.6）

变量	b_r							
	0.20	0.40	0.60	0.80	1.00	1.20	1.40	1.60
Q_d	704.98	707.00	708.90	710.70	712.39	714.00	715.52	716.96
w_d	12.87	12.15	11.62	11.20	10.87	10.60	10.37	10.18
$\mu_{rd}(Q_d)$	2594.33	2681.69	2769.00	2856.27	2943.51	3030.70	3117.87	3205.00

变量	b_r							
	0.20	0.40	0.60	0.80	1.00	1.20	1.40	1.60
$\mu_{fd}(w_d)$	9728.74	8645.60	7833.36	7201.71	6696.48	6283.16	5938.79	5647.45
μ_{rfd}	12323.07	11327.29	10602.36	10057.99	9639.98	9313.87	9056.66	8852.45
$E(\prod_{rd})$	3211.58	3718.25	4100.91	4400.69	4642.28	4841.43	5008.62	5151.15
$\prod_{fd}$	7284.80	6797.84	6433.69	6151.33	5926.15	5742.51	5589.98	5461.34
$E(\prod_{rfd})$	10496.38	10516.09	10534.6	10552.02	10568.43	10583.94	10598.6	10612.49

表 5.19　无契约激励情形下，不同 a_f 时的变量值（γ_r =0.3）

变量	a_f							
	0.20	0.40	0.60	0.80	1.00	1.20	1.40	1.60
Q_0	629.29	590.96	564.45	545.04	530.20	518.49	509.02	501.19
w_0	19.65	20.15	20.49	20.74	20.93	21.08	21.20	21.30
$\mu_r(Q_0)$	4076.90	3595.32	3280.06	3058.27	2894.02	2767.62	2667.40	2586.04
$\mu_f(w_0)$	6560.36	7076.71	7634.23	8216.41	8814.53	9423.55	10040.34	10662.87
μ_{rf}	10637.26	10672.03	10914.29	11274.68	11708.55	12191.16	12707.74	13248.92
$E(\prod_r)$	3640.97	3291.89	3060.19	2895.46	2772.43	2677.10	2601.09	2539.08
$\prod_f$	6073.80	5995.33	5918.96	5851.54	5793.48	5743.66	5700.78	5663.62

表 5.20　收益共享契约激励情形下，不同 a_f 时的变量值（γ_r =0.3）

变量	a_f							
	0.20	0.40	0.60	0.80	1.00	1.20	1.40	1.60
Q_d	771.01	732.47	705.30	685.11	669.52	657.12	647.01	638.63
w_d	12.18	12.51	12.74	12.91	13.05	13.15	13.24	13.31
$\mu_{rd}(Q_d)$	4051.21	3656.35	3390.10	3198.80	3054.86	2942.72	2852.93	2779.44
$\mu_{fd}(w_d)$	8037.76	8771.35	9539.18	10328.04	11130.76	11943.08	12762.33	13586.75
μ_{rfd}	12088.97	12427.70	12929.28	13526.84	14185.62	14885.80	15615.27	16366.20
$E(\prod_{rd})$	3781.92	3495.69	3300.01	3157.91	3050.10	2965.53	2897.42	2841.41
$\prod_{fd}$	7328.46	7264.02	7199.49	7141.32	7090.43	7046.23	7007.80	6974.24

表 5.21　收益共享契约激励情形下，不同 ϕ 时的变量值

变量	ϕ							
	0.10	0.20	0.30	0.40	0.50	0.60	0.90	1.00
Q_d	1407.94	1207.45	1056.95	939.81	846.04	769.29	604.71	564.45
w_d	1.01	2.22	3.88	5.83	8.00	10.31	17.85	20.49
$\mu_{rd}(Q_d)$	-287.43	1479.82	2429.79	2945.60	3217.44	3346.63	3340.39	3280.06
$\mu_{fd}(w_d)$	19042.36	16330.82	14295.25	12710.89	11442.69	10404.59	8178.65	7634.23
μ_{rfd}	18754.92	17810.64	16725.04	15656.49	14660.13	13751.22	11519.03	10914.29

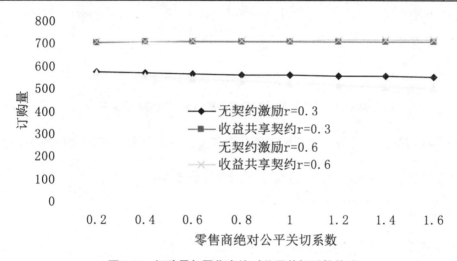

图5.20　订购量与零售商绝对公平关切系数关系

由图 5.20 可知，零售商的订货量随着零售商绝对公平关切程度的增加而减小，在零售商绝对公平利润分配比例 γ_f =0.3 情形下的订货量要大于 γ_f =0.6 情形下的订货量。

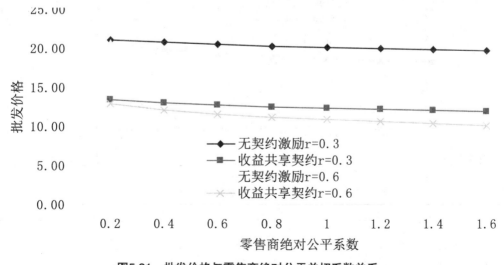

图5.21　批发价格与零售商绝对公平关切系数关系

由图 5.21 可知，分销商批发价格随着零售商绝对公平关切程度的增加而减小，在 γ_f =0.6 情形下的批发价格要低于 γ_f =0.3 情形下的批发价格。

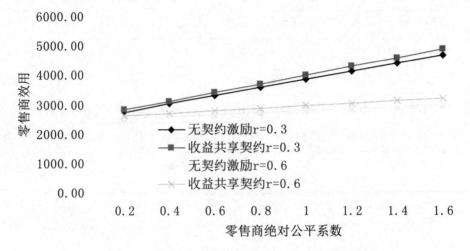

图5.22　零售商效用与零售商绝对公平关切系数关系

由图 5.22 可知，零售商的效用随着零售商绝对公平关切程度的增加而增加。γ_f =0.3 情形下的零售商效用要大于 γ_f =0.6 情形下的零售商效用。

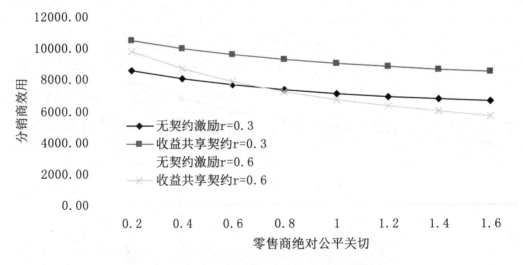

图5.23　分销商效用与零售商绝对公平关切系数关系

由图 5.23 可知，分销商的效用随着零售商绝对公平关切程度的增加而减小，大于无契约情形下分销商效用，而 γ_f =0.3 情形下的分销商效用要大于 γ_f =0.6 情形下的分销商效用。零售商考虑绝对公平关切，给自身带来有利的影响，而给分销商带来不利的影响。

由表 5.15—表 5.18 可知，在无契约激励情形下和收益共享契约情形下，随着零售商绝对公平关切程度的增加，零售商期望利润增加，而分销商的利润减小，分销商的相对公平利润参照点在增加，结合公平关切程度的影响使得分销商效用减小。

随着零售商绝对公平关切程度的增加，零售商利润增加的幅度大于供应链总利润变化的幅度，即零售商的相对公平利润参照点减小，给零售商带来的不公平负效用在减小，结合公平关切程度的影响使得零售商效用增加。

此外，当零售商绝对公平利润分配比例 γ_f =0.6 时，分销商的利润小于当 γ_f =0.3 时的利润，而零售商大于 γ_f =0.3 时的利润。因此分销商的公平关切利润的参照点在增加，因此给分销商带来的不公平负效用在增加，因此当 γ_f =0.6 时分销商效用要小于当 γ_f =0.3 时分销商效用。

从表中还可以得出，随着零售商绝对公平利润分配比例增加，零售商的期望利润增加幅度大于供应链利润减小的幅度，导致零售商的相对公平利润参照点在减小。给零售商带来的不公平负效用在减小，因此当 γ_f =0.6 时零售商效用要小于当 γ_f =0.3 时零售商效用。

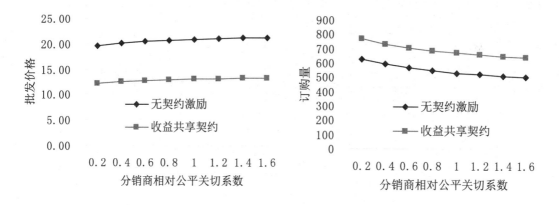

图5.24 批发价格和订购量与分销商绝对公平关切系数关系

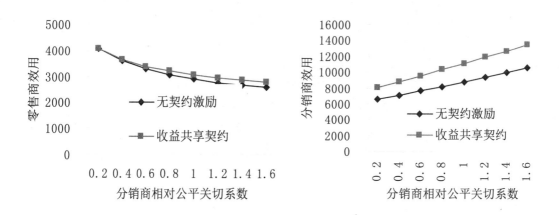

图5.25 零售商和分销商效用与分销商绝对公平关切系数关系

由图 5.24 可知，分销商的批发价格随着分销商相对公平关切程度的增加而增加，零售商的订货量随着分销商相对公平关切程度的增加而减小。由图 5.24 可知，零售商的效用随着分销商相对公平关切程度的增加而减小，分销商的效用随着零售商相对公平关切程度的增加而增加；分销商考虑相对公平关切，给自身带来有利的影响，而给零售商带来不利的影响。

由图 5.25 可知，收益共享契约情形下，零售商的订货量大于无契约激励情形下零售商订货量，批发价格小于无契约情形下分销商的批发价格。零售商的效用和分销商效用均大于无契约情形下的效用。

由表 5.19 和表 5.20 可知，在无契约激励和收益共享契约情形下，随着分销商相对公平关切程度的增加，零售商的利润 $E(\prod_r)$ 和 $E(\prod_{rd})$ 减小，其减小的幅度大于供应链总利润的幅度，即零售商绝对公平关切利润的参照点在增加，因此给零售商带来的不公平负效用在增加，结合公平关切程度的影响使得零售商效用得到减小；而分销商相对公平关切利润的参照点在增加，即零售商的利润 $E(\prod_r)$ 和 $E(\prod_{rd})$ 增加，因此给分销商带来的不公平负效用在增加，结合公平关切程度的影响使得分销商效用得到增加。

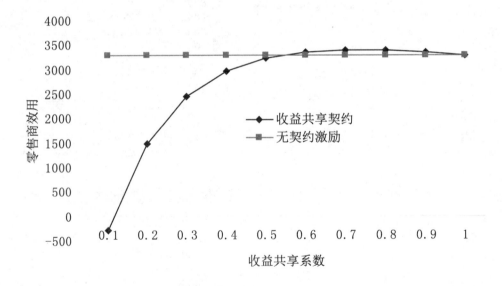

图5.26　零售商效用与收益共享系数关系

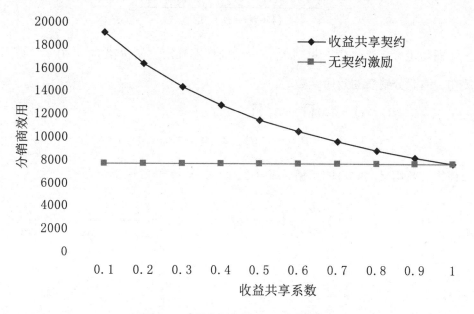

图5.27　分销商效用与收益共享系数关系

由图 5.26 和图 5.27 可知，当收益共享系数一定区间内，分销商和零售商获得的效用大于无契约激励情形下的效用。

5.4　生产商绝对公平和分销商相对公平关切下供应链决策与管理策略研究

本节考虑由绝对公平生产商和相对公平关切分销商组成的两级供应链如图 5.27。

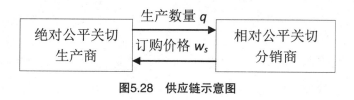

图5.28　供应链示意图

5.4.1　无契约分散决策分析

生产商绝对公平关切下的效用为：

$$\mu_s = (1+b_s)(w_s q - c_0 - c_1 q - c_2 q^2) - b_s \gamma_s (p_s q - c_0 - c_1 q - c_2 q^2) \qquad (5.19)$$

优化求解得到：

$$q_0 = \frac{(1+b_s)(w_s - c_1) - b_s \gamma_s (p - c_1)}{(1+b_s - b_s \gamma_s)2c_2} \quad (5.20)$$

当生产商确定最优产品生产量 q_0 后，分销商便能确定订购价格 w_s。由于分销商为相对公平关切，因此分销商的效用函数为：

$$\begin{aligned} \mu_f &= (1+a_f)\prod_f - a_f \prod_s \\ &= (1+a_f)(p_s q - w_s q) - a_f(w_s q - c_0 - c_1 q - c_2 q^2) \end{aligned} \quad (5.21)$$

为求使得其效用最大的订购价格，式（5.21）对求 w_s 导数可得：

$$\frac{d\mu_f}{dw_s} = (1+a_f)(p_s - w_s)\frac{dq}{dw_s} - (1+a_f)q - a_f(q + w_s\frac{dq}{dw_s} - c_1\frac{dq}{dw_s} - 2c_2\frac{dq}{dw_s})$$

令 $\dfrac{d\mu_f}{dw_s} = 0$，可得：

$$(1+a_f)(p_s - w_s)\frac{dq}{dw_s} - (1+a_f)q - a_f(q + w_s\frac{dq}{dw_s} - c_1\frac{dq}{dw_s} - 2c_2\frac{dq}{dw_s}) = 0$$

得到的解为相对公平关切分销商的最优订购价格 w_{s0}，其中 $\dfrac{dq}{dw_s}$ 可以由式（5.20）通过求导得到：

$$\frac{dq}{dw_s} = \frac{1+b_s}{(1+b_s - b_s\gamma_s)2c_2}$$

将生产商的最优生产量 q_0 和分销商的最优订购价格 w_{s0} 代入式（5.19）和式（5.21）得到供应链效用：

$$\begin{aligned} \mu_{sf} &= \mu_s(q_0) + \mu_f(w_{s0}) \\ &= (1+b_s)(w_{s0}q_0 - c_0 - c_1 q_0 - c_2 q_0^2) - b_s\gamma_s(p_s q_0 - c_0 - c_1 q_0 - c_2 q_0^2) \\ &\quad + (1+a_f)(p_s q_0 - w_{s0}q_0) - a_f(w_{s0}q_0 - c_0 - c_1 q_0 - c_2 q_0^2) \end{aligned}$$

5.4.2 基于成本分担契约的决策分析

由于生产商为绝对公平关切，其效用为：

$$\mu_{sc} = (1+b_s)(w_s q - \varepsilon c_0 - \varepsilon c_1 q - \varepsilon c_2 q^2) - b_s\gamma_s(p_s q - c_0 - c_1 q - c_2 q^2) \quad (5.22)$$

优化求解得到：

$$q = \frac{b_s \gamma_s (p_s - c_1) - (1 + b_s)(w_s - \varepsilon c_1)}{2c_2 b_s \gamma_s - 2\varepsilon c_2 (1 + b_s)} \tag{5.23}$$

分销商为相对公平关切，其效用函数为：

$$\begin{aligned}
\mu_{fc} &= (1 + a_f) \prod\nolimits_{fc} - a_f \prod\nolimits_{sc} \\
&= (1 + a_f)((p_s - w_s)q - (1 - \varepsilon)c_0 - (1 - \varepsilon)c_1 q - (1 - \varepsilon)c_2 q^2) \\
&\quad - a_f(w_s q - \varepsilon c_0 - \varepsilon c_1 q - \varepsilon c_2 q^2)
\end{aligned} \tag{5.24}$$

为求使得其效用最大的订购价格，式（5.24）对 w_s 求导数可得：

$$\begin{aligned}
\frac{d\mu_{fc}}{dw_s} &= (1 + a_f)[(p_s - w_s)\frac{dq}{dw} - q - (1 - \varepsilon)c_1 \frac{dq}{dw} - 2(1 - \varepsilon)c_2 \frac{dq}{dw}] \\
&\quad - a_f(w_s \frac{dq}{dw} + q - \varepsilon c_1 \frac{dq}{dw} - 2\varepsilon c_2 \frac{dq}{dw})
\end{aligned}$$

令 $\dfrac{d\mu_{fc}}{dw_s} = 0$，可得：

$$\begin{aligned}
&(1 + a_f)[(p_s - w_s)\frac{dq}{dw} - q - (1 - \varepsilon)c_1 \frac{dq}{dw} - 2(1 - \varepsilon)c_2 \frac{dq}{dw}] \\
&- a_f(w_s \frac{dq}{dw} + q - \varepsilon c_1 \frac{dq}{dw} - 2\varepsilon c_2 \frac{dq}{dw}) = 0
\end{aligned}$$

得到的解为相对公平关切分销商的最优订购价格 w_{sc}，其中 $\dfrac{dq}{dw_s}$ 可以由式（5.24）通过求导得到：

$$\frac{dq}{dw_s} = -\frac{1 + b_s}{2c_2 b_s \gamma_s - 2\varepsilon c_2 (1 + b_s)}$$

将生产商的最优生产量 q_c 和分销商最优订购价格 w_{sc} 代入式（5.24）和式（5.22）得到供应链效用：

$$\begin{aligned}
\mu_{sfc} &= \mu_{sc}(q_c) + \mu_{fc}(w_{sc}) \\
&= (1 + b_s)(w_s q - \varepsilon c_0 - \varepsilon c_1 q - \varepsilon c_2 q^2) - b_s \gamma_s (p_s q - c_0 - c_1 q - c_2 q^2) \\
&\quad + (1 + a_f)(w_{sc} q_c - \varepsilon c_0 - \varepsilon c_1 q_c - \varepsilon c_2 q_c^2) - a_f((p_s - w_{sc})q_c - (1 - \varepsilon)c_0 - (1 - \varepsilon)c_1 q_c - (1 - \varepsilon)c_2 q_c^2)
\end{aligned}$$

5.4.3 算例分析

假设供应链由一个绝对公平关切生产商和一个相对公平关切分销商组成，分销商在此供应链中占主导地位，生产商生产成本系数分别为 $c_0 = 150$，$c_1 = 0.5$，$c_2 = 0.0008$，批发价格 $p_s = 2.7$。

首先，分析分销商相对公平关切程度 a_f 对各个变量的影响，取 b_s =0.6，γ_s =0.6。在无契约情形下，随着分销商相对公平关切程度 a_f 的变化，根据优化模型，得到各变量值的结果如表 5.22；在成本分担契约情形下，成本分担系数取 ε =0.7，表 5.23 显示的是分销商相对公平关切程度 a_f 的变化对各变量的影响，因此当 ε =0.7 时，能够起到激励的作用。

其次，分析生产商绝对公平关切程度 b_s 对各个变量的影响，取 a_f =0.6。在无契约情形下，随着分销商相对公平关切程度 b_s 的变化，根据优化模型，得到各变量值的结果如表 5.24 和表 5.26；在成本分担契约情形下，同样成本分担系数取 ε =0.7，随着分销商相对公平关切程度 a_f 的变化得到表 5.25 和表 5.26。

最后，分析成本分担系数 ε 的变化对各变量的影响，取 $b_s = 0.6$，$a_f = 0.6$，随着成本分担系数 ε 的变化，根据优化模型，得到各变量值的结果如表 5.28。

表 5.22　无契约激励情形下，不同 a_f 时的变量值

变量	a_f							
	0.20	0.40	0.60	0.80	1.00	1.20	1.40	1.60
q_0	617.70	572.44	540.70	517.22	499.14	484.80	473.13	463.47
w_s	1.76	1.70	1.67	1.64	1.61	1.60	1.58	1.57
$\mu_s(q_0)$	192.50	139.06	104.02	79.38	61.15	47.15	36.07	27.08
$\mu_f(w_s)$	631.33	686.53	747.22	811.27	877.50	945.25	1014.09	1083.74
μ_{sf}	823.84	825.60	851.25	890.64	938.65	992.40	1050.16	1110.83
$\prod_s$	323.65	277.54	246.29	223.73	206.70	193.39	182.70	173.93
$\prod_f$	580.05	569.68	559.37	550.14	542.10	535.14	529.11	523.86
$\prod_{fs}$	903.70	847.21	805.66	773.87	748.80	728.53	711.81	697.79

表 5.23　成本分担契约激励情形下，不同 a_f 时的变量值

变量	a_f							
	0.20	0.40	0.60	0.80	1.00	1.20	1.40	1.60
q_c	785.08	739.53	706.69	681.89	662.50	646.93	634.14	623.46
w_{sc}	1.44	1.41	1.38	1.36	1.35	1.34	1.33	1.32
$\mu_{sc}(q_0)$	260.74	218.52	189.64	168.70	152.86	140.46	130.50	122.33
$\mu_{fc}(w_{s0})$	731.28	788.41	849.98	914.34	980.59	1048.17	1116.72	1186.01
μ_{sfc}	992.02	1006.93	1039.62	1083.05	1133.45	1188.63	1247.22	1308.34
$\prod_{sc}$	406.89	370.45	344.69	325.53	310.72	298.93	289.33	281.35
$\prod_{fc}$	677.21	668.99	660.49	652.65	645.66	639.50	634.08	629.30
$\prod_{fsc}$	1084.10	1039.44	1005.19	978.18	956.38	938.43	923.40	910.65

表 5.24　无契约激励情形下，不同 b_s 时的变量值（γ_s =0.3）

变量	b_s							
	0.20	0.40	0.60	0.80	1.00	1.20	1.40	1.60
q_0	572.28	566.99	562.69	559.13	556.13	553.57	551.36	549.43
w_s	1.48	1.52	1.55	1.57	1.59	1.60	1.61	1.62
$\mu_s(q_0)$	127.68	137.19	146.68	156.16	165.62	175.08	184.54	193.98
$\mu_f(w_{s0})$	1027.96	970.29	927.14	893.65	866.91	845.07	826.89	811.53
μ_{sf}	1155.64	1107.48	1073.82	1049.81	1032.54	1020.15	1011.43	1005.52
$\prod_s$	148.75	170.01	185.57	197.42	206.72	214.21	220.35	225.49
$\prod_f$	698.26	670.18	649.05	632.57	619.34	608.50	599.44	591.77
$\prod_{fs}$	847.01	840.19	834.62	829.98	826.06	822.70	819.80	817.25

表 5.25　成本分担契约激励情形下，不同 b_s 时的变量值（γ_s =0.3）

变量	b_s							
	0.20	0.40	0.60	0.80	1.00	1.20	1.40	1.60
q_c	701.63	702.43	703.10	703.66	704.13	704.55	704.91	705.22
w_{sc}	1.19	1.23	1.26	1.28	1.30	1.31	1.33	1.34
$\mu_{sc}(q_0)$	190.18	210.46	230.75	251.03	271.31	291.59	311.87	332.15
$\mu_{fc}(w_{s0})$	1140.97	1081.57	1037.03	1002.39	974.67	952.00	933.11	917.12

变量	b_s							
	0.20	0.40	0.60	0.80	1.00	1.20	1.40	1.60
μ_{sfc}	1331.15	1292.04	1267.78	1253.41	1245.98	1243.59	1244.97	1249.26
$\prod_{sc}$	208.47	236.10	256.87	273.05	286.02	296.65	305.52	313.03
$\prod_{fc}$	791.28	764.52	744.47	728.89	716.43	706.24	697.76	690.59
$\prod_{fsc}$	999.75	1000.62	1001.34	1001.94	1002.45	1002.89	1003.28	1003.62

表 5.26　无契约激励情形下，不同 b_s 时的变量值（γ_s =0.6）

变量	b_s							
	0.20	0.40	0.60	0.80	1.00	1.20	1.40	1.60
q_0	564.73	552.06	540.70	530.46	521.17	512.71	504.98	497.88
w_s	1.53	1.61	1.67	1.71	1.74	1.77	1.80	1.81
$\mu_s(q_0)$	113.55	108.83	104.02	99.14	94.21	89.24	84.24	79.22
$\mu_f(w_{s0})$	947.26	832.60	747.22	681.28	628.89	586.31	551.04	521.39
μ_{sf}	1060.81	941.44	851.25	780.42	723.10	675.55	635.29	600.61
$\prod_s$	178.35	218.43	246.29	266.25	280.89	291.80	300.03	306.30
$\prod_f$	658.92	602.29	559.37	525.65	498.39	475.87	456.92	440.73
$\prod_{fs}$	837.27	820.72	805.66	791.90	779.28	767.67	756.95	747.03

表 5.27　成本分担契约激励情形下，不同 b_s 时的变量值（γ_s =0.6）

变量	b_s							
	0.20	0.40	0.60	0.80	1.00	1.20	1.40	1.60
q_c	702.78	704.79	706.69	708.47	710.16	711.76	713.28	714.72
w_{sc}	1.24	1.32	1.38	1.43	1.46	1.49	1.52	1.54
$\mu_{sc}(q_0)$	176.48	183.06	189.64	196.21	202.77	209.34	215.89	222.45
$\mu_{fc}(w_{s0})$	1057.82	939.04	849.98	780.71	725.31	679.99	642.23	610.28
μ_{sfc}	1234.30	1122.11	1039.62	976.92	928.08	889.32	858.12	832.73
$\prod_{sc}$	176.48	183.06	189.64	196.21	202.77	209.34	215.89	222.45
$\prod_{fc}$	753.82	700.43	660.49	629.53	604.84	584.70	567.98	553.87
$\prod_{fsc}$	930.31	883.49	850.13	825.74	807.61	794.04	783.87	776.32

表 5.28　成本分担契约激励情形下，不同 ε 时的变量值

变量	ε							
	0.3	0.4	0.5	0.6	0.7	0.8	0.9	1
q_c	1830.57	1447.02	1196.36	1019.71	888.52	787.24	706.69	641.09
w_{sc}	0.18	0.54	0.79	0.98	1.14	1.27	1.38	1.48
$\mu_{sc}(q_c)$	-506.16	-61.00	119.40	190.92	211.89	207.48	189.64	164.49
$\mu_{fc}(w_{sc})$	2018.06	1584.86	1313.17	1131.46	1005.00	914.89	849.98	803.24
μ_{sfc}	1511.90	1523.85	1432.58	1322.38	1216.89	1122.37	1039.62	967.73

（1）成本分担契约下分销商相对公平关切程度对企业决策和绩效的影响

由表 5.22 和表 5.23，得图 5.29 和图 5.30。

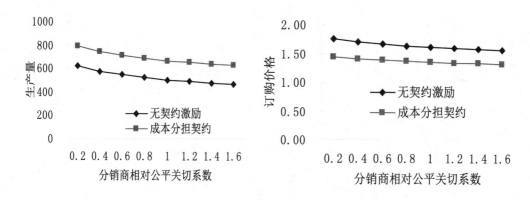

图5.29　订购价格和生产量与分销商相对公平关切系数关系

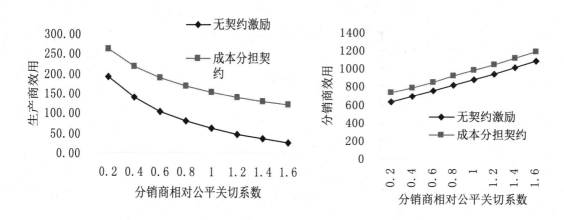

图5.30　生产商和分销商效用与分销商相对公平关切系数关系

由图 5.29 可知，在无契约激励情形下，生产商的生产量和分销商订购价格随着生产商相对公平关切程度的增加而减小。由图 5.30 可知，生产商的效用随着分销商相对公平

关切程度的增加而减小，而分销商的效用随着分销商相对公平关切程度的增加而增加。生产商的效用和分销商效用均大于无契约情形下的效用，分销商考虑相对公平关切，给自身带来有利的影响，而给生产商带来不利的影响。

由表 5.23 和表 5.24 可知，随着分销商相对公平关切程度的增加，分销商和生产商的利润均减小，而生产商的利润减小幅度大于分销商减小的幅度，即分销商相对公平关切利润的参照点在减小，因此给分销商带来的不公平负效用在减小，使得分销商效用增加。

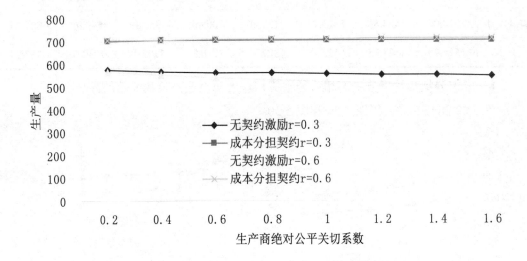

图5.31 生产量与生产商绝对公平关切系数关系

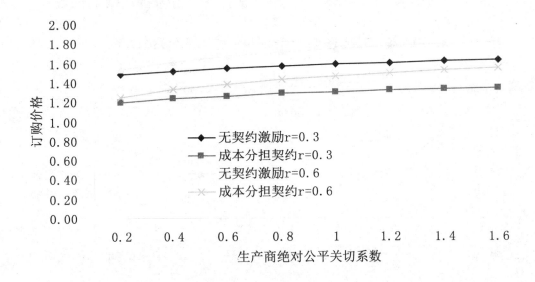

图5.32 订购价格与生产商绝对公平关切系数关系

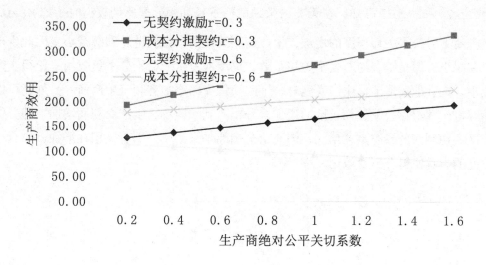

图5.33 生产商效用与生产商绝对公平关切系数关系

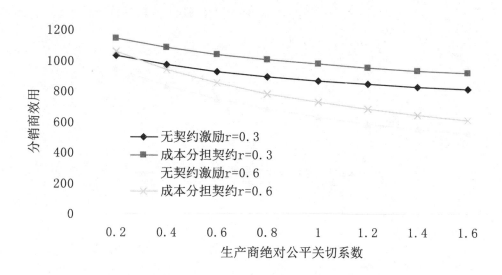

图5.34 分销商效用与生产商绝对公平关切系数关系

由图 5.31 和图 5.32 可知，在无契约激励情形下，生产商的生产量随着生产商绝对公平关切程度的增加而降低，而订购价格随着生产商绝对公平关切程度的增加而增加；还可以看出，在成本分担契约激励情形下，生产商的生产量和订购价格均随着生产商绝对公平关切程度的增加而增加。由图 5.33 和图 5.34 可知，在利润分配比例较低的情形下，生产商的效用随着生产商绝对公平关切程度的增加而增加，分销商的效用随着生产商绝对公平关切程度的增加而减小。因此，可以看出生产商考虑绝对公平关切，并不一定给自身带来有利的影响，但能对分销商产生不利的影响。还可以发现，成本分担契约情形下企业的效用大于无契约情形下企业的效用。

由表 5.24 和表 5.27 可知，在无契约激励情形下且利润分配比例较高时（如 γ_s =0.6），随着生产商绝对公平关切程度的增加，生产商利润提高，供应链总利润减小，因此生产商参考点在减小，但是结合绝对公平关切系数，仍增加了生产商不公平负效用，使得生产商效用减小。在其他情形下，生产商绝对公平关切程度的增加有利于生产商。另外还可以发现，随着生产商绝对公平关切程度的增加，分销商利润减小，生产商利润增加，即分销商相对公平关切利润的参照点在增加，因此给分销商带来的不公平负效用在增加，结合公平关切程度的影响使得分销商效用减小。

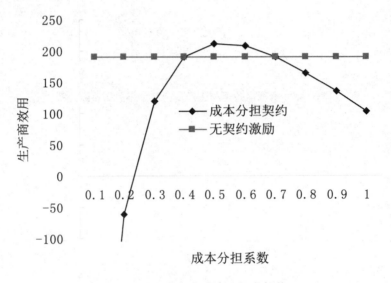

图5.35　生产商效用与成本分担系数关系

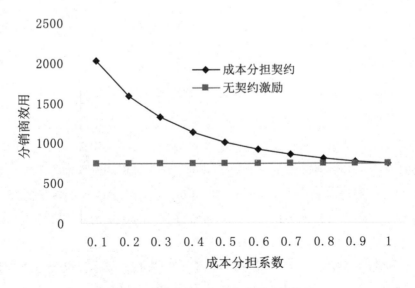

图5.36　分销商效用与成本分担系数关系

由图 5.35 和图 5.36 可知，当成本分担系数在一定的区间时，在成本分担契约情形下分销商和生产商获得的效用大于无契约激励情形下的效用。从图 5.35 可看到，在一定的区间内随着成本分担系数的增加，生产商的效用先增加而后下降；从图 5.36 可看到，分销商的效用随着成本分担系数的增加而下降。

6. 公平关切信息不对称的分销商主导供应链决策与管理策略研究

　　第3章、第4章、第5章是在公平关切信息的情形下，研究决策者的公平关切程度对供应链的影响。但在现实生活中，公平关切信息往往是私人信息，一个企业可能并不知道其他企业决策者的公平关切信息，我们把此现象称为，信息不对称。供应链信息不对称通常是指在供应链活动中，不同的企业成员对相关信息的掌握程度是存在差异的。由于信息不对称导致企业的决策发生变化，它对整个供应链的影响主要体现在企业的定价、订货与生产决策方面。如果主导企业的定价策略出现浮动，下游和上游企业的订货和生产决策也将随之变化，那么，整个供应链成本将出现波动。少数企业之间的信息不对称现象可能在其他企业间充分叠加，导致信息不对称对整个供应链的影响产生由量变到质变的过程，也就是所谓的"蝴蝶效应"。与此同时，在信息对称情形下能够发挥激励作用的供应链契约可能在信息不对称情形下就不一定适用了。为此，在信息不对称情形下的供应链决策和激励问题成为供应链管理理论的重要分支。所以，基于公平关切信息不对称背景下供应链决策问题值得深入研究。与此同时，通过设计收益共享契约、回购契约和成本分担契约参数来缓解信息不对称对供应链可能造成的负面影响，使得缺乏信息的一方利益最大化，以及实现每个成员自身效用的增加成为本章研究的重要内容。

　　公平关切信息不对称情形，可以分为以下四种情况：一是分销商知道零售商的公平关切信息，而零售商不知道分销商的公平关切信息；二是分销商不知道零售商的公平关切信息，而零售商也不知道分销商的公平关切信息；三是分销商知道生产商的公平关切信息，而生产商不知道分销商的公平关切信息；四是分销商不知道生产商的公平关切信息，而生产商也不知道分销商的公平关切信息。限于篇幅的原因，不考虑公平关切互异情形，且本章将仅讨论在公平关切分销商不知道零售商和生产商的公平关切信息，而零售商和生产商知道分销商的公平关切信息情形下的两类以分销商为主导的简化供应链决策与激励问题。

　　基于博弈模型，针对分销商不知道零售商的公平关切信息，而零售商知道分销商的公平关切信息的情况，分别从无契约激励、收益共享契约和回购契约，探讨零售商的公平关切信息对零售商最优订货策略、分销商最优定价策略，以及零售商绩效和分销商绩效的影响。

　　基于博弈模型，针对分销商不知道生产商的公平关切信息，而生产商知道分销商的公平关切信息的情况，分别从无契约激励和成本分担契约探讨生产商的公平关切信息对生产商最优生产策略、分销商最优定价策略，以及生产商绩效和分销商绩效的影响。

6.1 相对公平关切信息不对称供应链决策与管理策略研究

6.1.1 零售商相对公平关切信息不对称供应链决策与管理策略研究

本节探讨由一个相对公平关切零售商与一个相对公平关切分销商组成的二级供应链情形（如图6.1），当分销商不知道零售商的相对公平关切程度时，研究公平关切信息不对称对分销商的最优定价策略、零售商的最优订货策略以及企业绩效的影响，建立基于收益共享契约和回购契约的供应链决策和激励模型，并对该模型中的零售商和分销商的决策行为进行分析。

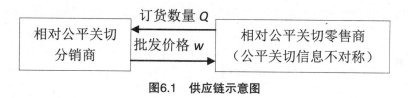

图6.1 供应链示意图

假设零售商面对随机市场需求 X，其概率密度函数为 $f(x)$，分布函数为 $F(x)$，均值为 μ，零售商单位产品价格为 p，剩余产品单位残值为 v，分销商的单位产品成本为 c，单位产品批发价格为 w，零售商订货量为 Q，基于理性假设 $p > w > c > v$。

在非对称信息情形下，分销商估计零售商的相对公平关切系数 a_r 服从某个分布，其密度函数为 $g(a_r)$，分布函数为 $G(a_r)$，其他参数信息为分销商和零售商的共有信息，分销商根据零售商公平关切系数的分布确定零售商不真实的订货量 Q_0，从而制定自己的批发价格 w_1；零售商根据分销商的批发价格 w_1 和自身实际的公平关切系数 a_{r0}，确定真实的订货量 Q_1。

6.1.1.1 无契约分散决策分析

1）分销商的定价决策

由 3.1.1 节可知，零售商真实的期望效用为：

$$\mu_r = (1+a_{r0})[(p-w)Q - (p-v)\int_0^Q F(x)dx] - a_{r0}(wQ - cQ) \qquad (6.1)$$

由于零售商的相对公平关切信息不对称，所以分销商认为零售商的期望效用应该为：

$$\mu_r = (1 + \int_0^{+\infty} a_r g(a_r) da_r)[(p-w)Q - (p-v)\int_0^Q F(x)dx] - \int_0^{+\infty} a_r g(a_r) da_r (wQ - cQ)$$

零售商的期望效用 μ_r 对 Q 求导数，可得：

$$\frac{d\mu_r}{dQ} = (1 + \int_0^{+\infty} a_r g(a_r) da_r)[(p-w) - (p-v)F(Q)] - (w-c)\int_0^{+\infty} a_r g(a_r) da_r$$

由于 $\frac{d^2\mu_r}{dQ^2} = -(1 + \int_0^{+\infty} a_r g(a_r) da_r)(p-v)f(Q) < 0$，因此，令 $\frac{d\mu_r}{dQ} = 0$，得到分销

商推断零售商的最优订货量 Q_0 为：

$$Q_0 = F^{-1}(\frac{(1 + \int_0^{+\infty} a_r g(a_r) da_r)(p-w) - \int_0^{+\infty} a_r g(a_r) da_r (w-c)}{(1 + \int_0^{+\infty} a_r g(a_r) da_r)(p-v)}) \quad （6.2）$$

分销商根据所推断零售商的最优订货量 Q_0，制定最优的批发价格 w，则分销商的效用为：

$$\begin{aligned}\mu_f &= (1 + a_f)\prod_f - a_f E(\prod_r) \\ &= (1 + a_f)(w-c)Q_0 - a_f[(p-w)Q_0 - (p-v)\int_0^{Q_0} F(x)dx]\end{aligned} \quad （6.3）$$

分销商的效用 μ_f 对 w 求导数可得：

$$\frac{d\mu_f}{dw} = (1 + a_f)[(w-c)\frac{dQ_0}{dw} + Q_0] - a_f[(p-w)\frac{dQ_0}{dw} - Q_0 - (p-v)F(Q_0)\frac{dQ_0}{dw}]$$

令 $\frac{d\mu_f}{dw} = 0$，可得：

$$(1 + a_f)[(w-c)\frac{dQ_0}{dw} + Q_0] - a_f[(p-w)\frac{dQ_0}{dw} - Q_0 - (p-v)F(Q_0)\frac{dQ_0}{dw}] = 0 \quad （6.4）$$

其中 $\frac{dQ_0}{dw}$ 可以由式（6.2）通过隐函数求导得到：

$$\frac{dQ_0}{dw} = \frac{-(1 + 2\int_0^{+\infty} a_r g(a_r) da_r)}{(1 + \int_0^{+\infty} a_r g(a_r) da_r)(p-v)f(Q_0)}$$

并代入式（6.4），得到分销商在信息不对称情形下的最优批发价格 w_1。

2）零售商的订货决策

零售商根据分销商的批发价格 w_1 和自身真实的公平关切系数 a_{r0}，制定最优订货决

策。由式（6.1）可知，公平关切零售商真实的期望效用为：

$$\mu_r = (1+a_{r0})[(p-w_1)Q-(p-v)\int_0^Q F(x)dx]-a_{r0}(w_1Q-cQ)$$

零售商的期望效用 μ_r 对 Q 求导数，可得：

$$\frac{d\mu_r}{dQ} = (1+a_{r0})[(p-w_1)-(p-v)F(Q)]-(w_1-c)a_{r0}$$

很显然，$\frac{d^2\mu_r}{dQ^2}<0$，令 $\frac{d\mu_r}{dQ}=0$，得到零售商真实的订货量 Q_1 为：

$$Q_1 = F^{-1}(\frac{(1+a_{r0})(p-w_1)-a_{r0}(w_1-c)}{(1+a_{r0})(p-v)})$$

将零售商真实的最优订货量 Q_1 和分销商的最优批发价格 w_1 代入式（6.1）和式（6.3），分别得到信息非对称情形下相对公平关切零售商的期望效用 $\mu_r(Q_1)$ 和相对公平关切分销商的效用 $\mu_f(w_1)$，以及供应链总期望效用 $\mu_{rf}(Q_1,w_1)=\mu_r(Q_1)+\mu_f(w_1)$。

6.1.1.2 基于收益共享契约的决策分析

在非对称信息情形下，用 d 代表收益共享契约供应链，分销商是否能够通过收益共享契约提高零售商和分销商绩效呢？

1）分销商的定价决策

由 3.1.2 节可知，在收益共享契约情形下，零售商真实的期望效用为：

$$\mu_{rd} = (1+a_{r0})[\phi(pQ-(p-v)\int_0^Q F(x)dx)-wQ]-a_{r0}[(w-c)Q$$
$$+(1-\phi)(pQ-(p-v)\int_0^Q F(x)dx)] \quad (6.5)$$

由于零售商的相对公平关切信息不对称，因此分销商认为零售商的期望效用应该为：

$$\mu_{rd} = (1+\int_0^{+\infty} a_r g(a_r)da_r)[\phi(pQ-(p-v)\int_0^Q F(x)dx)-wQ]-\int_0^{+\infty} a_r g(a_r)da_r[(w-c)Q$$
$$+(1-\phi)(pQ-(p-v)\int_0^Q F(x)dx)]$$

零售商的期望效用 μ_{rd} 对 Q 求导数可得：

$$\frac{d\mu_{rd}}{dQ} = (1 + \int_0^{+\infty} a_r g(a_r) da_r)[\phi(p - (p-v)F(Q)) - w] - \int_0^{+\infty} a_r g(a_r) da_r [(w-c)$$

$$+ (1-\phi)(p - (p-v)F(Q))]$$

$$= [\phi(1 + \int_0^{+\infty} a_r g(a_r) da_r) - (1-\phi)\int_0^{+\infty} a_r g(a_r) da_r][p - (p-v)F(Q)]$$

$$- (1 + 2a_r)w + c\int_0^{+\infty} a_r g(a_r) da_r$$

当 $\phi > \dfrac{1}{1/\int_0^{+\infty} a_r g(a_r) da_r + 2}$，$\dfrac{d^2\mu_{rd}}{dQ^2} < 0$，$\mu_{rd}$ 是关于 Q 的严格凹函数，存在唯一

最优订货量，记为 Q_{0d}。因此，令 $\dfrac{d\mu_{rd}}{dQ} = 0$，得到收益共享契约下，分销商推断零售商

的最优订货量 Q_{0d} 为：

$$Q_{0d} = F^{-1}\left(\frac{p}{p-v} - \frac{(1 + 2w\int_0^{+\infty} a_r g(a_r) da_r) - c\int_0^{+\infty} a_r g(a_r) da_r}{[\phi(1 + \int_0^{+\infty} a_r g(a_r) da_r) - (1-\phi)\int_0^{+\infty} a_r g(a_r) da_r](p-v)}\right) \quad (6.6)$$

分销商根据所推断零售商的最优订货量 Q_{0d} 来确定最优的批发价格 w，在收益共享契约下，分销商的效用为：

$$\mu_{fd} = (1 + a_f)[(w-c)Q_{0d} + (1-\phi)(pQ_{0d} - (p-v)\int_0^{Q_{0d}} F(x)dx)]$$

$$- a_f[\phi(pQ_{0d} - (p-v)\int_0^{Q_{0d}} F(x)dx) - wQ_{0d}] \quad (6.7)$$

分销商的效用 μ_{fd} 对 w 求导数可得：

$$\frac{d\mu_{fd}}{dw} = (1 + a_f)[(w-c)\frac{dQ_{0d}}{dw} + Q_{0d} + (1-\phi)(p\frac{dQ_{0d}}{dw} - (p-v)F(Q_{0d})\frac{dQ_{0d}}{dw})]$$

$$- a_f[\phi(p\frac{dQ_{0d}}{dw} - (p-v)F(Q_{0d})\frac{dQ_{0d}}{dw}) - w\frac{dQ_{0d}}{dw} - Q_{0d}]$$

令 $\dfrac{d\mu_{fd}}{dw} = 0$，可得：

$$(1 + a_f)[(w-c)\frac{dQ_{0d}}{dw} + Q_{0d} + (1-\phi)(p\frac{dQ_{0d}}{dw} - (p-v)F(Q_{0d})\frac{dQ_{0d}}{dw})]$$

$$- a_f[\phi(p\frac{dQ_{0d}}{dw} - (p-v)F(Q_{0d})\frac{dQ_{0d}}{dw}) - w\frac{dQ_{0d}}{dw} - Q_{0d}] = 0 \quad (6.8)$$

其中 $\dfrac{dQ_{0d}}{dw}$ 可以由式（6.6）通过隐函数求导得到：

$$\frac{dQ_{0d}}{dw} = -\frac{1+2\int_0^{+\infty} a_r g(a_r) da_r}{[\phi(1+\int_0^{+\infty} a_r g(a_r) da_r)-(1-\phi)\int_0^{+\infty} a_r g(a_r) da_r](p-v)f(Q)}$$

并代入式（6.8），求解得到信息非对称情形下分销商的最优批发价格 w_{1d}。

2）零售商的订货决策

零售商根据分销商的批发价格 w_{1d} 和自身真实的公平关切系数 a_{r0}，制定自己的最优订货决策。

相对公平关切零售商真实的期望效用为：

$$\mu_{rd} = (1+a_{r0})[\phi(pQ-(p-v)\int_0^Q F(x)dx)-w_{1d}Q]-a_{r0}[(w_{1d}-c)Q$$
$$+(1-\phi)(pQ-(p-v)\int_0^Q F(x)dx)]$$

零售商的期望效用 μ_{rd} 对 Q 求导数可得：

$$\frac{d\mu_{rd}}{dQ} = [\phi(1+a_{r0})-(1-\phi)a_{r0}][p-(p-v)F(Q)]-(1+2a_r)w_{1d}+ca_{r0}$$

当 $\phi > \dfrac{a_{r0}}{1+2a_{r0}}$，则 $\dfrac{d^2\mu_{rd}}{dQ^2} < 0$，$\mu_{rd}$ 是关于 Q 的严格凹函数，存在唯一最优订货量，记为 Q_{1d}，令 $\dfrac{d\mu_{rd}}{dQ}=0$。因此，零售商真实的最优订货为：

$$Q_{1d} = F^{-1}(\frac{p}{p-v}-\frac{(1+2a_{r0})w_{1d}-a_{r0}c}{[\phi(1+a_{r0})-(1-\phi)a_{r0}](p-v)})$$

在收益共享契约情形下，将零售商真实的最优订货量 Q_{1d} 和分销商的最优批发价格 w_{1d} 代入式（6.5）和式（6.7）。分别得到信息非对称情形下相对公平关切零售商的期望效用 $\mu_{rd}(Q_{1d})$ 和相对公平关切分销商的效用 $\mu_{fd}(w_{1d})$，以及供应链总期望效用 $\mu_{rfd}(Q_{1d}, w_{1d}) = \mu_{rd}(Q_{1d}) + \mu_{fd}(w_{1d})$。

6.1.1.3 基于回购契约的决策分析

在非对称信息情形下，分销商采用回购契约，用 h 代表回购契约供应链。在回购契约供应链中，分销商在销售期末将零售商未销售出的产品以 h（w>h>v）价格回购。研究分销商是否在非对称信息情形下可以通过回购契约提高分销商和零售商的绩效。

1）分销商的定价决策

由 3.1.3 节可知，在回购契约情形下，零售商真实的期望效用为：

$$
\begin{aligned}
\mu_{rh} = &(1+a_{r0})[(p-w)Q-(p-h)\int_0^Q F(x)dx] \\
&-a_{r0}[(w-c)Q-(h-v)Q\int_0^Q f(x)dx+(h-v)\int_0^Q xf(x)dx]
\end{aligned}
\tag{6.9}
$$

由于信息不对称，分销商推断零售商的期望效用应该为：

$$
\begin{aligned}
\mu_{rh} = &(1+\int_0^{+\infty} a_r g(a_r)da_r)[(p-w)Q-(p-h)\int_0^Q F(x)dx] \\
&-\int_0^{+\infty} a_r g(a_r)da_r[(w-c)Q-(h-v)Q\int_0^Q f(x)dx+(h-v)\int_0^Q xf(x)dx]
\end{aligned}
$$

相对公平关切零售商的目标是在分销商给定回购契约参数的情形下，确定最优订货量使其期望效用最大，对 Q 求导数可得：

$$
\begin{aligned}
\frac{d\mu_{rh}}{dQ} = &(1+\int_0^{+\infty} a_r g(a_r)da_r)[(p-w)-(p-h)F(Q)] \\
&-\int_0^{+\infty} a_r g(a_r)da_r[(w-c)-(h-v)F(Q)-(h-v)Qf(Q)+(h-v)Qf(Q)]
\end{aligned}
$$

当 $\dfrac{1}{1/\int_0^{+\infty} a_r g(a_r)da_r+1}<\dfrac{p-h}{h-v}$，则 $\dfrac{d^2\mu_{rh}}{dQ^2}<0$，$\mu_{rh}$ 是关于 Q 的严格凹函数，存在唯一最优订货量，记为 Q_{0h}，因此，令 $\dfrac{d\mu_{rd}}{dQ}=0$，得到回购契约下，分销商推断零售商的最优订货量 Q_{0h} 为：

$$
Q_{0h} = F^{-1}\left(\frac{(1+\int_0^{+\infty} a_r g(a_r)da_r)(p-w)-\int_0^{+\infty} a_r g(a_r)da_r(w-c)}{(1+\int_0^{+\infty} a_r g(a_r)da_r)(p-h)-\int_0^{+\infty} a_r g(a_r)da_r(h-v)}\right)
\tag{6.10}
$$

分销商根据推断零售商的最优订货量 Q_{0h}，确定批发价格 w。由于分销商也为相对公平关切，因此分销商的期望效用为：

$$
\begin{aligned}
\mu_{fh} = &(1+a_f)[(w-c)Q_{0h}-(h-v)Q_{0h}\int_0^{Q_{0h}} f(x)dx+(h-v)\int_0^{Q_{0h}} xf(x)dx] \\
&-a_f[(p-w)Q_{0h}-(p-h)\int_0^{Q_{0h}} F(x)dx]
\end{aligned}
\tag{6.11}
$$

分销商的期望效用 μ_{fh} 对 w 求导数可得：

$$\frac{d\mu_{fh}}{dw} = (1+a_f)[(w-c)\frac{dQ_{0h}}{dw} + Q_{0h} - (h-v)F(Q_{0h})]$$

$$-a_f[(p-w)\frac{dQ_{0h}}{dw} + Q_{0h} - (p-h)F(Q_{0h})]$$

令 $\dfrac{d\mu_{fh}}{dw} = 0$，可得：

$$(1+a_f)[(w-c)\frac{dQ_{0h}}{dw} + Q_{0h} - (h-v)F(Q_{0h})]$$

$$-a_f[(p-w)\frac{dQ_{0h}}{dw} + Q_{0h} - (p-h)F(Q_{0h})] = 0$$ （6.12）

式（6.12）的解为相对公平关切分销商的最优批发价格 w_{1h}，其中 $\dfrac{dQ_{0h}}{dw}$ 可以由式（6.10）通过隐函数求导得到：

$$\frac{dQ}{dw} = \frac{-(1+2\int_0^{+\infty}a_r g(a_r)da_r)}{[(1+\int_0^{+\infty}a_r g(a_r)da_r)(p-h) - \int_0^{+\infty}a_r g(a_r)da_r(h-v)]f(Q)}$$

2）零售商的订货决策

零售商根据分销商的批发价格 w_{1h} 和自身真实的公平关切系数 a_{r0}，制定最优订货决策。

相对公平关切零售商真实的期望效用为：

$$\mu_{rh} = (1+a_{r0})[(p-w_{1h})Q - (p-h)\int_0^Q F(x)dx]$$

$$-a_{r0}[(w_{1h}-c)Q - (h-v)Q\int_0^Q f(x)dx + (h-v)\int_0^Q xf(x)dx]$$

零售商期望效用对 Q 求导数可得：

$$\frac{d\mu_{rh}}{dQ} = (1+a_{r0})[(p-w_{1h}) - (p-h)F(Q)]$$

$$-a_{r0}[(w_{1h}-c) - (h-v)F(Q) - (h-v)Qf(Q) + (h-v)Qf(Q)]$$

当 $\dfrac{a_{r0}}{1+a_{r0}} < \dfrac{p-h}{h-v}$，则 $\dfrac{d^2\mu_{rh}}{dQ^2} < 0$，$\mu_{rh}$ 是关于 Q 的严格凹函数，存在唯一最优订货量，记为 Q_{1h}，令 $\dfrac{d\mu_{rh}}{dQ} = 0$。因此，零售商真实的最优订货量为：

$$Q_{1h} = F^{-1}\left(\frac{(1+a_{r0})(p-w_{1h})-a_{r0}(w_{1h}-c)}{(1+a_{r0})(p-h)-a_{r0}(h-v)}\right)$$

在回购契约情形下，将零售商真实的最优订货量 Q_{1h} 和分销商的最优批发价格 w_{1h} 代入式（6.9）和式（6.11）。分别得到信息非对称情形下相对公平关切零售商的期望效用 $\mu_{rh}(Q_{1h})$ 和相对公平关切分销商的期望效用 $\mu_{fh}(w_{1h})$，以及供应链总期望效用 $\mu_{rfh}(Q_{1h}, w_{1h}) = \mu_{rh}(Q_{1h}) + \mu_{fh}(w_{1h})$。

6.1.2　生产商相对公平关切信息不对称供应链决策与管理策略研究

本节探讨由一个相对公平关切生产商与一个相对公平关切分销商组成的二级供应链情形（如图 6.2），分销商不知道生产商的相对公平关切系数，分销商估计生产商的相对公平关切系数 a_s 服从某个分布，其密度函数为 $g(a_s)$，分布函数为 $G(a_s)$，其他参数信息为分销商和生产商的共有信息，分销商根据生产商相对公平关切系数 a_s 的分布确定生产商不真实的生产量 q_0，从而确定订购价格 w_{s1}，生产商根据分销商的订购价格 w_{s1} 和自身实际的公平关切系数 a_{s0}，确定真实的生产量 q_1，其他假设和符号与 3.2 节一致。

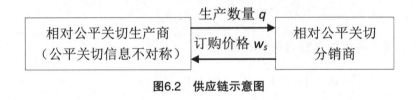

图6.2　供应链示意图

6.1.2.1　无契约分散决策分析

1）分销商的定价决策

由 3.2.1 可知，生产商真实的效用为：

$$\mu_s = (1+a_{s0})(wq-c_0-c_1q-c_2q^2)-a_{s0}(p-w)q \qquad （6.13）$$

因为分销商不确定生产商的相对公平关切信息，所以分销商推断生产商的效用应该为：

$$\mu_s = (1+\int_0^{+\infty} a_s g(a_s)da_s)(wq-c_0-c_1q-c_2q^2)-(p-w)q\int_0^{+\infty} a_s g(a_s)da_s$$

生产商的效用 μ_s 对 q 求导数，可得：

$$\frac{d\mu_s}{dq} = (1+\int_0^{+\infty} a_s g(a_s)da_s)(w_s-c_1-2c_2q)-\int_0^{+\infty} a_s g(a_s)da_s(p_s-w_s)$$

由于 $\dfrac{d^2\mu_s}{dq^2} = -2c_2(1+\int_0^{+\infty} a_s g(a_s)da_s) < 0$ ，因此，令 $\dfrac{d\mu_s}{dq} = 0$ ，得到分销商推断生

产商的最优生产量 q_0 为：

$$q_0 = \frac{w-c_1}{2c_2} - \frac{(p-w)\int_0^{+\infty} a_s g(a_s)da_s}{2c_2(1+\int_0^{+\infty} a_s g(a_s)da_s)} \tag{6.14}$$

分销商根据所推断的生产量 q_0 ，制定自身的订购价格 w_{s1} 。由于分销商也为相对公平
关切，其效用为：

$$\mu_f = (1+a_f)(p_s q_0 - w_s q_0) - a_f(w_s q_0 - c_0 - c_1 q_0 - c_2 q_0^2) \tag{6.15}$$

为求使得其效用最大的订购价格，分销商效用 μ_f 对 w_s 求导数可得：

$$\frac{d\mu_f}{dw_s} = (1+a_f)(p_s - w_s)\frac{dq_0}{dw_s} - (1+a_f)q_0 - a_f(q_0 + w_s\frac{dq_0}{dw_s} - c_1\frac{dq_0}{dw_s} - 2c_2\frac{dq_0}{dw_s}) \tag{6.16}$$

其中 $\dfrac{dq_0}{dw_s}$ 可以由式（6.14）通过求导得到：

$$\frac{dq_0}{dw_s} = \frac{1}{2c_2} + \frac{\int_0^{+\infty} a_s g(a_s)da_s}{2c_2(1+\int_0^{+\infty} a_s g(a_s)da_s)}$$

并代入式（6.16），求解得到信息非对称情形下分销商的最优订购价格 w_{s1} 。

2）生产商的生产决策

生产商根据分销商的订购价格 w_{s1} 和自身真实的公平关切系数 a_{s0} ，制定最优生产决
策。公平关切生产商真实的效用为：

$$\mu_s = (1+a_{s0})(w_{s1}q - c_0 - c_1 q - c_2 q^2) - a_{s0}(p - w_{s1})q$$

生产商的效用 μ_s 对 q 求导数，可得：

$$\frac{d\mu_s}{dq} = (1+a_{s0})(w_{s1} - c_1 - 2c_2 q) - a_{s0}(p_s - w_{s1})$$

由于 $\dfrac{d^2\mu_s}{dq^2} = -2c_2(1+a_{s0}) < 0$ ，令 $\dfrac{d\mu_s}{dq} = 0$ ，得到生产商真实的生产量 q_1 为：

$$q_1 = \frac{w_{s1} - c_1}{2c_2} - \frac{a_0(p - w_{s1})}{2c_2(1+a_0)}$$

将生产商真实的最优生产量 q_1 和分销商的最优订购价格 w_{s1} 代入式（6.13）和式（6.15），分别得到信息非对称情形下相对公平关切生产商的效用 $\mu_s(q_1)$ 和相对公平关切分销商的效用 $\mu_f(w_{s1})$，以及供应链效用 $\mu_{sf} = \mu_s(q_1) + \mu_f(w_{s1})$。

6.1.2.2 基于成本分担契约的决策分析

在信息非对称情形下，处于主导地位的分销商能否通过成本分担契约提高生产商和分销商的绩效呢？用 c 代表分散决策下的成本分担契约供应链。在成本分担契约供应链中，分销商承诺承担 $1-\varepsilon$ 比例的生产成本。

1）分销商定价决策

由 3.2.2 可知，在成本分担契约情形下，生产商真实的效用为：

$$\mu_{sc} = (1+a_{s0})[w_sq - \varepsilon c_0 - \varepsilon c_1q - \varepsilon c_2q^2] - a_{s0}[(p_s-w_s)q \\ -(1-\varepsilon)c_0 - (1-\varepsilon)c_1q - (1-\varepsilon)c_2q^2] \tag{6.17}$$

由于信息不对称，分销商推断生产商的效用为：

$$\mu_{sc} = (1+\int_0^{+\infty} a_sg(a_s)da_s)[w_sq - \varepsilon c_0 - \varepsilon c_1q - \varepsilon c_2q^2] - \int_0^{+\infty} a_sg(a_s)da_s[(p_s-w_s)q \\ -(1-\varepsilon)c_0 - (1-\varepsilon)c_1q - (1-\varepsilon)c_2q^2]$$

生产商效用 μ_{sc} 对 q 求导数可得：

$$\frac{d\mu_{sc}}{dq} = (1+\int_0^{+\infty} a_sg(a_s)da_s)[w_s - \varepsilon c_1 - 2\varepsilon c_2q] - \int_0^{+\infty} a_sg(a_s)da_s[(p_s-w_s) \\ -(1-\varepsilon)c_1 - 2(1-\varepsilon)c_2q]$$

当 $\varepsilon > \dfrac{1}{2+1/\int_0^{+\infty} a_sg(a_s)da_s}$，则 $\dfrac{d^2\mu_{sc}}{dq^2} < 0$，存在唯一最优生产量。令 $\dfrac{d\mu_{sd}}{dQ} = 0$，可得分销商推断生产商的最优生产量：

$$q_c = \frac{(1+\int_0^{+\infty} a_sg(a_s)da_s)(w_s - \varepsilon c_1) - \int_0^{+\infty} a_sg(a_s)da_s[(p_s-w_s) - (1-\varepsilon)c_1]}{2(1+\int_0^{+\infty} a_sg(a_s)da_s)\varepsilon c_2 - 2(1-\varepsilon)c_2\int_0^{+\infty} a_sg(a_s)da_s} \tag{6.18}$$

根据所推断生产商的最优生产量 q_{0c}，分销商便能确定价格 w_{s1c}。由于分销商为相对公平关切，因此分销商效用为：

$$\mu_{fc} = (1+a_f)(w_sq - \varepsilon c_0 - \varepsilon c_1q - \varepsilon c_2q^2) - a_f[(p_s-w_s)q \\ -(1-\varepsilon)c_0 - (1-\varepsilon)c_1q - (1-\varepsilon)c_2q^2] \tag{6.19}$$

为求使得其效用最大的订购价格，分销商效用 μ_{fc} 对 w_s 求导数可得：

$$\frac{d\mu_{fc}}{dw_s} = (1+a_f)(w_s\frac{dq}{dw}+q-\varepsilon c_1\frac{dq}{dw}-2\varepsilon c_2\frac{dq}{dw})-a_f[(p_s-w_s)\frac{dq}{dw}-q$$
$$-(1-\varepsilon)c_1(p_s-w_s)q-2(1-\varepsilon)c_2(p_s-w_s)q]$$

令 $\frac{d\mu_{fc}}{dw_s}=0$，可得：

$$(1+a_f)(w_s\frac{dq}{dw}+q-\varepsilon c_1\frac{dq}{dw}-2\varepsilon c_2\frac{dq}{dw})-a_f((p_s-w_s)\frac{dq}{dw}-q \qquad （6.20）$$
$$-(1-\varepsilon)c_1(p_s-w_s)q-2(1-\varepsilon)c_2(p_s-w_s)q)=0$$

其中 $\frac{dq}{dw_s}$ 可以由式（6.18）通过求导得到：

$$\frac{dq}{dw_s}=\frac{1+2\int_0^{+\infty}a_sg(a_s)da_s}{2(1+\int_0^{+\infty}a_sg(a_s)da_s)\varepsilon c_2-2\int_0^{+\infty}a_sg(a_s)da_s(1-\varepsilon)c_2}$$

并代入式（6.20），求解得到信息非对称情形下分销商的最优订购价格 w_{s1}。

2）生产商生产决策

生产商根据分销商的订购价格 w_{s1c} 和自身真实的相对公平关切系数 a_{s0}，制定最优生产决策。

相对公平关切生产商真实的效用为：

$$\mu_{sc}=(1+a_{s0})[w_{s1c}q-\varepsilon c_0-\varepsilon c_1 q-\varepsilon c_2 q^2]-a_{s0}[(p_s-w_{s1c})q$$
$$-(1-\varepsilon)c_0-(1-\varepsilon)c_1 q-(1-\varepsilon)c_2 q^2]$$

生产商效用 μ_{sc} 对 q 求导数可得：

$$\frac{d\mu_{sc}}{dq}=(1+a_{s0})[w_{s1c}-\varepsilon c_1-2\varepsilon c_2 q]-a_{s0}[(p_s-w_{s1c})$$
$$-(1-\varepsilon)c_1-2(1-\varepsilon)c_2 q]$$

当 $\varepsilon>\frac{1}{2+1/a_{s0}}$，则 $\frac{d^2\mu_{sc}}{dq^2}<0$，存在唯一最优生产量，令 $\frac{d\mu_{sc}}{dq}=0$，可得生产商真实的最优生产量：

$$q_{1c}=\frac{(1+a_{s0})[w_{s1c}-\varepsilon c_1]-a_{s0}[(p_s-w_{s1c})-(1-\varepsilon)c_1]}{2(1+a_s)\varepsilon c_2-2a_s(1-\varepsilon)c_2}$$

在成本分担契约情形下，将生产商真实的最优生产量 q_{1c} 和分销商的最优订购价格 w_{s1c} 代入式（6.17）和式（6.19），得到信息非对称情形下相对公平关切生产商的效用 $\mu_{sc}(q_{1c})$ 和相对公平关切分销商的效用 $\mu_{fc}(w_{s1c})$，以及供应链整体效用为：$\mu_{sfc} = \mu_{sc}(q_{1c}) + \mu_{fc}(w_{s1c})$。

6.1.3 算例分析

针对收益共享契约和回购契约两种激励情形，通过具体算例分析，探讨在零售商和分销商均为相对公平关切时，相对公平关切信息不对称对供应链决策与绩效的影响。

6.1.3.1 零售商相对公平关切信息不对称情形下算例分析

假设供应链由一个相对公平关切零售商和一个相对公平关切分销商组成，分销商在此供应链中占主导地位，需求服从均匀分布 $X \sim U[2, 2000]$，$p=30$，$c=10$，$v=1$，$a_f=0.6$，零售商公平关切系数真实值为 $a_{r0}=0.8$。分销商估计零售商相对公平关切系数 a_r 服从均值不同的 7 个均匀分布，即 a_r：$U[0.1,0.3]$、a_r：$U[0.3,0.5]$、a_r：$U[0.5,0.7]$、a_r：$U[0.7,0.9]$、a_r：$U[0.9,1.1]$、a_r：$U[1.1,1.3]$ 和 a_r：$U[1.3,1.5]$。

为分析零售商相对公平关切系数估计值的变化对各变量的影响，在无契约情形下，随着估计值的变化，得到各变量的结果如表 6.1；在收益共享契约情形下，取收益共享系数为 $\phi=0.9$，随着零售商公平关切系数估计值的变化，得到结果如表 6.2，通过表 6.2 可以发现 $\phi=0.9$，能够对供应链的产生激励作用。

为分析在信息不对称情形下，收益共享系数 ϕ 对各变量的影响，取估计值为 $\overline{a}_r=1.2$，随着收益共享系数 ϕ 的变化得到表 6.3。

在回购契约情形下，取 h=8，随着零售商公平关切系数估计值的变化，得到结果如表 6.4。

为分析在信息不对称情形下，回购价格 h 对各变量的影响，取估计值为 $\overline{a}_r=1.2$，随着回购价格 h 的变化得到表 6.5。

表 6.1　无契约激励情形下，不同 $\overline{a}_r$ 时的变量值

变量	a_r						
	$U[0.1,0.3]$	$U[0.3,0.5]$	$U[0.5,0.7]$	$U[0.7,0.9]$	$U[0.9,1.1]$	$U[1.1,1.3]$	$U[1.3,1.5]$
$\overline{a}_r$	0.20	0.40	0.60	0.80	1.00	1.20	1.40
w_1	20.19	19.43	18.95	18.62	18.38	18.20	18.05
Q_1	363.91	439.79	487.63	520.49	544.43	562.62	576.90
$\mu_r(Q_1)$	1728.22	2524.09	3103.13	3535.43	3868.02	4130.83	4343.29
$\mu_f(w_1)$	4369.74	4689.06	4785.42	4804.56	4794.41	4773.10	4748.13
$E(\Pi_r)$	2608.73	3245.75	3663.89	3958.48	4176.81	4344.92	4478.23
Π_f	3709.36	4147.82	4364.84	4487.28	4562.81	4612.53	4646.92
μ_{rf}	6097.96	7213.15	7888.55	8340.00	8662.43	8903.93	9091.42

表 6.2　收益共享契约激励情形下，不同 $\overline{a}_r$ 时的变量值

变量	a_r						
	$U[0.1,0.3]$	$U[0.3,0.5]$	$U[0.5,0.7]$	$U[0.7,0.9]$	$U[0.9,1.1]$	$U[1.1,1.3]$	$U[1.3,1.5]$
$\overline{a}_r$	0.2	0.4	0.6	0.8	1	1.2	1.4
w_{1d}	17.55	16.77	16.27	15.93	15.69	15.50	15.35
Q_{1d}	384.22	474.90	532.33	571.93	600.87	622.93	640.30
$\mu_r(Q_{1d})$	1748.27	2538.00	3163.89	3652.15	4031.08	4332.52	4577.48
$\mu_f(w_{1d})$	4710.71	5127.40	5254.06	5279.38	5265.86	5237.40	5203.94
$E(\Pi_{rd})$	2669.08	3387.80	3860.61	4194.56	4442.67	4634.14	4786.30
Π_{fd}	3945.10	4475.05	4731.52	4872.57	4957.17	5011.18	5047.32
μ_{rfd}	6458.98	7665.40	8417.95	8931.52	9296.94	9569.91	9781.42

表 6.3　收益共享契约激励情形下，不同 ϕ 时的变量值

变量	ϕ						
	0.4	0.49	0.6	0.7	0.8	0.9	1
w_{1d}	4.11	5.63	7.96	10.34	12.87	15.50	18.20
Q_{1d}	1300.78	1101.39	915.80	792.27	697.59	622.93	562.62
$\mu_r(Q_{1d})$	2944.14	4130.83	4621.20	4641.73	4515.97	4332.52	4130.83
$\mu_f(w_{1d})$	10199.63	8725.69	7384.07	6498.16	5800.71	5237.40	4773.10
μ_{rfd}	13143.77	12856.52	12005.27	11139.90	10316.68	9569.91	8903.93

表 6.4　回购契约激励情形下，不同 $\overline{a}_r$ 时的变量值

变量	a_r						
	$U[0.1,0.3]$	$U[0.3,0.5]$	$U[0.5,0.7]$	$U[0.7,0.9]$	$U[0.9,1.1]$	$U[1.1,1.3]$	$U[1.3,1.5]$
$\overline{a}_r$	0.20	0.40	0.60	0.80	1.00	1.20	1.40
w_{1h}	466.18	587.93	665.48	719.21	758.64	788.82	812.65
Q_{1h}	20.80	20.00	19.49	19.14	18.89	18.69	18.53
$\mu_r(Q_{1h})$	1847.27	2938.14	3764.32	4396.72	4892.06	5288.97	5613.46
$\mu_f(w_{1h})$	5817.15	6417.66	6601.80	6638.85	6618.89	6576.66	6526.78
$E(\prod_{rh})$	3094.50	3977.00	4555.15	4963.06	5266.23	5500.42	5686.76
$\prod_{fh}$	4653.54	5275.57	5543.68	5670.98	5733.95	5764.73	5778.38
μ_{rfh}	7664.42	9355.81	10366.12	11035.57	11510.96	11865.63	12140.24

表 6.5　回购契约激励情形下，不同 h 时的变量值

变量	h					
	6	9	12.6	15	18.8	19
w_{1h}	18.51	18.80	19.33	19.92	21.90	22.09
Q_{1h}	707.84	836.46	1065.35	1292.58	1705.65	1692.92
$\mu_r(Q_{1h})$	4910.15	5492.40	6284.37	6599.49	4130.83	3869.09
$\mu_f(w_{1h})$	5935.74	6952.17	8725.69	10606.16	16143.79	16538.22
μ_{rfh}	10845.89	12444.56	15010.06	17205.64	20274.62	20407.30

（1）收益共享契约情形下，相对公平关切系数平均估计值对企业决策和绩效的影响
由表 6.1 和表 6.2 数据，得图 6.3 和图 6.4。

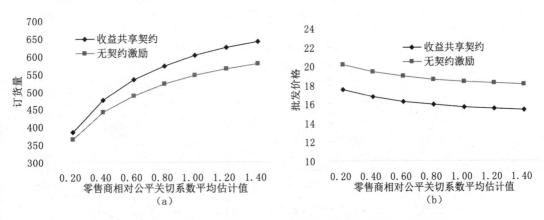

图6.3　订货量和批发价格与零售商相对公平关切系数平均估计值关系

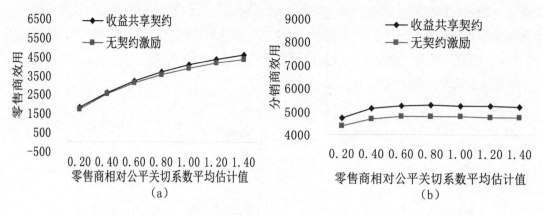

图6.4 零售商效用和分销商效用与零售商相对公平关切系数平均估计值关系

对于企业决策的影响，由图 6.3、表 6.1 和表 6.2 可知，在无契约激励和收益共享契约激励情形下，随着零售商相对公平关切系数平均估计值的增大，分销商降低批发价格，零售商减少了采购成本，进而增大了零售商订货数量；收益共享情形下订货量大于无契约情形下的订货量，批发价格低于无契约情形下的批发价格。

对于零售商和分销商绩效的影响，由图 6.4、表 6.1 和表 6.2 可知，在无契约激励和收益共享契约激励情形下，零售商效用均随着零售商公平关切系数平均估计值的增大而增加，在收益共享契约情形下，零售商的效用大于无契约情形下零售商的效用，且与无契约激励情形下零售商的效用差额也逐渐增大，也就是说当分销商高估零售商的相对公平关切系数时，收益共享契约对零售商能够发挥较大的激励作用；同时，在无契约激励和收益共享契约激励情形下，分销商效用均随着零售商公平关切系数平均估计值的增大，先增大而后减小，当分销商准确估计零售商的相对公平关切信息时，分销商的效用最大，这说明分销商掌握零售商相对公平关切信息的重要性。同时收益共享契约情形下的分销商效用大于无契约激励情形下的分销商效用。

这是因为随着零售商相对公平关切系数平均估计值的增大，零售商的利润增大，同时也增大了分销商的利润，但零售商利润增大的幅度大于分销商利润增大的幅度，即零售商相对公平关切利润的参照点在减小，因此给零售商带来的不公平负效用在减小，结合公平关切程度的影响使得零售商效用得到增加。而对于分销商，尽管相对公平关切利润的参照点在增大，但当低估了零售商相对公平关切系数时，分销商利润增加的幅度大于因不公平性带来的负效用，使得分销商效用得到增加；当高估了零售商相对公平关切系数时，分销商利润增加的幅度小于因不公平性带来的负效用，使得分销商效用减小。

对于供应链效用的影响，在无契约激励和收益共享契约激励情形下，供应链效用均随着零售商相对公平关切平均估计值的增大而增大，这是因为随着零售商相对公平关切平均估计值的增大。尽管分销商的绩效变化不大，但是，却可以较大幅度提高零售商的绩效，从而导致供应链绩效的改善。同时，收益共享契约情形下的供应链效用大于无契约激励情形下的供应链效用，且随着零售商相对公平关切系数平均估计值的增大，收益共享契约激励情形下的供应链效用与无契约激励情形下的供应链效用差额也逐渐增大，也就是说当分销商高估零售商的相对公平关切系数时，收益共享契约对供应链能够发挥较大的激励作用。

（2）相对公平关切情形下，收益共享系数对企业绩效的影响

由表 6.3 数据，得图 6.5。

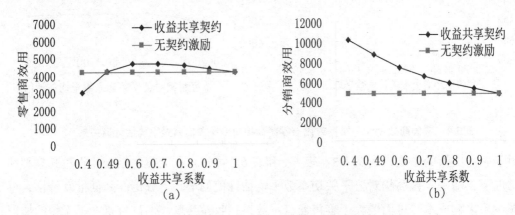

图6.5　零售商和分销商效用与收益共享系数关系

由图 6.5 可知，当收益共享系数在（0.49，1）区间时，分销商和零售商获得的效用分别大于无契约激励情形下分销商和零售商获得的效用。从图 6.5（a）可看到，在此区间，零售商效用随着收益共享系数的增加，先上升而后下降，当收益共享系数为 0.7 时，零售商获得最大效用值，为 4641.73；从图 6.5（b）可看到，在此区间，分销商的效用随着收益共享系数的增加而下降，当收益共享系数为 0.49 时，分销商获得最大效用值，为 8725.69。

（3）在回购契约情形下，相对公平关切系数平均估计值对企业决策和绩效的影响

由表 6.1 和表 6.4 数据，得图 6.6 和图 6.7。

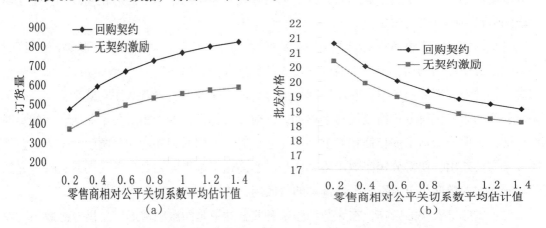

图6.6　订货量和批发价格与零售商相对公平关切系数平均估计值关系

对于企业决策的影响，由图 6.6、表 6.1 和表 6.4 可知，在回购契约激励情形下，随着零售商相对公平关切系数平均估计值的增大，分销商降低批发价格，零售商降低了采购成

本，进而增大了零售商订货数量。回购契约情形的订货量大于无契约情形下的订货量，批发价格大于无契约情形下的批发价格。

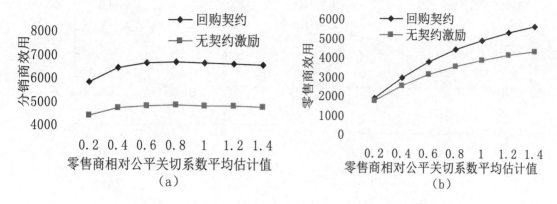

图6.7 零售商效用和分销商效用与零售商相对公平关切系数平均估计值关系

对于零售商和分销商绩效的影响，由图 6.7、表 6.1 和表 6.4 可知，在回购契约激励情形下，零售商效用均随着零售商公平关切系数平均估计值的增大而增大，并大于无契约情形下零售商的效用，且与无契约激励情形下零售商的效用差额也逐渐增大，也就是说当分销商高估零售商的相对公平关切系数时，回购契约对零售商能够发挥较大的激励作用；在回购契约激励情形下，分销商效用均随着零售商公平关切系数平均估计值的增大，先增大而后减小，当分销商准确估计零售商的相对公平关切信息时，分销商的效用最大，这说明分销商掌握零售商相对公平关切信息的重要性。同时，回购契约情形下的分销商效用大于无契约激励情形下的分销商效用，这表明虽然回购契约使得分销商承担了零售商的市场风险，但是，分销商通过回购契约可以获得更大的效用。这是因为随着零售商相对公平关切系数平均估计值的增大，零售商利润增大的幅度大于分销商利润增大的幅度，即零售商相对公平关切利润的参照点在减小，因此给零售商带来的不公平负效用在减小，结合公平关切程度的影响使得零售商效用得到增加。而对于分销商来说，但当低估了零售商相对公平关切系数时，分销商利润增加的幅度大于因不公平性带来的负效用，使得分销商效用得到增加；当高估了零售商相对公平关切系数时，分销商利润增加的幅度小于因不公平性带来的负效用，使得分销商效用减小。

对于供应链效用的影响，在回购契约激励情形下，供应链效用均随着零售商相对公平关切平均估计值的增大而增大，且大于无契约激励情形下供应链的效用。

（4）相对公平关切情形下，回购价格对企业绩效的影响

由表 6.5 数据，得图 6.8。

由图 6.8 可知，回购价格在（1，18.8）区间，分销商和零售商获得的效用分别大于无契约激励情形下分销商和零售商获得的效用。从图 6.8（a）可看到，在此区间，零售商效用随着回购价格的增加，先上升而后下降，当回购价格为 15 时，零售商获得最大效用值，为 6599.49；从图 6.8（b）可看到，在此区间，分销商的效用随着回购价格的增加而上升，

当回购价格为 18.8 时，分销商获得最大效用值，为 16143.79。

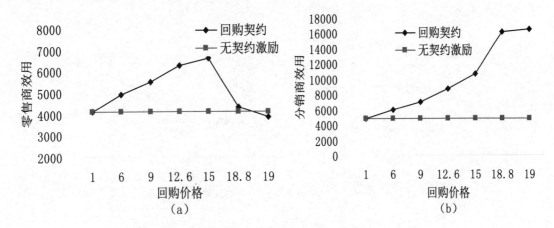

图6.8　零售商和分销商效用与回购价格关系

（5）相对公平关切情形下，收益共享契约和回购契约的比较

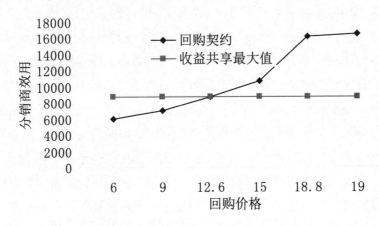

图6.9　分销商效用与回购价格关系

在相对公平关切下，分销商可以通过选择契约来使得自身效用最大化，由图 6.5 和表 6.9 可知，当回购价格在（12.6，18.8）区间时，都能够获得大于收益共享情形下的效用，同时零售商的效用也得到了增加。因此，当回购价格在（12.6，18.8）区间时，分销商选择回购契约；而当回购价格低于 12.6 时，分销商均可考虑收益共享和回购契约。

6.1.3.2　生产商相对公平关切信息不对称情形下算例分析

假设供应链由一个相对公平关切生产商和一个相对公平关切分销商组成，分销商在此供应链中占主导地位，生产商生产成本系数分别为 $c_0 = 150$，$c_1 = 0.5$，$c_2 = 0.0008$，批发价格 $p_s = 2.7$，生产商公平关切系数真实值为 $a_{s0} = 0.8$，$a_f = 0.6$，分销商估计生产商相对公平关切系数 a_s 服从均值不同的 7 个均匀分布，a_s：$U[0.1, 0.3]$、

a_s ： $U[0.3,0.5]$ 、 a_s ： $U[0.5,0.7]$ 、 a_s ： $U[0.7,0.9]$ 、 a_s ： $U[0.9,1.1]$ 、 a_s ： $U[1.1,1.3]$ 和 a_s ： $U[1.3,1.5]$ 。

为了分析生产商公平关切系数估计值的变化对各变量的影响，在无契约情形下，随着估计值的变化，得到各变量的结果如表 6.6 ；在成本分担契约情形下，取 ε =0.7，得到结果如表 6.7。

为了分析在信息不对称情形下，成本分担系数对各变量的影响，当估计值为 $\overline{a}_s$ =1.2，随着成本分担系数 ε 的变化得到表 6.8。

表 6.6　无契约激励情形下，不同 $\overline{a}_s$ 时的变量值

变量	a_s						
	$U[0.1,0.3]$	$U[0.3,0.5]$	$U[0.5,0.7]$	$U[0.7,0.9]$	$U[0.9,1.1]$	$U[1.1,1.3]$	$U[1.3,1.5]$
$\overline{a}_s$	0.20	0.40	0.60	0.80	1.00	1.20	1.40
w_{s1}	1.58	1.66	1.72	1.75	1.78	1.80	1.81
q_1	362.77	438.42	486.11	518.87	542.72	560.86	575.10
$\mu_s(q_1)$	-80.49	6.78	70.28	117.68	154.15	182.97	206.27
$\mu_f(w_{s1})$	569.17	604.18	614.75	616.85	615.74	613.40	610.66
$\prod_s$	136.06	205.92	251.77	284.07	308.01	326.45	341.07
$\prod_f$	406.75	454.83	478.63	492.06	500.34	505.79	509.56
μ_{sf}	488.68	610.97	685.03	734.53	769.89	796.37	816.93

表 6.7　成本分担契约激励情形下，不同 $\overline{a}_s$ 时的变量值

变量	a_s						
	$U[0.1,0.3]$	$U[0.3,0.5]$	$U[0.5,0.7]$	$U[0.7,0.9]$	$U[0.9,1.1]$	$U[1.1,1.3]$	$U[1.3,1.5]$
$\overline{a}_s$	0.20	0.40	0.60	0.80	1.00	1.20	1.40
w_{s1c}	1.29	1.38	1.43	1.47	1.50	1.52	1.54
q_{1c}	421.96	560.95	649.38	710.59	755.47	789.79	816.88
$\mu_s(q_{1c})$	-7.71	103.77	191.11	259.03	312.73	355.99	391.51
$\mu_f(w_{s1c})$	593.48	680.53	707.17	712.53	709.65	703.56	696.39
$\prod_{sc}$	192.69	296.02	363.13	410.20	445.03	471.85	493.13
$\prod_{fc}$	443.19	536.34	578.16	599.15	610.42	616.67	620.17
μ_{sfc}	585.77	784.30	898.28	971.56	1022.37	1059.56	1087.89

表 6.8　成本分担契约激励情形下，不同 ε 时的变量值

变量	ε							
	0.32	0.36	0.5	0.6	0.7	0.8	0.9	1
w_{s1c}	0.86	0.97	1.26	1.40	1.52	1.62	1.72	1.80
q_{1c}	1019.90	1371.57	1078.43	912.94	789.79	695.41	620.99	560.86
$\mu_s(q_{1c})$	21.83	182.97	390.21	392.74	355.99	303.20	244.09	182.97
$\mu_f(w_{s1c})$	1146.10	1101.76	862.57	767.71	703.56	660.08	631.31	613.40
μ_{sfc}	1167.93	1284.73	1252.77	1160.45	1059.56	963.29	875.40	796.37

（1）成本分担契约情形下，相对公平关切系数平均估计值对企业决策和绩效的影响

由表 6.5 和表 6.6，得图 6.10 和图 6.11。

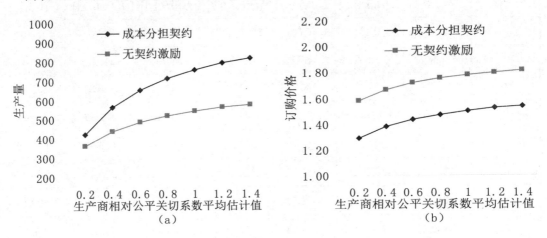

图6.10　生产量和订购价格与生产商相对公平关切系数平均估计值关系

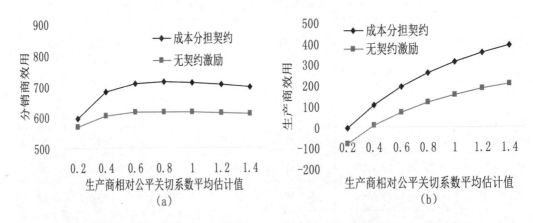

图6.11　生产商效用和分销商效用与生产商相对公平关切系数平均估计值关系

对于企业决策的影响，由图 6.10、表 6.6 和表 6.7 可知，在无契约激励和成本分担契约激励情形下，随着生产商相对公平关切系数平均估计值的增大，分销商提高订购价格，

进而生产商增大了生产数量；成本分担契约情形下生产量大于无契约情形下的生产量，订购价格低于无契约情形下的订购价格。

对于生产商和分销商绩效的影响，由图6.11、表6.6和表6.7可知，在无契约激励和成本分担契约激励情形下，生产商效用均随着生产商公平关切系数平均估计值的增大而增大，在成本分担契约情形下，生产商的效用大于无契约情形下生产商的效用，且与无契约激励情形下生产商的效用差额也逐渐增大，也就是说当分销商高估生产商的相对公平关切系数时，成本分担契约对生产商能够发挥较大的激励作用；在无契约激励和成本分担契约激励情形下，分销商效用均随着生产商公平关切系数平均估计值的增大，先增大而后减小，当分销商准确估计生产商的相对公平关切信息时，分销商的效用最大，这说明分销商掌握生产商相对公平关切信息的重要性。同时，成本分担契约情形下的分销商效用大于无契约激励情形下的分销商效用。这是因为随着生产商相对公平关切系数平均估计值的增大，生产商的利润增大，同时也增大了分销商的利润，但生产商利润增大的幅度大于分销商利润增大的幅度，即生产商相对公平关切利润的参照点在减小，因此给生产商带来的不公平负效用在减小，结合公平关切程度的影响使得生产商效用增加。而对于分销商来说，尽管相对公平关切利润的参照点在增大，但当低估了生产商相对公平关切系数时，分销商利润增加的幅度大于因不公平性带来的负效用，使得分销商效用增加；当高估了生产商相对公平关切系数时，分销商利润增加的幅度小于因不公平性带来的负效用，使得分销商效用减小。

对于供应链效用的影响，在无契约激励和成本分担契约激励情形下，供应链效用均随着生产商相对公平关切平均估计值的增大而增大。成本分担契约情形下的供应链效用大于无契约激励情形下的供应链效用。

（2）相对公平关切情形下，成本分担系数对企业绩效的影响

由表6.8数据，得图6.12。

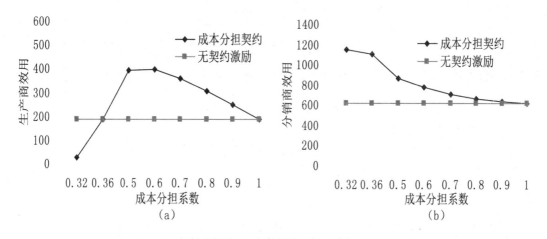

图6.12　分销商效用和生产商效用与成本分担系数关系

由图6.12可知，当成本分担系数在（0.36，1）区间时，分销商和生产商获得的效用大于无契约激励情形下的效用。从图6.12（a）可看到，在（0.36，1）区间内随着成本分

担系数的增加，生产商的效用先增加而后下降，当成本分担系数等于 0.6 时，生产商获得最大效用值，为 392.74；从图 6.12（b）可看到，分销商的效用随着成本分担系数的增加而下降，当成本分担系数等于 0.36，分销商获得最大效用值，为 1101.76。

6.2　绝对公平关切信息不对称供应链决策与管理策略研究

6.2.1　零售商绝对公平关切信息不对称供应链决策与管理策略研究

上节研究的是相对公平关切信息不对称情况下供应链决策与激励问题，本节探讨由一个绝对公平关切零售商与一个绝对公平关切分销商组成的二级供应链情形（如图 6.13），研究绝对公平关切信息不对称情况下供应链决策与激励问题。b_r 为分销商估计零售商绝对公平关切系数，密度函数为 $t(b_r)$，分布函数为 $T(b_r)$，其他假设以及符号与 4.1 节一致。

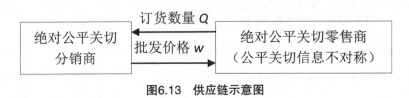

图6.13　供应链示意图

6.2.1.1　无契约分散决策分析

1）分销商的定价决策

由 4.1.1 节可知，在无契约激励情形下，零售商的期望效用为：

$$\mu_r = (1+b_{r0})[(p-w_1)Q-(p-v)\int_0^Q F(x)dx]-b_{r0}\gamma_r[(p-c)Q-(p-v)\int_0^Q F(x)dx]$$

由于零售商的绝对公平关切信息不对称，所以分销商认为零售商的期望效用应该为：

$$\mu_r = (1+\int_0^{+\infty}b_r t(b_r)db_r)[(p-w)Q-(p-v)\int_0^Q F(x)dx]$$
$$-\gamma\int_0^{+\infty}b_r t(b_r)db_r[(p-c)Q-(p-v)\int_0^Q F(x)dx]$$

零售商的期望效用 μ_r 对 Q 求导数，可得：

$$\frac{d\mu_r}{dQ}=(1+\int_0^{+\infty}b_r t(b_r)db_r)[(p-w)-(p-v)F(Q)]-\gamma\int_0^{+\infty}b_r t(b_r)db_r[(p-c)-(p-v)F(Q)]$$

由于 $\frac{d^2\mu_r}{dQ^2}<0$，零售商向分销商订购产品时的最优订货量存在，并且唯一，令

$\dfrac{d\mu_r}{dQ}=0$，得到分销商推断零售商最优订货量 Q_0 为：

$$Q = F^{-1}\left(\frac{(p-w)+\int_0^{+\infty} b_r t(b_r) db_r)[(p-w)-\gamma(p-c)]}{(p-v)+\int_0^{+\infty} b_r t(b_r) db_r)[(p-v)-\gamma(p-v)]}\right)\qquad（6.21）$$

分销商根据所推断的零售商订货量 Q_0，制定自身的批发价格 w_1。由于分销商为绝对公平关切，其效用为：

$$\mu_f = (1+b_f)(w-c)Q_0 - b_f\gamma_r[(p-c)Q_0 - (p-v)\int_0^{Q_0} F(x)dx]\qquad（6.22）$$

分销商效用 μ_f 对 w 求导，并令其等于 0 可得：

$$(1+b_f)[(w-c)\frac{dQ_0}{dw}+Q_0] - b_f\gamma_r[(p-c)\frac{dQ_0}{dw}-Q_0-(p-v)F(Q_0)\frac{dQ_0}{dw}]=0\qquad（6.23）$$

其中 $\dfrac{dQ_0}{dw}$ 可由式（6.21）通过隐函数求导得到：

$$\frac{dQ_0}{dw} = -\frac{1+[1+\gamma(p-c)]\int_0^{+\infty} b_r t(b_r) db_r)}{(p-v)+\int_0^{+\infty} b_r t(b_r) db_r)[(p-v)-\gamma(p-v)]}$$

并代入式（6.23），得到分销商在信息不对称情形下的最优批发价格 w_1。

2）零售商的订货决策

根据分销商最优批发价格 w_1 和自身真实的绝对公平关切系数 b_{r0} 来制定最优订货策略，零售商真实的期望效用为：

$$\mu_r = (1+b_{r0})[(p-w_1)Q-(p-v)\int_0^Q F(x)dx] - b_{r0}\gamma_r[(p-c)Q-(p-v)\int_0^Q F(x)dx]\qquad（6.24）$$

零售商的期望效用 μ_r 对 Q 求导数，可得：

$$\frac{d\mu_r}{dQ} = (1+b_{r0})[(p-w_1)-(p-v)F(Q)]-\gamma b_{r0}[(p-c)-(p-v)F(Q)]$$

由于 $\dfrac{d^2\mu_r}{dQ^2}<0$，零售商向分销商订购产品时的最优订货量存在，并且唯一，令

$\dfrac{d\mu_r}{dQ}=0$，得到零售商真实的最优订货量，记为 Q_1。

$$Q_1 = F^{-1}(\frac{(p-w_1)+b_{r0}[(p-w_1)-\gamma(p-c)]}{(p-v)+b_{r0}[(p-v)-\gamma(p-v)]})$$

将零售商真实的最优订货量 Q_1 和分销商的最优批发价格 w_1 代入式（6.22）和式（6.24）。分别得到信息非对称情形下绝对公平关切零售商的期望效用 $\mu_r(Q_1)$ 和绝对公平关切分销商的效用 $\mu_f(w_1)$，以及供应链总期望效用 $\mu_{rf}(Q_1, w_1) = \mu_r(Q_1) + \mu_f(w_1)$。

6.2.1.2 基于收益共享契约的决策分析

在非对称信息情形下，分销商和零售商均为绝对公平关切，分销商是否能够通过收益共享契约提高零售商和分销商绩效的提高？用 d 代表收益共享契约供应链。

1）分销商的定价决策

由 4.1.2 节可知，在收益共享契约情形下，零售商真实的期望效用为：

$$\mu_{rd} = (1+b_{r0})[\phi(pQ-(p-v)\int_0^Q F(x)dx)-wQ]-b_{r0}\gamma_r[(p-c)Q-(p-v)\int_0^Q F(x)dx]$$

（6.25）

由于信息不对称，分销商推断零售商的期望效用应该为：

$$\mu_{rd} = (1+\int_0^{+\infty} b_r t(b_r)db_r)[\phi(pQ-(p-v)\int_0^Q F(x)dx)-wQ]$$
$$-\gamma_r\int_0^{+\infty} b_r t(b_r)db_r[(p-c)Q-(p-v)\int_0^Q F(x)dx]$$

零售商的期望效用 μ_{rd} 对 Q 求导数可得：

$$\frac{d\mu_{rd}}{dQ} = (1+\int_0^{+\infty} b_r t(b_r)db_r)[\phi(p-(p-v)F(Q))-w]$$
$$-\gamma_r\int_0^{+\infty} b_r t(b_r)db_r[(p-c)-(p-v)F(Q)]$$

当 $\phi > \dfrac{\gamma_r}{1/\int_0^{+\infty} b_r t(b_r)db_r+1}$，则 $\dfrac{d^2\mu_{rd}}{dQ^2} < 0$，$\mu_{rd}$ 是关于 Q 的严格凹函数，存在唯一最优订货量，记为 Q_{0d}，因此，令 $\dfrac{d\mu_{rd}}{dQ} = 0$，得到收益共享契约下，分销商推断零售商的最优订货量 Q_{0d} 为：

$$Q_{0d} = F^{-1}(\frac{(1+\int_0^{+\infty} b_r t(b_r)db_r)(\phi p-w)-\int_0^{+\infty} b_r t(b_r)db_r\gamma_r(p-c)}{\phi(1+\int_0^{+\infty} b_r t(b_r)db_r)(p-v)-\int_0^{+\infty} b_r t(b_r)db_r\gamma_r(p-v)})$$

（6.26）

当零售商确定最优订货量 Q_{0d} 后，分销商便能确定批发价格 w。由于分销商也为绝对公平关切，因此分销商的效用为：

$$\mu_{fd} = (1+b_f)[(w-c)Q_{0d} + (1-\phi)(pQ_d - (p-v)\int_0^{Q_{0d}} F(x)dx)]$$
$$-b_f\gamma_f[(p-c) - (p-v)F(Q_{0d})] \quad (6.27)$$

分销商的效用 μ_{fd} 对 w 求导可得，

$$\frac{d\mu_{fd}}{dw} = (1+b_f)[(w-c)\frac{dQ_{0d}}{dw} + Q_{0d} + (1-\phi)(p\frac{dQ_{0d}}{dw} - (p-v)F(Q_{0d})\frac{dQ_{0d}}{dw})]$$
$$-b_f\gamma_f[(p-c) - (p-v)F(Q_{0d})]$$

并令 $\frac{d\mu_{fd}}{dw} = 0$，可得：

$$(1+b_f)[(w-c)\frac{dQ_{0d}}{dw} + Q_{0d} + (1-\phi)(p\frac{dQ_{0d}}{dw} - (p-v)F(Q_{0d})\frac{dQ_{0d}}{dw})]$$
$$-b_f\gamma_f[(p-c) - (p-v)F(Q_{0d})] = 0 \quad (6.28)$$

通过求解式（6.28）可得到绝对公平关切分销商的最优批发价格 w_{1d}，其中 $\frac{dQ_{0d}}{dw}$ 可以由式（6.26）通过隐函数求导得到：

$$\frac{dQ_{0d}}{dw} = \frac{-(1+\int_0^{+\infty} b_r t(b_r)db_r)}{[\phi(1+\int_0^{+\infty} b_r t(b_r)db_r)(p-v) - \gamma_r(p-v)\int_0^{+\infty} b_r t(b_r)db_r]f(Q_{0d})}$$

2）零售商订货决策

根据分销商的最优批发价格 w_{1d} 和自身真实的绝对公平关切系数 b_{r0} 来制定最优订货策略，零售商真实的期望效用为：

$$\mu_{rd} = (1+b_{r0})[\phi(pQ - (p-v)\int_0^Q F(x)dx) - w_{1d}Q] - b_{r0}\gamma_r[(p-c)Q - (p-v)\int_0^Q F(x)dx]$$

零售商的期望效用 μ_{rd} 对 Q 求导数可得：

$$\frac{d\mu_{rd}}{dQ} = (1+b_{r0})[\phi(p-(p-v)F(Q)) - w_{1d}] - \gamma_r b_{r0}[(p-c) - (p-v)F(Q)]$$

当 $\phi > \dfrac{\gamma_r}{1/b_{r0}+1}$，则 $\dfrac{d^2\mu_{rd}}{dQ^2} < 0$，存在唯一最优订货量，记为 Q_{1d}，令 $\dfrac{d\mu_{rd}}{dQ} = 0$，得到零售商真实的最优订货量为：

$$Q_{1d} = F^{-1}(\frac{(1+b_{r0})(\phi p - w_{1d}) - b_{r0}\gamma_r(p-c)}{\phi(1+b_{r0})(p-v) - b_{r0r}\gamma_r(p-v)})$$

在收益共享契约情形下，将零售商真实的最优订货量 Q_{1d} 和分销商的最优批发价格 w_{1d} 代入（6.25）式和式（6.27）。分别得到信息非对称情形下绝对公平关切零售商的期望效用 $\mu_{rd}(Q_1)$ 和绝对公平关切分销商的效用 $\mu_{fd}(w_1)$ ，以及供应链期望效用 $\mu_{rfd} = \mu_{rd}(Q_{1d}) + \mu_{fd}(w_{1d})$ 。

6.2.1.3 基于回购契约的决策分析

在分销商和零售商均为绝对公平关切情形下，分销商不知道零售商的绝对公平关切程度，那么分销商是否也能够使用回购契约提高分销商和零售商的绩效呢？用 h 代表回购契约供应链。在回购契约供应链中，分销商在销售期末将零售商未销售出的产品以 h（ w>h>v ）价格进行回购。

1）分销商的定价决策

由 4.1.3 可知，在回购契约情形下，零售商真实的期望效用为：

$$\mu_{rh} = (1+b_{r0})[(p-w)Q - (p-h)\int_0^Q F(x)dx] - b_{r0}\gamma_r[(p-c)Q - (p-v)\int_0^Q F(x)dx] \quad (6.29)$$

同样分销商估计零售商的期望效用为：

$$\mu_{rh} = (1 + \int_0^{+\infty} b_r t(b_r)db_r)[(p-w)Q - (p-h)\int_0^Q F(x)dx]$$
$$- \gamma_r \int_0^{+\infty} b_r t(b_r)db_r[(p-c)Q - (p-v)\int_0^Q F(x)dx]$$

零售商的期望效用 μ_{rh} 对 Q 求导数可得：

$$\frac{d\mu_{rh}}{dQ} = (1 + \int_0^{+\infty} b_r t(b_r)db_r)[(p-w) - (p-h)F(Q)] \quad (6.30)$$
$$- \gamma_r \int_0^{+\infty} b_r t(b_r)db_r[(p-c) - (p-v)F(Q)]$$

当 $\dfrac{1/\int_0^{+\infty} b_r t(b_r)db_r + 1}{\gamma_r} > \dfrac{p-v}{p-h}$ ，则 $\dfrac{d^2\mu_{rh}}{dQ^2} < 0$ ， μ_{rh} 是关于 Q 的严格凹函数，存在唯一最优订货量，记为 Q_{0h} ，令 $\dfrac{d\mu_{rh}}{dQ} = 0$ ，得到分销商推断零售商的最优订货量为：

$$Q_{0h} = F^{-1}\left(\frac{(1/\int_0^{+\infty} b_r t(b_r)db_r + 1)(p-w) - \gamma_r(p-c)}{(1+1/\int_0^{+\infty} b_r t(b_r)db_r)(p-h) - \gamma_r(p-v)}\right) \quad (6.31)$$

由于分销商也为绝对公平关切，因此分销商的期望效用为：

$$\mu_{fh} = (1+b_f)[(w-c)Q_{0h} - (h-v)Q_{0h}\int_0^{Q_{0h}} f(x)dx + (h-v)\int_0^{Q_{0h}} xf(x)dx]$$
$$- b_f\gamma_f[(p-c)Q_{0h} - (p-v)\int_0^{Q_{0h}} F(x)dx] \quad (6.32)$$

分销商的期望效用 μ_{fh} 对 w 求导数可得：

$$\frac{d\mu_{fh}}{dw} = (1+b_f)\frac{dQ_{0h}}{dw}[(w-c)-(h-v)F(Q_{0h})] - b_f\gamma_f\frac{dQ_{0h}}{dw}[(p-c)-(h-v)F(Q_{0h})] + Q_{0h}(1+b_f)$$

令 $\dfrac{d\mu_{fh}}{dw} = 0$ ，可得：

$$(1+b_f)\frac{dQ_{0h}}{dw}[(w-c)-(h-v)F(Q_{0h})] - b_f\gamma_f\frac{dQ_{0h}}{dw}[(p-c)-(h-v)F(Q_{0h})] + Q_{0h}(1+b_f) = 0$$

得到的解为绝对公平关切分销商的最优批发价格 w_{1h} ，其中 $\dfrac{dQ_{0h}}{dw}$ 可以由式（6.31）通过隐函数求导得到：

$$\frac{dQ_{0h}}{dw} = \frac{-(1/\int_0^{+\infty} b_r t(b_r)db_r + 1)}{[(1/\int_0^{+\infty} b_r t(b_r)db_r + 1)(p-h) - \gamma_r(p-v)]f(Q_{0h})}$$

2）零售商的订货决策

根据分销商的最优批发价格 w_{1h} 和自己真实的公平关切系数 b_{r0} 来制定最优订货策略。

零售商真实的期望效用为：

$$\mu_{rh} = (1+b_{r0})[(p-w_{1h})Q - (p-h)\int_0^Q F(x)dx] - b_{r0}\gamma_r[(p-c)Q - (p-v)\int_0^Q F(x)dx]$$

零售商的期望效用 μ_{rh} 对 Q 求导数可得：

$$\frac{d\mu_{rh}}{dQ} = (1+b_{r0})[(p-w_{1h}) - (p-h)F(Q)] - \gamma_r b_{r0r}[(p-c) - (p-v)F(Q)]$$

当 $\dfrac{1/b_{r0}+1}{\gamma_r} > \dfrac{p-v}{p-h}$ ，则 $\dfrac{d^2\mu_{rh}}{dQ^2} < 0$ ，存在唯一最优订货量，令 $\dfrac{d\mu_{rh}}{dQ} = 0$ ，得到零售商真实的订货量为：

$$Q_{1h} = F^{-1}\left(\frac{(1/b_{r0}+1)(p-w)-\gamma_r(p-c)}{(1+1/b_{r0})(p-h)-\gamma_r(p-v)}\right)$$

在回购契约情形下，将零售商真实的最优订货量 Q_{1h} 和分销商最优批发价格 w_{1h} 代入式（6.29）和式（6.32）。分别得到信息非对称情形下绝对公平关切零售商的期望效用 $\mu_{rh}(Q_{1h})$ 和绝对公平关切分销商的期望效用 $\mu_{fh}(w_{1h})$，以及供应链总期望效用 $\mu_{rfh}(Q_{1h}, w_{1h}) = \mu_{rh}(Q_{1h}) + \mu_{fh}(w_{1h})$。

6.2.2 生产商绝对公平关切信息不对称供应链决策与管理策略研究

本节探讨由一个绝对公平关切生产商与一个绝对公平关切分销商组成的二级供应链情形（如图6.14），分销商不知道生产商的绝对公平关切系数，b_s 为分销商估计生产商绝对公平关切系数，密度函数为 $t(b_s)$，分布函数为 $T(b_s)$，其他假设及符号与4.2节一致。

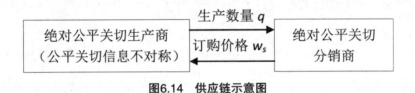

图6.14　供应链示意图

6.2.2.1 无契约分散决策分析

1）分销商的定价决策

由4.2.1节可知，在绝对公平关切情形下生产商的效用为：

$$\mu_s = (1+b_s)(w_{s1}q - c_0 - c_1 q - c_2 q^2) - \gamma_s b_s(p_s q - c_0 - c_1 q - c_2 q^2)$$

由于生产商的绝对公平关切信息不对称，所以分销商推断生产商的效用应该为：

$$\mu_s = (1 + \int_0^{+\infty} b_s t(b_s) db_s)(w_s q - c_0 - c_1 q - c_2 q^2) - \gamma_s \int_0^{+\infty} b_s t(b_s) db_s(p_s q - c_0 - c_1 q - c_2 q^2)$$

生产商效用 μ_s 对 q 求导数，得到：

$$\frac{d\mu_s}{dq} = (1 + \int_0^{+\infty} b_s t(b_s) db_s)(w_s - c_1 - 2c_2 q) - \gamma_s \int_0^{+\infty} b_s t(b_s) db_s(p_s - c_1 - 2c_2 q)$$

由于 $\frac{d^2\mu_s}{dq^2} < 0$，生产商存在一个唯一的最优的生产数量来获取唯一的最大效用，记

为 q_0，令 $\dfrac{d\mu_s}{dq}=0$，得到分销商推断生产商的最优生产量为：

$$q_0 = \frac{(1+\int_0^{+\infty} b_s t(b_s) db_s)(w_s - c_1) - \gamma_s \int_0^{+\infty} b_s t(b_s) db_s (p_s - c_1)}{(1+\int_0^{+\infty} b_s t(b_s) db_s - \gamma_s \int_0^{+\infty} b_s t(b_s) db_s)2c_2} \qquad (6.33)$$

分销商根据所推断的生产商的生产量 q_0，制定自身的订购价格 w_{s1}，此时分销商的效用为：

$$\mu_f = (1+b_f)(p_s q_0 - w_s q_0) - b_f \gamma_s (p_s q_0 - c_0 - c_1 q_0 - c_2 q_0^2) \qquad (6.34)$$

分销商效用 μ_f 对 w_s 求导数可得：

$$\frac{d\mu_f}{dw_s} = (1+b_f)(p_s \frac{dq_0}{dw_s} - q_0 - w_s \frac{dq_0}{dw_s}) - b_f \gamma_s (p_s \frac{dq_0}{dw_s} - c_1 \frac{dq_0}{dw_s} - 2c_2 \frac{dq_0}{dw_s})$$

令 $\dfrac{d\mu_f}{dw_s}=0$，可得：

$$w_{s1} = \frac{(1+b_f)p_s - b_f \gamma_f (p_s - c_1 - 2c_2 q)}{1+b_f} - q \Big/ \frac{dq_0}{dw_s} \qquad (6.35)$$

通过求解式（6.35），得到绝对公平关切分销商的最优订购价格 w_{s1}，其中 $\dfrac{dq_0}{dw_s}$ 可以由式（6.33）得到：

$$\frac{dq_0}{dw_s} = \frac{1 \Big/ \int_0^{+\infty} b_s t(b_s) db_s + 1}{(1 \Big/ \int_0^{+\infty} b_s t(b_s) db_s + 1 - \gamma_s)2c_2}$$

并代入式（6.35）得到分销商向生产商订购产品的价格：

$$w_{s1} = \frac{(1+b_f)p_s - b_f \gamma_f (p_s - c_1 - 2c_2 q)}{1+b_f} - \frac{(1 \Big/ \int_0^{+\infty} b_s t(b_s) db_s - \gamma_s + 1)2qc_2}{1 \Big/ \int_0^{+\infty} b_s t(b_s) db_s + 1}$$

2）生产商的生产决策

生产商根据分销商的订购价格 w_{s1} 和自身真实的公平关切系数 b_{s0}，制定最优生产决策。公平关切生产商真实的效用为：

$$\mu_s = (1+b_{s0})(w_{s1}q - c_0 - c_1 q - c_2 q^2) - \gamma_f b_{s0}(p_s q - c_0 - c_1 q - c_2 q^2) \qquad (6.36)$$

生产商效用 μ_s 对 q 求导数，得到：

$$\frac{d\mu_s}{dq} = (1+b_{s0})(w_{s1}-c_1-2c_2q) - \gamma_s b_{s0}(p_s-c_1-2c_2q)$$

由于 $\frac{d^2\mu_s}{dq^2} = -2c_2(1+b_{s0}-b_{s0}\gamma_s) < 0$，令 $\frac{d\mu_s}{dq}=0$，得到生产商真实的生产量 q_1 为：

$$q_1 = \frac{(1+b_{s0})(w_{s1}-c_1) - \gamma_f b_{s0}(p_s-c_1)}{2c_2(1+b_{s0}-\gamma_s b_{s0})}$$

将生产商真实的最优生产量 q_1 和分销商最优订购价格 w_{s1} 代入式（6.34）式（6.36），分别得到信息非对称情形下绝对公平关切生产商的效用 $\mu_s(q_1)$ 和绝对公平关切分销商的效用 $\mu_f(w_{s1})$，以及供应链整体效用为：$\mu_{sf} = \mu_s(q_1) + \mu_f(w_{s1})$。

6.2.2.2 基于成本分担契约的决策分析

在非对称信息情形下，分销商和生产商均考虑绝对公平关切，分销商是否能够通过成本分担契约提高分销商和生产商的绩效呢？同样用 c 代表分散决策下的成本分担契约供应链，分销商承诺承担 $1-\varepsilon$ 比例的生产成本。

1）分销商的定价决策

由 4.2.2 可知，生产商的效用为：

$$\mu_s = (1+b_s)(w_s q - c_0 - c_1 q - c_2 q^2) - b_s\gamma_s(p_s q - c_0 - c_1 q - c_2 q^2)$$

由于分销商不知道生产商绝对公平关切信息，分销商推断生产商的效用为：

$$\mu_{sc} = (1+\int_0^{+\infty} b_s t(b_s)db_s)(w_s q - \varepsilon c_0 - \varepsilon c_1 q - \varepsilon c_2 q^2)$$
$$- \gamma_s\int_0^{+\infty} b_s t(b_s)db_s(p_s q - c_0 - c_1 q - c_2 q^2)$$

生产商效用 μ_{sc} 对 q 求导数，得到：

$$\frac{d\mu_{sc}}{dq} = (1+\int_0^{+\infty} b_s t(b_s)db_s)(w_s - \varepsilon c_1 - 2\varepsilon c_2 q) - \gamma_s\int_0^{+\infty} b_s t(b_s)db_s(p_s - c_1 - 2c_2 q)$$

当 $\varepsilon > \dfrac{\gamma_s}{1/\int_0^{+\infty} b_s t(b_s)db_s + 1}$ 时，则 $\frac{d^2\mu_{sc}}{dq^2} < 0$，$\mu_{sc}$ 是关于 q 的严格凹函数，存在唯一

最优生产量，记为 q_{0c}，令 $\frac{d\mu_{sc}}{dq}=0$，得到：

$$q_{0c} = \frac{\gamma_s(p_s - c_1) - (1/\int_0^{+\infty} b_s t(b_s) db_s + 1)(w_s - \varepsilon c_1)}{2c_2\gamma_s - 2\varepsilon c_2(1/\int_0^{+\infty} b_s t(b_s) db_s + 1)} \tag{6.37}$$

根据所推断生产商的最优生产量 q_{0c}，分销商便能确定价格 w_{s1c}。此时，分销商也为绝对公平关切，其效用为：

$$\mu_{fc} = (1+b_f)[(p_s - w_s)q_{0c} - (1-\varepsilon)c_0 - (1-\varepsilon)c_1 q_{0c} - (1-\varepsilon)c_2 q_{0c}{}^2] \\ - b_f \gamma_f(p_s q_{0c} - c_0 - c_1 q_{0c} - c_2 q_{0c}{}^2) \tag{6.38}$$

分销商效用 μ_{fc} 对 w_s 求导数可得：

$$\frac{d\mu_f}{dw_s} = (1+b_f)[(p_s - w_s)\frac{dq_{0c}}{dw_s} - q_{0c} - (1-\varepsilon)c_1\frac{dq_{0c}}{dw_s} - 2(1-\varepsilon)c_2\frac{dq_{0c}}{dw_s}] \\ - b_f\gamma_f(p_s\frac{dq_{0c}}{dw_s} - c_1\frac{dq_{0c}}{dw_s} - 2c_2\frac{dq_{0c}}{dw_s})$$

令 $\frac{d\mu_f}{dw_s} = 0$，得到：

$$(1+b_f)[(p_s - w_s)\frac{dq_{0c}}{dw_s} - q_{0c} - (1-\varepsilon)c_1\frac{dq_{0c}}{dw_s} - 2(1-\varepsilon)c_2\frac{dq_{0c}}{dw_s}] - b_f\gamma_f\frac{dq_{0c}}{dw_s}(p_s - c_1 - 2c_2) = 0 \tag{6.39}$$

求解式（6.39）得到绝对公平关切下分销商的最优订购价格 w_{s1c}，$\frac{dq_{0c}}{dw_s}$ 可由式（6.37）得到：

$$\frac{dq_{0c}}{dw_s} = -\frac{1/\int_0^{+\infty} b_s t(b_s) db_s + 1}{2c_2\gamma_s - 2\varepsilon c_2(1/\int_0^{+\infty} b_s t(b_s) db_s + 1)}$$

2）生产商的生产决策

生产商根据分销商的订购价格 w_{s1c} 和自身真实的绝对公平关切系数 b_{s0} 制定最优生产决策。

绝对公平关切生产商真实的效用为：

$$\mu_{sc} = (1+b_{s0})(w_{s1c}q - \varepsilon c_0 - \varepsilon c_1 q - \varepsilon c_2 q^2) - \gamma_s b_{s0}(p_s q - c_0 - c_1 q - c_2 q^2) \tag{6.40}$$

生产商效用 μ_{sc} 对 q 求导数，得到：

$$\frac{d\mu_{sc}}{dq} = (1+b_{s0})(w_{s1c} - \varepsilon c_1 - 2\varepsilon c_2 q) - \gamma_s b_{s0}(p_s - c_1 - 2c_2 q)$$

当 $\varepsilon > \dfrac{\gamma_s}{1/b_{s0}+1}$ 时，则 $\dfrac{d^2\mu_{sc}}{dq^2} < 0$，$\mu_{sc}$ 是关于 q 的严格凹函数，存在唯一最优生产量，

记为 q_{0c}，令 $\dfrac{d\mu_{sc}}{dq} = 0$，得到生产商的最优生产量：

$$q_{1c} = \frac{b_{s0}\gamma_s(p_s-c_1)-(1+b_{s0})(w_{s1c}-\varepsilon c_1)}{2c_2\gamma_s b_{s0}-2\varepsilon c_2(1+b_{s0})}$$

在成本分担契约情形下，将生产商真实的最优生产量 q_{1c} 和分销商最优订购价格 w_{s1c} 代入式（6.38）和式（6.40），分别得到信息非对称情形下绝对公平关切生产商的期望效用 $\mu_{sc}(q_{1c})$ 和绝对公平关切分销商的期望效用 $\mu_{fc}(w_{s1c})$，以及供应链整体效用为：$\mu_{sfc} = \mu_{sc}(q_{1c}) + \mu_{fc}(w_{s1c})$。

6.2.3 算例分析

针对收益共享契约和回购契约两种激励情形，通过具体算例分析，探讨在零售商和分销商均为绝对公平关切时，绝对公平关切信息不对称对供应链决策与绩效的影响。

6.2.3.1 零售商绝对公平关切信息不对称情形下算例分析

假设供应链由一个绝对公平关切零售商和一个绝对公平关切分销商组成，需求服从均匀分布 $X\sim U[2, 2000]$，$p=30$，$c=10$，$v=1$，$\gamma_r=0.4$，$\gamma_f=0.6$，$b_f=0.6$，零售商公平关切系数真实值为 $b_{r0}=0.8$。分销商估计零售商绝对公平关切系数 b_r 服从均值不同的 7 个均匀分布，即 b_r：$U[0.1,0.3]$、b_r：$U[0.3,0.5]$、b_r：$U[0.5,0.7]$、b_r：$U[0.7,0.9]$、b_r：$U[0.9,1.1]$、b_r：$U[1.1,1.3]$ 和 b_r：$U[1.3,1.5]$。

为了分析零售商绝对公平关切系数估计值的变化对各变量的影响，在无契约情形下，随着估计值的变化，得到各变量的结果如表 6.9；在收益共享契约情形下，取收益共享系数为 $\phi=0.9$，如果取太低无法达到激励的效果，随着零售商公平关切系数估计值的变化，得到结果如表 6.10，通过表 6.10 可以发现 $\phi=0.9$ 能够对供应链产出激励作用。

为了分析在信息不对称情形下，收益共享系数 ϕ 对各变量的影响，取估计值为 $\overline{b}_r=1.2$，随着共享系数 ϕ 的变化得到表 6.11。

在回购契约情形下，取 $h=8$，随着零售商公平关切系数估计值的变化，得到结果如表

6.12。

为了分析在信息不对称情形下，回购价格 h 对各变量的影响，取估计值为 $\overline{b}_r = 1.2$，随着回购价格 h 的变化得到表 6.13。

表 6.9　无契约激励情形下，不同 $\overline{b}_r$ 时的变量值

变量	b_r						
	$U[0.1,0.3]$	$U[0.3,0.5]$	$U[0.5,0.7]$	$U[0.7,0.9]$	$U[0.9,1.1]$	$U[1.1,1.3]$	$U[1.3,1.5]$
$\overline{b}_r$	0.20	0.40	0.60	0.80	1.00	1.20	1.40
w_1	20.61	20.15	19.80	19.53	19.31	19.13	18.99
Q_1	489.16	528.31	557.60	580.34	598.49	613.32	625.66
$\mu_r(Q_1)$	2567.49	2994.86	3336.15	3613.76	3843.41	4036.25	4200.32
$\mu_f(w_1)$	5408.57	5500.86	5536.92	5545.43	5540.01	5527.52	5511.60
$E(\Pi_r)$	2857.23	3182.50	3435.26	3636.97	3801.53	3938.23	4053.55
Π_f	5191.26	5360.13	5462.59	5528.02	5571.42	5601.03	5621.68
$E(\Pi_c)$	8048.49	8542.63	8897.85	9164.99	9372.94	9539.26	9675.23
μ_{rf}	7976.06	8495.72	8873.07	9159.19	9383.41	9563.77	9711.92

表 6.10　收益共享契约激励情形下，不同 $\overline{b}_r$ 时的变量值

变量	b_r						
	$U[0.1,0.3]$	$U[0.3,0.5]$	$U[0.5,0.7]$	$U[0.7,0.9]$	$U[0.9,1.1]$	$U[1.1,1.3]$	$U[1.3,1.5]$
$\overline{b}_r$	0.20	0.40	0.60	0.80	1.00	1.20	1.40
w_{1d}	18.01	17.54	17.18	16.91	16.69	16.51	16.36
Q_{1d}	519.03	564.19	598.02	624.32	645.34	662.53	676.85
$\mu_r(Q_{1d})$	2579.05	3000.04	3370.67	3673.63	3925.20	4137.10	4317.84
$\mu_f(w_{1d})$	5796.06	5910.37	5955.13	5965.72	5958.95	5943.37	5923.48
$E(\Pi_{rd})$	2908.82	3262.42	3537.95	3758.33	3938.44	4088.30	4214.90
Π_{fd}	5518.73	5713.59	5829.68	5902.19	5949.03	5979.97	6000.68
$E(\Pi_{cd})$	8427.55	8976.01	9367.63	9660.52	9887.46	10068.27	10215.59
μ_{rfd}	8375.11	8910.42	9325.81	9639.35	9884.16	10080.47	10241.32

表 6.11　收益共享契约激励情形下，不同 ϕ 时的变量值

变量	ϕ						
	0.4	0.52	0.6	0.7	0.8	0.9	1
w_{1d}	4.90	7.32	9.11	11.47	13.95	16.51	19.13
Q_{1d}	1101.52	951.71	871.93	788.96	720.28	662.53	613.32
$\mu_r(Q_{1d})$	3518.70	4036.25	4189.01	4242.06	4212.67	4137.10	4036.25
$\mu_f(w_{1d})$	9517.74	8326.61	7673.04	6994.94	6426.59	5943.37	5527.52
μ_{rfd}	13036.44	12362.86	11862.05	11237.00	10639.26	10080.47	9563.77

表 6.12　回购契约激励情形下，不同 $\overline{b}_r$ 时的变量值

变量	b_r						
	$U[0.1,0.3]$	$U[0.3,0.5]$	$U[0.5,0.7]$	$U[0.7,0.9]$	$U[0.9,1.1]$	$U[1.1,1.3]$	$U[1.3,1.5]$
$\overline{b}_r$	0.20	0.40	0.60	0.80	1.00	1.20	1.40
w_{1h}	21.18	20.70	20.34	20.07	19.84	19.66	19.51
Q_{1h}	624.78	681.60	724.25	757.44	784.01	805.76	823.90
$\mu_r(Q_{1h})$	2958.87	3521.54	3976.00	4348.79	4659.23	4921.34	5145.36
$\mu_f(w_{1h})$	7015.76	7165.22	7223.88	7237.78	7228.88	7208.33	7182.07
$E(\prod_{rh})$	3362.15	3781.10	4107.93	4369.66	4583.81	4762.20	4913.04
$E(\prod_{fh})$	6303.44	6482.75	6574.17	6619.72	6640.03	6645.97	6643.56
$E(\prod_{ch})$	9665.59	10263.84	10682.10	10989.38	11223.85	11408.17	11556.60
μ_{rfh}	9974.64	10686.77	11199.89	11586.57	11888.11	12129.67	12327.43

表 6.13　回购契约激励情形下，不同 h 时的变量值

变量	h					
	2	7	12.7	17	22.7	23
w_{1h}	19.45	19.76	20.37	21.23	24.36	24.70
Q_{1h}	638.89	776.10	1023.75	1333.81	1792.03	1733.87
$\mu_r(Q_{1h})$	3861.39	4493.43	5354.16	6155.55	4036.25	3186.70
$\mu_f(w_{1h})$	5429.22	6534.49	8326.61	11065.61	18468.27	18842.92
μ_{rfh}	9290.61	11027.93	13680.77	17221.15	22504.52	22029.62

（1）收益共享契约约情形下，绝对公平关切系数平均估计值对企业决策和绩效的影响

由表 6.9 和表 6.10，得图 6.15 和图 6.16。

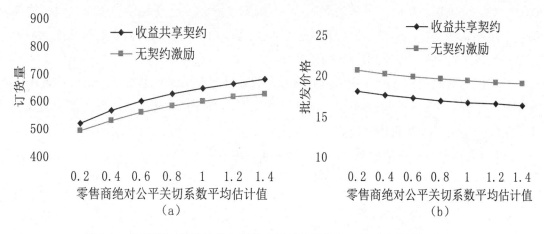

图6.15　订货量和批发价格与零售商绝对公平关切系数平均估计值关系

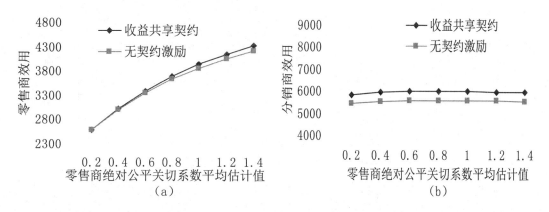

图6.16　零售商效用和分销商效用与零售商绝对公平关切系数平均估计值关系

对于企业决策的影响，由图 6.15、表 6.9 和表 6.10 可知，在无契约激励和收益共享契约激励情形下，随着零售商绝对公平关切系数平均估计值的增大，零售商订货数量增加，而分销商的批发价格下降。收益共享情形订货量大于无契约情形下的订货量，批发价格低于无契约情形下的批发价格。

对于零售商和分销商绩效的影响，由图 6.16、表 6.9 和表 6.10 可知，在无契约激励和收益共享契约激励情形下，零售商效用均随着零售商公平关切系数平均估计值的增大而增大；在收益共享契约情形下，零售商的效用大于无契约情形下零售商的效用；在无契约激励和收益共享契约激励情形下，分销商效用均随着零售商公平关切系数平均估计值的增大，先增大而后减小，当分销商准确估计零售商的绝对公平关切信息时，分销商的效用最大。同时，收益共享契约情形下的分销商效用大于无契约激励情形下的分销商效用。这是因为随着零售商绝对公平关切系数平均估计值的增大，零售商的利润和供应链总利润增大，但零售商利润增大的幅度大于供应链总利润增大的幅度，即零售商绝对公平关切利润的参照点在减小，因此给零售商带来的不公平负效用在减小，结合公平关切程度的影响使得零售商效用得到增加。而对于分销商，随着绝对公平关切利润的参照点在增大，但当低估了零售商绝对公平关切系数时，分销商利润增加的幅度大于因不公平性带来的负效用，使得分销商效用得到增加；当高估了零售商绝对公平关切系数时，分销商利润增加的幅度小于因不公平性带来的负效用，使得分销商效用减小。

对于供应链效用的影响，在无契约激励和收益共享契约激励情形下，供应链效用均随着零售商绝对公平关切平均估计值的增大而增大；在收益共享契约情形下，供应链效用大于无契约激励情形下的供应链效用。

（2）绝对公平关切情形下，回购价格对企业绩效的影响

由表6.13，得图6.17。

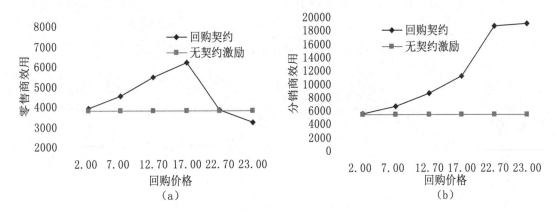

图6.17　零售商和分销商效用与回购价格关系

由图6.17可知，回购价格在（1，22.7）区间时，分销商和零售商获得的效用分别大于无契约激励情形下分销商和零售商获得的效用。从图6.17（a）可看到，在此区间，零售商效用随着回购价格的增加，先上升而后下降，当回购价格为17时，零售商获得最大效用值，为6155.55；从图6.17（b）可看到，在此区间，分销商的效用随着回购价格的增加而上升，当回购价格为22.7时，分销商获得最大效用值，为18468.27。

（3）收益共享契约和回购契约的比较

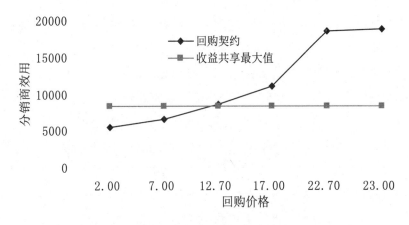

图6.18　分销商效用与回购价格关系

在绝对公平关切下，分销商通过选择合适的契约来使得自身效用最大化，从图 6.20 和图 6.21 可看到，当回购价格等于 12.7 时，分销商获得的效用与收益共享契约中系数合理范围内的最大值相等。当回购价格在（12.7，22.7）区间时，分销商都能够获得大于收益共享情形下的效用，同时零售商的效用也得到了增加。因此，当回购价格在（12.7，22.7）区间时，分销商选择回购契约；而当回购价格小于 12.7 时，分销商均可考虑收益共享和回购契约。

（4）绝对公平关切情形下，收益共享系数对企业绩效的影响

由表 6.11 数据，得图 6.19。

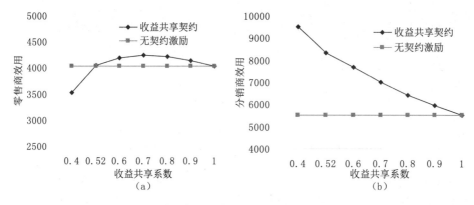

图6.19　零售商和分销商效用与收益共享系数关系

由图 6.19 可知，当收益共享系数在（0.52，1）区间，分销商和零售商获得的效用分别大于无契约激励情形下分销商和零售商获得的效用。从图 6.19（a）可看到，在此区间，零售商效用随着收益共享系数的增加，先上升而后下降，当收益共享系数为 0.7 时，零售商获得最大效用值，为 4242.06；从图 6.19（b）可看到，在此区间，分销商的效用随着收益共享系数的增加而下降，当收益共享系数为 0.52 时，分销商获得最大效用值，为 8326.61。

（5）回购契约情形下，绝对公平关切系数平均估计值对企业决策和绩效的影响

由表 6.9 和表 6.12，得图 6.20 和图 6.21。

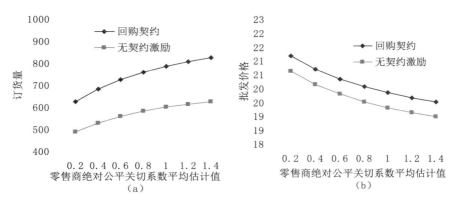

图6.20　订货量和批发价格与零售商绝对公平关切系数平均估计值关系

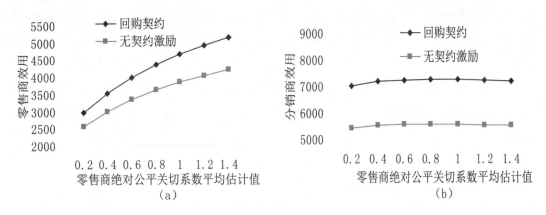

图6.21 零售商效用和分销商效用与零售商绝对公平关切系数平均估计值关系

对于企业决策的影响，由图 6.20、表 6.9 和表 6.12 可知，在回购契约激励情形下，随着零售商绝对公平关切系数平均估计值的增大，零售商订货数量增加，而分销商的批发价格下降；且在回购契约情形下订货量大于无契约情形下的订货量，批发价格大于无契约情形下的批发价格。

对于零售商和分销商绩效的影响，由图 6.21、表 6.9 和表 6.10 可知，在回购契约激励情形下，零售商效用均随着零售商公平关切系数平均估计值的增大而增大，大于无契约情形下零售商的效用，且与无契约激励情形下零售商的效用差额也逐渐增大；同时，在无契约激励和回购契约激励情形下，分销商效用均随着零售商公平关切系数平均估计值的增大，先增大而后减小，当分销商准确估计零售商的绝对公平关切信息时，分销商的效用最大，且大于无契约情形下分销商的效用。这是因为随着零售商绝对公平关切系数平均估计值的增大，零售商的利润和供应链总利润增大，但零售商利润增大的幅度大于供应链总利润增大的幅度，即零售商绝对公平关切利润的参照点在减小，因此给零售商带来的不公平负效用在减小，结合公平关切程度的影响使得零售商效用得到增加。而对于分销商来说，尽管绝对公平关切利润的参照点在增大，但当低估了零售商绝对公平关切系数时，分销商利润增加的幅度大于因不公平性带来的负效用，使得分销商效用得到增加；当高估了零售商绝对公平关切系数时，分销商利润增加的幅度小于因不公平性带来的负效用，使得分销商效用得到减小。

对于供应链效用的影响，在无契约激励和回购契约激励情形下，供应链效用均随着零售商绝对公平关切平均估计值的增大而增大；回购契约情形下的供应链效用大于无契约激励情形下的供应链效用。

6.2.3.2 生产商绝对公平关切信息不对称情形下算例分析

假设供应链由一个绝对公平关切生产商和一个绝对公平关切分销商组成，$c_0 = 150$，$c_1 = 0.5$，$c_2 = 0.0008$，批发价格 $p_s = 2.7$，生产商绝对公平关切系数真实值为

$b_{s0} = 0.8$，$b_f = 0.6$，$\gamma_s = 0.4$，$\gamma_f = 0.6$，分销商估计生产商绝对公平关切系数 b_s 服从均值不同的 7 个均匀分布，b_s：$U[0.1,0.3]$、b_s：$U[0.3,0.5]$、b_s：$U[0.5,0.7]$、b_s：$U[0.7,0.9]$、b_s：$U[0.9,1.1]$、b_s：$U[1.1,1.3]$ 和 b_s：$U[1.3,1.5]$。

为了分析生产商公平关切系数估计值的变化对各变量的影响，在无契约情形下，随着估计值的变化，得到各变量的结果如表 6.14；在成本分担契约情形下，取 $\varepsilon = 0.9$，得到结果如表 6.15。

为了分析在信息不对称情形下成本分担系数对各变量的影响，当估计值为 $\overline{b}_s = 1.2$，随着成本分担系数 ε 的变化得到表 6.16。

表 6.14　无契约激励情形下，不同 $\overline{b}_s$ 时的变量值

变量	b_s						
	$U[0.1,0.3]$	$U[0.3,0.5]$	$U[0.5,0.7]$	$U[0.7,0.9]$	$U[0.9,1.1]$	$U[1.1,1.3]$	$U[1.3,1.5]$
$\overline{b}_s$	0.20	0.40	0.60	0.80	1.00	1.20	1.40
w_{s1}	1.53	1.58	1.62	1.65	1.68	1.70	1.71
q_1	487.64	526.66	555.86	578.52	596.62	611.41	623.71
$\mu_s(q_1)$	59.54	106.40	143.83	174.27	199.45	220.60	238.59
$\mu_f(w_{s1})$	647.08	657.20	661.16	662.09	661.50	660.13	658.38
Π_s	163.31	198.98	226.70	248.82	266.86	281.85	294.50
Π_f	569.25	587.77	599.01	606.18	610.94	614.19	616.45
Π_c	732.57	786.75	825.70	855.00	877.80	896.04	910.95
μ_{sf}	706.62	763.61	804.99	836.36	860.95	880.73	896.97

表 6.15　成本分担契约激励情形下，不同 $\overline{b}_s$ 时的变量值

变量	b_s						
	$U[0.1,0.3]$	$U[0.3,0.5]$	$U[0.5,0.7]$	$U[0.7,0.9]$	$U[0.9,1.1]$	$U[1.1,1.3]$	$U[1.3,1.5]$
$\overline{b}_s$	0.20	0.40	0.60	0.80	1.00	1.20	1.40
w_{s1c}	1.44	1.49	1.53	1.56	1.58	1.60	1.62
q_{1c}	517.41	562.42	596.15	622.37	643.33	660.46	674.73
$\mu_s(q_{1c})$	83.42	133.97	174.62	207.84	235.42	258.66	278.48
$\mu_f(w_{s1c})$	665.57	678.11	683.02	684.18	683.44	681.73	679.55
Π_{sc}	183.97	222.75	252.96	277.12	296.87	313.31	327.19

变量	b_s						
	$U[0.1,0.3]$	$U[0.3,0.5]$	$U[0.5,0.7]$	$U[0.7,0.9]$	$U[0.9,1.1]$	$U[1.1,1.3]$	$U[1.3,1.5]$
$\prod_{fc}$	590.16	611.53	624.26	632.21	637.35	640.74	643.01
$\prod_{cc}$	774.13	834.28	877.22	909.34	934.22	954.05	970.20
μ_{sfc}	749.00	812.08	857.63	892.01	918.86	940.39	958.02

表 6.16　成本分担契约激励情形下，不同 ε 时的变量值

变量	ε					
	0.2	0.28	0.4	0.6	0.8	1
w_{s1c}	0.54	0.74	0.98	1.28	1.51	1.70
q_{1c}	1337.03	1291.91	1098.08	869.20	718.03	611.41
$\mu_s(q_{1c})$	51.20	220.60	325.85	345.35	293.95	220.60
$\mu_f(w_{s1c})$	1255.33	1102.82	953.68	799.40	710.72	660.13
μ_{sfc}	1306.53	1323.42	1279.53	1144.75	1004.66	880.73

（1）成本分担契约情形下，绝对公平关切系数平均估计值对企业决策和绩效的影响

由表 6.14 和表 6.15，得图 6.22 和图 6.23。

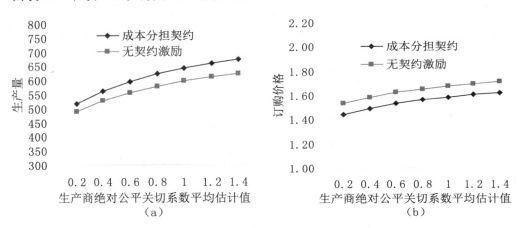

图6.22　生产量和订购价格与生产商绝对公平关切系数平均估计值关系

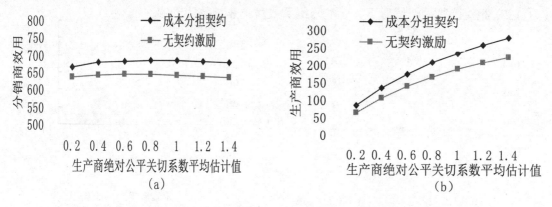

图6.23　生产商效用和分销商效用与生产商绝对公平关切系数平均估计值关系

对于企业决策的影响，由图6.22、表6.14和表6.15可知，在无契约激励和成本分担契约激励情形下，随着生产商绝对公平关切系数平均估计值的增大，分销商提高订购价格，进而生产商增大了生产量；成本分担契约情形下生产量大于无契约情形下的生产量，订购价格低于无契约情形下的订购价格。

对于生产商和分销商绩效的影响，由图6.23、表6.14和表6.15可知，在无契约激励和成本分担契约激励情形下，生产商效用随着生产商公平关切系数平均估计值的增大而增加，且生产商的效用大于无契约情形下生产商的效用，成本分担契约对生产商能够发挥较大的激励作用；在无契约激励和成本分担契约激励情形下，分销商效用随着生产商公平关切系数平均估计值的增大，先增大而后减小，当分销商准确估计生产商的绝对公平关切信息时，分销商的效用最大，这说明分销商掌握生产商绝对公平关切信息的重要性。同时，成本分担契约情形下的分销商效用大于无契约激励情形下的分销商效用。这是因为随着生产商绝对公平关切系数平均估计值的增大，生产商的利润和供应链总利润增大，在绝对公平利润分配比例的作用下，使得生产商利润增加的幅度大于负效用增加的幅度，导致生产商效用得到增加。而对于分销商，尽管绝对公平关切利润的参照点在增大，但当低估了生产商绝对公平关切系数时，分销商利润增加的幅度大于因不公平性带来的负效用，使得分销商效用增加；当高估了生产商绝对公平关切系数时，分销商利润增加的幅度小于因不公平性带来的负效用，使得分销商效用减小。

对于供应链效用的影响，在无契约激励和成本分担契约激励情形下，供应链效用均随着生产商绝对公平关切平均估计值的增大而增大。成本分担契约情形下的供应链效用大于无契约激励情形下的供应链效用。

（2）绝对公平关切情形下，成本分担系数对企业绩效的影响

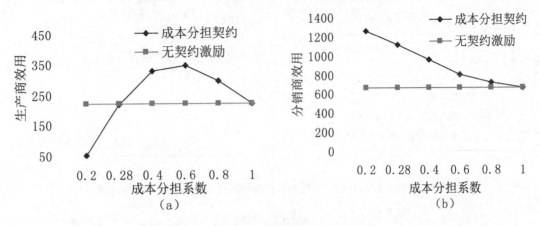

图6.24　分销商效用和生产商效用与成本分担系数关系

由图 6.24 可知，当成本分担系数在（0.28，1）区间时，分销商和生产商获得的效用大于无契约激励情形下的效用。从图 6.24（a）可看到，在（0.28，1）区间内随着成本分担系数的增加，生产商的效用先增加而后下降，当成本分担系数等于 0.6 时，生产商获得最大效用值，为 345.35；从图 6.24（b）可看到，分销商的效用随着成本分担系数的增加而下降，当成本分担系数等于 0.28，分销商获得最大效用值，为 1102.82。

6.3　比较分析

6.3.1　零售商和分销商对比分析

在相对公平关切信息不对称情形下，随着零售商相对公平关切系数平均估计值的增大，零售商和分销商利润增大，零售商利润增大的幅度大于分销商利润增大的幅度，即零售商相对公平关切利润的参照点在减小，因此给零售商带来的不公平负效用在减小，结合公平关切程度的影响使得零售商效用得到增加。而对于分销商来说，但当低估了零售商相对公平关切系数时，分销商利润增加的幅度大于由不公平性带来的负效用，使得分销商效用得到增加；当高估了零售商相对公平关切系数时，分销商利润增加的幅度越来越小，且小于因不公平性带来的负效用，使得分销商效用得到减小。

与相对公平关切信息对称相比较，分销商低估零售商相对公平关切系数使得零售商的绩效降低，高估零售商相对公平关切系数使得零售商的绩效提高。无论分销商低估还是高估零售商的公平关切信息都会导致分销商效用下降，只有准确估计零售商的公平关切信息，分销商的效用才能获得最大。因此，基于分销商的角度，分销商希望准确估计零售商的公平关切信息；基于零售商的角度，希望分销商高估自己的公平关切信息。

在绝对公平关切信息不对称情形下，随着零售商绝对公平关切系数平均估计值的增大，零售商的利润和供应链总利润增大，但零售商利润增大的幅度大于供应链总利润增大的幅度，即零售商绝对公平关切利润的参照点在减小，因此给零售商带来的不公平负效用在减小，结合公平关切程度的影响使得零售商效用增加。而对于分销商来说，尽管绝对公平关切利润的参照点在增大，但当低估了零售商绝对公平关切系数时，分销商利润增加的幅度大于因不公平性带来的负效用，使得分销商效用得到增加；当高估了零售商绝对公平关切系数时，分销商利润增加的幅度小于因不公平性带来的负效用，使得分销商效用减小。

与绝对公平关切信息对称相比较，分销商如果低估零售商绝对公平关切系数，使得零售商的绩效降低；高估零售商绝对公平关切系数，导致零售商的绩效提高；随着零售商绝对公平关切程度估计值的增加，使得零售商效用增加，而分销商的效用随着零售商绝对公平关切程度估计值的增加，先增加而后减小，只有准确估计零售商绝对公平关切信息，分销商才能获得最大效用。

无论是相对公平关切的信息不对称，还是绝对公平关切的信息不对称，在收益共享契约和回购契约情形下，零售商和分销商的效用均大于无契约激励情形下的零售商和分销商的效用。

6.3.2 生产商和分销商对比分析

在相对公平关切信息不对称情形下，生产商相对公平关切系数平均估计值的增大，导致生产商的利润增大，同时也增大了分销商的利润，但生产商利润增大的幅度大于分销商利润增大的幅度，即生产商相对公平关切利润的参照点在减小，因此给生产商带来的不公平负效用在减小，结合公平关切程度的影响使得生产商效用得到增加。而对于分销商来说，尽管相对公平关切利润的参照点在增大，但当低估了生产商相对公平关切系数时，分销商利润增加的幅度大于因不公平性带来的负效用，使得分销商效用增加；当高估了生产商相对公平关切系数时，分销商利润增加的幅度小于因不公平性带来的负效用，使得分销商效用得到减小。

与相对公平关切信息对称相比较，分销商低估生产商相对公平关切系数使得生产商绩效降低，分销商高估生产商相对公平关切系数使得生产商绩效提高。但无论分销商低估还是高估生产商的公平关切信息都会导致分销商效用下降，只有准确估计生产商的相对公平关切信息，分销商的效用才能获得最大。

在绝对公平关切信息不对称情形下，随着生产商绝对公平关切系数平均估计值的增大，生产商的利润和供应链总利润增大，生产商利润增加的幅度大于因不公平性带来的负效用，导致生产商效用得到增加。而对于分销商来说，尽管绝对公平关切利润的参照点在增大，但当低估了生产商绝对公平关切系数时，分销商利润增加的幅度大于因不公平性带来的负效用，使得分销商效用得到增加；当高估了生产商绝对公平关切系数时，分销商利润增加的幅度小于因不公平性带来的负效用，使得分销商效用得到减小。

与绝对公平关切信息对称相比较，分销商的效用随着生产商绝对公平关切程度估计值的增加，先增加而后减小，当准确估计生产商绝对公平关切信息时，分销商才能获得最大效用。分销商如果低估生产商绝对公平关切程度使得生产商的绩效降低，高估生产商绝对公平关切程度，导致生产商的绩效提高。

无论是相对公平关切信息不对称，还是绝对公平关切信息不对称，在成本分担契约情形下，生产商和分销商的效用分别大于无契约激励情形下生产商和分销商的效用。

6.4 本章小结

本章节基于零售商和生产商相对公平关切信息不对称和绝对公平关切信息不对称研究零售商的订货策略、分销商的定价策略、生产商的生产策略以及收益共享契约、回购契约和成本分担契约对生产商、分销商和零售商绩效的影响，通过模型推导以及算例分析，得到如下主要结论：

1）相对公平关切信息不对称供应链决策与管理策略研究

（1）零售商相对公平关切信息不对称供应链决策与管理策略研究

本节考虑相对公平关切零售商与相对公平关切分销商的情形，当分销商不知道零售商的相对公平关切信息时，研究了零售商相对公平关切信息在无契约、收益共享契约和回购契约情形下对零售商订货决策、分销商定价决策、零售商绩效和分销商绩效的影响。结果表明：

对于定价订货决策的影响。与相对公平关切信息对称相比较，分销商低估零售商相对公平关切程度使得批发价格提高，高估零售商相对公平关切程度使得批发价格降低；同时分销商低估零售商相对公平关切程度使得零售商订货量下降，高估零售商相对公平关切程度，导致零售商订货量上升。在收益共享契约情形下，订货量大于无契约激励情形下的订货量，而批发价格小于无契约激励情形下的批发价格；在回购契约情形下，订货量和批发价格分别大于无契约激励情形下的订货量和批发价格。

对企业绩效的影响。与相对公平关切信息对称相比较，无论有无契约激励，分销商低估零售商相对公平关切程度使得零售商的绩效降低，高估零售商相对公平关切程度使得零售商的绩效提高；无论分销商低估还是高估零售商的公平关切信息都会导致分销商效用下降，只有准确估计零售商的公平关切信息，分销商的效用才能获得最大。因此，基于分销商的角度，分销商希望准确估计零售商的公平关切信息；基于零售商的角度，希望分销商高估自己的公平关切信息。分销商低估零售商相对公平关切程度使得供应链的绩效降低，高估零售商相对公平关切程度使得供应链的绩效提高。

当收益共享系数和回购价格在一定的范围时，分销商效用、零售商效用和供应链效用分别大于无契约激励情形下的分销商效用、零售商效用和供应链效用。同时分销商作为供应链主导者，通过选择契约来使得自身效用最大化，在合适的回购价格范围内分销商获得的效用大于收益共享契约情形下获得的最大效用，同时零售商的效用也得到了增加。

（2）生产商相对公平关切信息不对称供应链决策与管理策略研究

本节考虑相对公平关切生产商与相对公平关切分销商的情形，当分销商不知道生产商的相对公平关切信息时，研究生产商相对公平关切在无契约激励和成本分担契约情形下对生产商生产决策、分销商订购决策、生产商绩效和分销商绩效的影响。结果表明：

对于定价生产决策的影响。与相对公平关切信息对称相比较，分销商低估生产商相对公平关切程度使得分销商的订购价格降低，反之，使得订购价格提高；同时分销商低估生产商相对公平关切程度使得生产商的生产量下降，反之，导致生产商的生产量上升。

对企业绩效的影响。与相对公平关切信息对称相比较，分销商低估生产商相对公平关切程度使得生产商绩效降低，分销商高估生产商相对公平关切程度使得生产商绩效提高。但无论分销商低估还是高估生产商的公平关切信息都会导致分销商效用下降，只有准确估计生产商的相对公平关切信息，分销商才能获得最大效用。

当成本分担系数在一定的范围时，分销商效用、生产商效用和供应链效用分别大于无契约激励情形下的分销商效用、生产商效用和供应链效用。

2）绝对公平关切信息不对称供应链决策与管理策略研究

（1）零售商绝对公平关切信息不对称供应链决策与管理策略研究

对于定价订货决策的影响。与绝对公平关切信息对称相比较，分销商低估零售商绝对公平关切程度使得批发价格提高，订货量下降；反之，批发价格下降，订货量上升。在收益共享契约情形下，订货量大于无契约激励情形下的订货量，而批发价格低于无契约激励情形下的批发价格；在回购契约情形下，订货量和批发价格分别低于无契约激励情形下的订货量和批发价格。

对企业绩效的影响。与绝对公平关切信息对称相比较，无论有无契约激励，分销商低估零售商绝对公平关切程度使得零售商的绩效降低，反之，绩效则提高；无论分销商低估还是高估零售商的公平关切信息都会导致分销商效用下降。收益共享系数在一定的范围内和回购价格在一定的范围内，分销商效用、零售商效用和供应链效用分别大于无契约激励情形下的分销商效用、零售商效用和供应链效用。在合适的回购价格范围内分销商获得的效用大于收益共享契约情形下的最大效用，同时零售商的效用也得到了增加。

（2）生产商绝对公平关切信息不对称供应链决策与管理策略研究

对于定价生产决策的影响。与绝对公平关切信息对称相比较，分销商低估生产商绝对公平关切程度使得分销商的订购价格降低，反之，使得订购价格提高；同时分销商低估生产商绝对公平关切程度使得生产商的生产量下降，反之，导致生产商生产量上升。

对企业绩效的影响。与绝对公平关切信息对称相比较，随着生产商绝对公平关切程度估计值的增加，生产商效用增加，而分销商的效用随着生产商绝对公平关切程度估计值的增加，先增加而后减小，当准确估计生产商绝对公平关切信息时，分销商才能获得最大效用。分销商低估生产商绝对公平关切程度使得生产商的绩效降低，高估生产商绝对公平关切程度，导致生产商的绩效提高。

当成本分担系数在一定的范围时，分销商效用、生产商效用和供应链效用分别大于无契约激励情形下的分销商效用、生产商效用和供应链效用。

7. 全文总结与展望

7.1 研究结论

传统供应链研究是建立在"理性经济人"的假定基础上，未能考虑人的行为和心理，本书把人的公平关切心理引入供应链运作管理领域，能够切实可靠地指导供应链管理实践，更加符合现实。同时，随之而来的疑问是在公平关切心理背景下契约能否发挥激励作用？这些问题值得深入研究。鉴于此，本书在公平关切的背景下对企业决策和供应链绩效进行研究，具体从相对公平关切、绝对公平关切以及公平关切信息不对称等三个角度进行了分层次、系统深入的研究。其中，第3章、第4章、第5章和第6章是本书研究的主要内容，第3章在相对公平关切情形下对供应链决策和激励进行研究，第4章在绝对公平关切情形下对供应链决策和激励进行研究，第5章在公平关切互异情形下对供应链决策和激励进行研究，第6章是在第3章和第4章的基础上在公平关切信息不对称情形下对供应链决策和激励进行研究。本书主要研究结论如下：

（1）相对公平关切下分销商主导供应链决策与管理策略研究

在相对公平关切情形下，零售商、分销商和生产商不仅关注自己获得利润的多少，同时也将自己获得的利润与对方获得的利润相比较。对于公平关切的供应链决策与激励问题，已有研究得到理性供应链集中决策时的最优订货量，并以此最优订货量为基准来分析契约对供应链的协调问题，最大优点是能够得到最优订货量的解析表达式。但是，既然供应链成员企业存在公平关切心理，同时，在现实生活中，集中决策的供应链是很少见的，大多数情形下以供应链分散决策为主，而且，如果契约必然损害供应链任何一方的利益，那么，此契约是不能被运用到实际中的。因此，基于博弈模型，从提高供应链企业成员绩效的角度来研究契约对供应链企业成员分散决策的激励作用。

首先，对零售商和分销商相对公平关切下供应链决策和激励进行研究。探讨了相对公平关切对零售商最优订货策略，分销商最优定价策略，以及零售商绩效和分销商绩效的影响。

研究发现：零售商考虑相对公平关切给零售商自身绩效带来有利影响，给分销商绩效带来不利影响。在收益共享契约情形下，随着零售商相对公平关切程度的增加，零售商增加订货量，分销商降低批发价格；在无契约激励和回购契约情形下，当零售商相对公平关切程度增加时，零售商减少订货量，分销商采取降低批发价格的措施。收益共享契约和回购契约能够提高零售商相对公平关切对零售商的绩效，弱化零售商相对公平关切对分销商的不利影响。

分销商考虑相对公平关切给分销商带来有利的影响，给零售商带来不利的影响。在无契约激励、收益共享契约和回购契约情形下，当分销商相对公平关切程度增加时，分销商提高批发价格，零售商采取减小订货量的措施；在收益共享契约和回购契约情形下，零售商和分销商的效用分别大于无契约激励情形下的零售商和分销商效用。分销商作为供应链主导者，通过选择契约来使得自身效用最大化，在合适的回购价格范围内，分销商获得的效用大于收益共享契约情形下的最大效用，同时零售商的效用也得到了增加。

其次，对生产商和分销商相对公平关切下供应链决策和激励进行研究。探讨了相对公平关切对生产商最优生产策略、分销商最优定价策略，以及生产商绩效和分销商绩效的影响。

研究发现：生产商考虑相对公平关切给分销商带来不利影响。在无契约激励情形下，当生产商相对公平关切程度增加时，生产商减少生产量，分销商采取提高订购价格措施；在成本分担契约情形下，随着生产商相对公平关切程度的增加，生产商的生产量和分销商订购价格增加，且生产量大于无契约情形下的生产量，订购价格低于无契约情形下的订购价格；在成本分担契约情形下，分销商和生产商的效用分别大于无契约激励情形下分销商和生产商的效用。

分销商考虑相对公平关切给生产商带来不利的影响，给分销商带来有利影响。在无契约激励和成本分担契约情形下，当分销商相对公平关切程度增加时，分销商降低订购价格，生产商采取减小生产量的措施；当成本分担系数在一定的条件下，成本分担契约能够有效地提高彼此的绩效。

（2）绝对公平关切下分销商主导供应链决策与管理策略研究

绝对公平关切是指参与者认为自身获得的收益必须占到供应链总体收益的一定比例时，结果才是公平的，即人们将自身获得的收益与总体收益进行比较，而不是与其他成员的收益进行。

首先，对零售商和分销商绝对公平关切下供应链决策和激励进行研究。探讨了绝对公平关切对零售商最优订货策略，分销商最优定价策略，以及零售商绩效和分销商绩效的影响。

研究发现：零售商考虑绝对公平关切给零售商自身的绩效带来有利影响，给分销商绩效带来不利影响。在无契约激励和回购契约情形下，当零售商绝对公平关切程度增加时，导致零售商减小订货量，分销商采取降低批发价格措施；在收益共享契约情形下，当零售商绝对公平关切程度增加时，零售商增加订货量，分销商降低批发价格；在无契约和回购契约情形下，零售商绝对公平利润分配比例过多会导致订货量和批发价格均下降，在收益共享契约情形下，零售商绝对公平利润分配比例过多会导致订货量增加和批发价格下降。

收益共享契约和回购契约能够提高零售商绝对公平关切对零售商的绩效，弱化零售商公平关切对分销商的不利影响。

分销商考虑绝对公平关切给零售商带来不利的影响，给分销商自身的绩效带来有利影响。在无契约激励、收益共享契约和回购契约情形下，当分销商绝对公平关切程度增加时，分销商提高批发价格，零售商采取降低订货量的措施；在无契约激励、收益共享契约和回购契约情形下，当分销商绝对公平利润分配比例增加时，分销商提高批发价格，零售商降低订货量。收益共享契约和回购契约能够提高分销商绝对公平关切对分销商绩效，弱化分销商绝对公平关切对零售商的不利影响。在合适的回购价格范围内，分销商采用回购契约，所获得的效用大于收益共享契约情形下的最大效用，同时零售商的效用也得到了增加。

其次，对生产商和分销商绝对公平关切下供应链决策和激励进行研究。探讨了绝对公平关切对生产商最优生产策略，分销商最优定价策略，以及生产商绩效和分销商绩效的影响。

研究发现：生产商考虑绝对公平关切给生产商自身绩效带来有利影响，给分销商绩效带来不利影响。在无契约激励情形下，当生产商绝对公平关切程度增加时，生产商的生产量减小，分销商采取提高订购价格的措施；在成本分担契约情形下，当生产商绝对公平关切程度增加时，生产商生产量增加，分销商提高订购价格；在无契约激励情形下，生产商绝对公平利润分配比例过大导致生产量减小，订购价格上升，在成本分担契约情形下，生产商绝对公平利润分配比例过大导致生产量增大，订购价格上升；当成本分担系数在一定的条件下，成本分担契约能够有效地提高彼此的绩效。

分销商考虑绝对公平关切给分销商自身绩效带来有利影响，给生产商绩效带来不利影响。在无契约激励和成本分担契约情形下，当分销商绝对公平关切程度增加时，分销商降低订购价格，生产商采取减小生产量的措施；在无契约激励和成本分担契约情形下，分销绝对公平利润分配比例过大会导致分销商订购价格和生产商生产量降低。成本分担契约能够提高分销商绝对公平关切对分销商的绩效，弱化分销商绝对公平关切对生产商的不利影响。

（3）公平关切信息不对称情形下分销商主导供应链决策与管理策略研究

研究信息不对称的供应链管理文献中，大多数研究成本或需求信息不对称对企业和供应链的影响，但是对公平关切信息不对称的研究很少。在实践过程中，公平关切信息属于个人的私有信息，该信息对企业决策会产生重要影响。从相对信息不对称和绝对公平关切信息不对称两个方面研究信息不对称对企业决策和绩效的影响，通过模型推导以及算例分析，得到如下主要结论：

首先，对相对公平关切信息不对称供应链决策和激励进行研究。

针对相对公平关切分销商不知道零售商的相对公平关切程度的情况，探讨了供应链的订货定价决策与激励问题。与相对公平关切信息对称相比较，分销商低估零售商相对公平关切程度，导致批发价格提高，零售商订货量下降，以致零售商的绩效降低。在回购契约和收益共享契约情形下，订货量大于无契约激励情形下的订货量；在收益共享契约情形下，批发价格低于无契约激励情形下的批发价格；在回购契约情形下，批发价格高于无契约激励情形下的批发价格。当收益共享系数和回购价格在一定的范围时，分销商效用、零售商效用和供应链效用分别大于无契约激励情形下的分销商效用、零售商效用和供应链效用。高估零售商相对公平关切程度使得批发价格降低，零售商订货量上升，以致零售商的绩效提高，但无论分销商低估还是高估零售商的公平关切信息都会导致分销商效用下降，只有准确估计零售商的相对公平关切信息，分销商的效用才能获得最大。因此，基于分销商的角度，分销商希望准确估计零售商的相对公平关切信息；基于零售商的角度，希望分销商高估自己的相对公平关切信息。分销商低估零售商相对公平关切程度使得供应链的绩效降低，高估零售商相对公平关切程度使得供应链的绩效提高。

针对相对公平关切分销商不知道生产商的相对公平关切程度的情况，探讨了供应链的生产定价决策与激励问题。与相对公平关切信息对称相比较，分销商低估生产商相对公平关切程度使得分销商的订购价格降低，生产商的生产量下降，以致生产商绩效降低；分销商高估生产商相对公平关切程度使得订购价格提高，生产商的生产量上升，以致生产商绩效提高。但无论分销商低估还是高估生产商的公平关切信息都会导致分销商效用下降，只有准确估计生产商的相对公平关切信息，分销商的效用才能获得最大。当成本分担系数在一定的范围时，分销商效用、生产商效用和供应链效用分别大于无契约激励情形下的分销商效用、生产商效用和供应链效用。

其次，对绝对公平关切信息不对称供应链决策和激励进行研究。

针对绝对公平关切分销商不知道零售商的绝对公平关切程度的情况，探讨了供应链的订货定价决策与激励问题。与绝对公平关切信息对称相比较，分销商低估零售商绝对公平关切程度使得批发价格提高，订货量下降；反之，批发价格下降，订货量上升。分销商低估零售商绝对公平关切程度使得零售商的绩效降低，反之提高；无论分销商低估还是高估零售商的绝对公平关切信息都会导致分销商效用下降。在回购契约情形下，订货量和批发价格分别大于无契约激励情形下的订货量和批发价格；在收益共享契约情形下，订货量大于无契约激励情形下的订货量，而批发价格小于无契约激励情形下的批发价格。在收益共享系数和回购价格一定范围时，分销商效用、零售商效用和供应链效用分别大于无契约激励情形下的分销商效用、零售商效用和供应链效用。

针对绝对公平关切分销商不知道生产商的绝对公平关切程度的情况，探讨了供应链的生产定价决策与激励问题。与绝对公平关切信息对称相比较，分销商低估生产商绝对公平关切程度使得分销商的订购价格降低；反之，使得订购价格提高。分销商低估生产商绝对公平关切程度使得生产商的生产量下降；反之，导致生产商生产量上升。在成本分担契约情形下，分销商效用、生产商效用和供应链效用分别大于无契约激励情形下的分销商效用、生产商效用和供应链效用。

7.2　研究不足

公平关切背景下的供应链决策与激励研究是一个新兴的复杂问题，本书只是对一些具体的问题做了初步的研究和探索，仍然存在一些不足之处，具体表现在以下几个方面：

（1）在研究对象方面。本书面向一对一的二级供应链决策进行研究。然而，在实际管理中，多个企业之间的相互关系是非常复杂的，它们可能是三级供应链、多对多二级供应链的成员企业。

（2）在研究视角方面。本书对公平关切信息不对称时的供应链决策进行了研究，其实，企业决策者的很多私人信息都是不对称的，多个信息不对称互相交织将会对决策者的决策行为产生重要影响。

（3）在研究激励方面。本书研究了公平关切背景下的成本分担契约、收益共享契约和回购契约三种激励模式，但是，对于企业和供应链管理中的其他契约形式没有展开系统研究。

7.3　研究展望

对于未来有关公平关切背景下的供应链管理研究，主要针对本书的研究不足作进一步的改进，期望在以下几个方面有所突破：

（1）针对分销商为主导的"零售商—分销商—生产商"三级供应链，在零售商、分销商和生产商均为公平关切情形下对供应链决策进行研究。

（2）考虑供应链博弈双方企业的公平关切、成本等私人信息均存在不对称情形，研究收益共享契约、回购契约以及成本分担契约如何实现供应链绩效的提高。

（3）研究数量折扣契约等其他契约形式对公平关切企业和供应链的激励问题，比较不同契约形式的优势和劣势，为企业和供应链管理策略提供理论参考。

参考文献

[1] Kahneman D, Tversky A. Prospect theory: an analysis of decisions under risk[J]. Econometrica, 1979, 47（2）: 263-292.

[2] Ruffle B J. More is better, but Fair is fair: Tipping in dictator and ultimatum games[J]. Games and Economics Behavior.1998, 23: 247- 265.

[3] Kahneman D, Knetsch J, Thaler R. Fairness as a constraint on profit seeking: entitlements in the market[J].American Economic Review, 1986, 76（4）: 728-741.

[4] Forsythe R, Horowitz J Z, Savin N E, Sefton M. Fairness in simple bargaining experiments[J].Games and Economics Behavior, 1994, 6（3）: 347-369.

[5] Camerer C F, Thaler R H. Anomalies: ultimatums, dictators and manners[J]. Journal of Economic Perspectives, 1995, 9（2）: 209-219.

[6] Rabin M. Incorporat fairness into game theory and economics[J]. American Economic Review, 1993, 83（5）: 1281-1302.

[7] Dufwenberg Martin, Kirchsteiger Georg. A theory of sequential reciprocity[J].Game andeconomic behavior, 2004, 47（2）: 268-298.

[8] Fehr E. Schmidt K.A theory of fairness. competition and cooperation[J].Quarterly Journal of Economics, 1999, 114（3）: 817-868.

[9] 杜少甫, 杜婵, 梁樑, 等.考虑公平关切的供应链契约与协调[J].管理科学学报, 2010（11）: 41-48.

[10] Bolton Gary E, Axel Ockenfels. ERC-a theory of equity, reciprocity and competition[J]. American Economic Review, 2000, 90（1）: 166-193.

[11] 黄松, 杨超, 刘慧.指数需求下考虑绝对公平关切的供应链定价模型[J].计算机集成制造系统, 2013（4）: 823-831.

[12] Ho T H, Lim N, Camerer C F. Modeling the psychology of consumer and firm behavior with behavioral economics [J]. Journal of Marketing Research, 2006, 43（3）: 307-331.

[13] Ho T H, Zhang J. Designing pricing contracts for bloodedly rational customers: Does the framing of the fixed fee matter? [J]. Management Science, 2008, 54（4）: 686-700.

[14] Charness C, Rabin, M. Understanding social preferences with simple tests [J]. Quarterly Journal of Economics, 2002, 117（3）: 817-869.

[15] Loch C H，Wu Y Z. Social preferences and supply chain performance：An experimental study[J]. Management Science，2008，54（11）：1835-1849.

[16] Cui T H，Raju J S.Zhang Z. Fairness and channel coordination[J]. Management Seience，2007，53（8）：1303-1314.

[17] Caliskan-Demirag O，Chen Y，Li J. Channel coordination under fairness concerns and nonlinear demand [J]. European Journal of Operational Research，2010，207（3）：1321-1326.

[18] 王勇，朱龙涛 . 考虑公平偏好的两级供应链 Stackelberg 博弈模型 [J]. 工业工程，2012（4）：28-34.

[19] 赵道致，吕昕 . 零售商主导供应链中考虑供应商公平关切的 VMI 模型 [J]. 运筹与管理，2013（3）：45-52.

[20] 张克勇，吴燕，侯世旺 . 零售商公平关切下闭环供应链定价策略研究 [J]. 山东大学学报（理学版），2013（5）：83-91.

[21] 丁川，王开弘，冉戎 . 基于公平关切的营销渠道合作机制研究 [J].管理科学学报，2013（8）：80-93.

[22] 马利军 . 具有公平偏好成员的两阶段供应链分析 [J]. 运筹与管理，2011（2）：37-43.

[23] 毕功兵，何仕华，罗艳，梁樑 . 公平关切下销售回扣契约供应链协调 [J]. 系统工程理论与实践，2013（10）：2504-2512.

[24] 谭佳音，李波 . 公平关切对批发价格契约协调效果的影响 [J]. 预测，2013（3）：65-69.

[25] 谭佳音，李波 . 零售商公平关切对收益共享契约供应链协调作用的影响研究 [J].华东经济管理，2012（6）：118-121.

[26] 陈兆波，孙嘉轶，滕春贤，等 . 考虑公平关切的供应链协调策略研究 [J]. 统计与决策，2013（13）：48-51.

[27] Clark Andrew J.，Herbert Scarf. Optimal Policies for a Multi-Echelon Inventory Problem[J]. Management Science，1960，6（4）：475490.

[28] 王迎军 . 供应链管理实用建模方法及数据控掘 [M]. 北京：清华大学出版社，2001

[29] Pasternack Barry Alan. Using Revenue Sharing to Achieve Channel Coordination for a Newsboy Type Inventory Model[J]. In：Supply Chain Management：Models，Applications，and Research Directions. US：Springer. 2005.117-136.

[30] Bresnahan Timothy F，Peter C Reiss. Dealer and Manufacturer Margins[J]. The RAND Journal of Economics，1985，16（2）：253-268.

[31] Lariviere Martin A.，Evan L. Porteus. Selling to the Newsvendor：An Analysis of Price Only Contracts[J]. Manufacturing & Service Operations Management，2001，3（4）：

293-305.

[32] Spengler Joseph J. Vertical Integration and Antitrust Policy[J]. The Journal of Political Economy, 1950, 58（4）: 347-352.

[33] Cho R, Gerchak Y. Efficiency of Independent Down stream Firm Could Counteract Coordination Difficulties. University of Waterloo Working[D].Paper.2001.

[34] Chen F, Federgruen A, Zheng Y. Coordination Mechanisms for Decentralized Distribution Systems With One Supplier and Multiple Retailers[J]. Management Science, 2001, 47（5）: 693-708.

[35] Anupindi R, Bassok Y. Analysis of Supply Contracts with Commitments and Flexibility[J]. Naval Research Logistics（NRL）, 2008, 55（5）: 459-477.

[36] Dong L, Rudi N. Supply Chain Interaction Under Transshipments[D]. Washington University. 2001.

[37] Jeuland Abel P., Steven M. Shugan. Managing Channel profits[J]. Marketing Science, 1983, 2（3）: 239-242.

[38] Jeuland Abel P., Steven M. Shugan. Channel of Distribution Profits When Charnel Members from Conjectures[J]. Marketing Scienee, 1988, 7（2）: 202-210.

[39] Monahan J P. A quantity discount Pricing model to increase vendor Profits[J]. Management Science, 1984, 30（6）: 720-726.

[40] Lee HL, MJ Rosenblatt. A Generalized Quantity Discount Pricing Model to increase Supplier's Profits[J]. Management Seienee, 1986, 32（9）: 1177-1185.

[41] Dada M, KN Srikanth. Pricing Policies for Quantity Discounts[J]. Management Science, 1987, 33（10）: 1247-1252.

[42] Kim Kap Hwan, Hark Hwang. Simultaneous Improvement of Supplier's Profit and Buyer's Cost by Utilizing Quantity Discount[J]. The Journal of the Operational Researeh Society, 1989, 40（3）: 255-265.

[43] Kohli Rajeev, Heungsoo Park. Coordinating Buyer-Seller Transactions across Multiple Products[J]. Management Seienee, 1994, 40（9）: 1145-1150.

[44] Weng Z. Kevin, Richard T. Wong. General models for the supplier's all-unit quantity discount policy[J]. Naval Research Logistics, 1993, 40（7）: 971-991.

[45] Weng Z. Kevim. Channel Coordination and Quantity Discounts[J]. Management Science, 1995, 41（9）: 1509-1522.

[46] Weng Z.Kevin. Modeling quantity discounts under general price-sensitive demand functions: Optimal policies and relationships [J]. European Journal of Operational Research, 1995, 86（2）: 300-314.

[47] Li Jianli, Liwen Liu. Supply chain coordination with quantity discount policy[J].

International Journal of Production Economics，2006，101（5）：89-98.

[48] Corbett Charles J. and Xavier de Groote. A Supplier's Optimal Quantity Discount Policy under Asymmetric Information[J]. Management Science，2000，46（3）：444-450.

[49] Padmanabhan V，I. P. L Png. Return Policies：make money by making goods[J]. Sloan Management Review，1995，37（1）：65-72.

[50] Kodama Masanori. Probabilistic single period inventory model with partial returns and additional orders [J]. Computers & Industrial Engineering，1995，29（1）：455-459.

[51] Tagaras G，Cohen M A. Pooling in Two Lead Location Inventory Systems with Times No negligible Replenishment[J]. Management Science，1992，38（8）：1067-1083.

[52] Anupindi R，Bassok Y，Zemel E. A General Framework for the Study of Decentralized Distribution Systems [J]. Manufacturing and Service Operations Management，2001，3（4）：349-368.

[53] Padmanabhan V，LP. L Png. Manufacturer's Returns Policy and Retail Competition[J]. Marketing Science，1997，16（1）：81-94.

[54] Emmons Hamilton，Stephen M Gilbert. The Role of Returns Policies in Pricing and Inventory Decisions for Catalogue Goods[J]. Management Science，1998，44（2）：276-283.

[55] Lau Hon-Shiang，Amy Hing-Ling Lau. Manufacturer's pricing strategy and return policy for a single-period commodity[J]. European Journal of Operational Research，1999，116（2）：291-304.

[56] Taylor T Lee H，Padmanabhan V，et al. Price Protection in the Personal Computer Industry[J]. Management Science，2000，46（4）：467-482.

[57] Taylor Terry A. Channel Coordination under Price Protection，Midlife Returns，and End-of-Life in Dynamic[J]. Management Science 2001，47（9）：1220-1234.

[58] Lee，Hau L. V Padmanabhan，Terry A. Taylor et al. Price Protection in the Personal Computer Industry[J]. Management Science，2000，46（4）：467-482.

[59] 索寒生，金以慧. 非对称信息下供需链中供应商的回购决策分析 [J]. 控制与决策，2004（3）：95-99.

[60] 叶飞，李怡娜. 具有风险规避者加盟的供应链协作回购契约机制研究 [J]. 工业工程与管理，2006（2）：1-4.

[61] 叶飞，李怡娜. 基于 Stackelberg 模型与 Nash 协商模型的供应链回购契约机制研究 [J]. 管理工程学报，2007（3）：39-43.

[62] 柳键，马士华. 供应链合作及其契约研究 [J]. 管理工程学报，2004（1）：85-87.

[63] Dana J，Spier K. Revenue Sharing and Vertical Control in the Video Industry[J]. The Journal of Industrial Economics，200I，49（3）：223-245.

[64] Mortimer J H. The Effects of Revenue Sharing Contracts on Welfare in Vertically

Separated Markets: Evidence From the Video Rental Industry[M]. University of California At Los Angeles, Los Angeles, CA. 2000.

[65] Gerchak Y, Cho R, Ray S. Coordination and Dynamic Shelf Space Management of Video Movie Rentals[M]. University of Waterloo, Waterloo, Ontario.2001.

[66] Wang Gerchak Yigal, Yunzeng. Revenue-Sharing vs. Wholesale-Price Contracts in Assembly Systems with Random Demand[J]. Production and Operations Management, 2004, 13（1）: 23-33.

[67] Pasternack Barry Alan. Optimal Pricing and Policies for Perishable Commodities[J]. Marketing Science, 2005, 4（2）: 166-176.

[68] Cachon G P, Lariviere M A. Supply chain coordination with revenue sharing contracts: strengths and limitations[J]. Management Science, 2005, 51（1）: 30-44.

[69] Giannoccaro Maria, Pierpaolo Pontrandolfo. Supply Chain Coordination by Revenue Sharing Contracts[J]. Production Economics, 2004, 89（2）: 131-139.

[70] 叶飞. 含风险规避者的供应链收益共享契约机制研究. 工业工程与管理[J], 2006（4）: 5054.

[71] Stephen C.H Z.Yao. Leung, K.K. Lai. Manufacturer's revenue-sharing contract and retail competition, European Journal of Operational Research[J]. 2008, 186（4）: 637-651.

[72] Tsay A. Andy. The Quantity Flexibility Contract and Supplier-Customer Incentives[J]. Management Science, 1999, 45（10）: 1339-1358.

[73] Tsay A A, Lovejoy W S Quantity Flexibility Contracts and Supply Chain Performance[J]. Manufacturing and Service Operations Management, 1999, 1（2）: 118-149.

[74] Tsay A. Andy. Managing retail channel overstock: markdown money and return policies[J]. Journal of Retailing, 2001, 77（4）: 457492.

[75] Eppen Gary D. Effects of Centralization on Expected Costs in a Mufti-Location Newsboy Problem[J]. Management Science, 1979, 25（5）: 498-501.

[76] Cachon G. The Allocation of Inventory Risk and Advanced Purchase Discounts in Supply Chain[D]. University of Pennsylvania. 2002.

[77] Ferguson M, Decroix G, Zipkin P. When to Commit in A Multi-Echelon Supply Chain With Partial Information updating[D]. Duke University. 2002.

[78] Anupindi R, Bassok Y. Analysis of Supply Contracts with Total Minimum Commitment and Flexibility. In: Proceedings of the 2nd International Symposium in Logistics[J]. England: University of Nottingham. 995.123-128.

[79] Bassok Y Anupindi R. Analysis of Supply Contracts with Commitments and Flexibility[J]. Naval Research Logistics（NRL）, 1997, 55（5）: 459-477.

[80] Lariviere M. Inducing Forecast Revelation Through Restricted Returns[D]. North

western University. 2002.

[81] 杨庆定，黄培清. 国际供应链中基于数量柔性契约的订购策略 [[J]. 上海理工大学学报，2005（5）：385-388.

[82] Chan F T S，Chan H K. A simulation study with quantity flexibility in a supply chain subjected to uncertainties[J]. International Journal of Computer Integrated Manufacturing，2006，19（2）：148-160.

[83] Taylor Terry A. Supply Chain Coordination under Channel Rebates with Sales Effort Effects[J]. Management Science，2002，48（8）：992-1007.

[84] Kap Hwan Kim，Hark Hwang. Simultaneous Improvement of Supplier's Profit and Buyer's Cost by Utilizing Quantity Discount[J]. The Journal of the Operational Research Society，1989，40（3）：255-265.

[85] Barnes-Schuster D，Bassok Y，Anupindi R. Coordination and Flexibility in Supply Contracts with Options [J]. Manufacturing & Service Operations Management，2002，4（3）：171-207.

[86] Wang Q，Tsao U. Supply Contract with Bidirectional Options：The Buyer's Perspective[J]. International .Journal of Production Economics，2006，10l（1）：30-52.

[87] Zhao Y X，Wang S Y，Cheng T C E，Yang X Q，Huang Z M. Coordination of supply chains by option contracts：A cooperative game theory approach[J].European Journal of Operational Research，2010，207（2）：668-675.

[88] 叶飞，林强，莫瑞君. 基于 B-S 模型的订单农业供应链协调机制研究 [J]. 管理科学学报，2012（1）：66-75.

[89] 侯玉梅，田散，马利军，等. 基于供应商促销与销售努力的供应链协同决策 [J]. 系统工程理论与实践，2013（12）：3087-3094.

[90] Lee H，Padmanabhan P，Whang S. Information distortion in a supply chain：The bullwhip effect[J]. Management Science，1997，43（4）：546-558.

[91] Lee H，So K C，Tang C S. The value of information sharing in a two-level supply chain [J]. Management Science，2000，46（5）：626-643.

[92] Cachon G，Fisher M. Supply chain inventory management and the value of shared information [J].Management Science，2000，46（8）：1032-1048.

[93] Moinzadeh，K. A multi-echelon inventory system with information exchange [J]. Management Science，2002，48（3）：414-426.

[94] Corbett C J，Groote X D. A supplier's optimal quantity discounts policy under asymmetric information[J]. Management Science，2000，46（3）：444-450.

[95] Corbett C J. Stochastic inventory systems in a supply chain with asymmetric information：Cycle stocks，safety stocks，and consignment stocks [J]. Operations Research，

2001，49（4）：487-500.

[96] Ha A Y. Supplier-buyer contracting：Asymmetric cost information and cut off level policy for buyer participation[J]. Naval Research Logistics，2001，48（1）：41-64.

[97] Corbett C J，Zhou D，Tang C S. Designing supply contracts：contract type and information asymmetry [J]. Management Science，2004，50（4）：550-559.

[98] 索寒生，金以慧. 非对称信息下供需链中的回购决策分析[J]. 控制与决策，2004（3）：335-338.

[99] Lutze H，Ozer O. Promised lead time contracts under asymmetric information[J]. Operations Research，2005，56（4）：898-915.

[100] Lau A H L，Lau H S，Zhou Y W. Considering asymmetrical manufacturing cost information in a two-echelon system that uses price-only contracts [J]. HE Transactions，2006，38（3）：253-271.

[101] 刘珩，潘景铭，唐小我. 信息不对称时有损失厌恶型零售商参与的价格补贴契约设计 [J]. 控制与决策，2011（1）：111-114.

[102] Cachon G P，Lariviere M A. Contracting to assure supply：how to share demand forecasts in a supply chain[J]. Management Science，2001，47（5）：629-646.

[103] Ozer O，Wei W. Strategic commitment for optimal capacity decision under asymmetric forecast information[J]. Management Science，2006，52（8）：1238-1257.

[104] Burnetas A，Gilbert S M，Smith C. Quantity discounts in single period supply contracts with asymmetric demand information[J]. HE Transactions，2007，39（5）：465-480.

[105] Ölkii S，Toktay B，Yucesan E. Risk ownership in contract manufacturing [J]. Manufacturing & Service Operations Management，2005，9（3）：225-241.

[106] Zhou Y W. A comparison of different quantity discount pricing policies in a two-echelon channel with stochastic and asymmetric information [J]. European Journal of Operational Research，2007，181（2）：686-703.

[107] Arcelus F J，Kumar S，Srinivasan G. Pricing and rebate policies in the two-echelon supply chain with asymmetric information under price-dependent，stochastic demand [J]. International Journal of Production Economics，2008，113（2）：598-618.

[108] Gan X H，Sethi S P，Zhou J. Commitment-penalty contracts in drop-shipping supply chains with asymmetric demand information[J]. European Journal of Operational Research，2010，204（3）：449-462.

[109] Esmaeili M，Zeephongsekul P. Seller-buyer models of supply chain with an asymmetric information structure [J]. International Journal of Production Economics，2010，123（1）：146-154.

[110] 周永务，王圣东. 非对称信息下供应链库存系统 Pareto 优化模型 [J]. 控制与决策，

2008（10）：1163-1167.

[111] Yu Y，Jin T D. The return policy model with fuzzy demands and asymmetric information[J]. Applied Soft Computing，2011，11（2）：1669-1678.

[112] 余大勇，骆建文. 信息不对称下易变质品的供应链协调策略 [J]. 上海交通大学学报，2009（4）：561-565.

[113] 叶飞，林强，李怡娜. 基于 CVaR 的"公司＋农户"型订单农业供应链协调契约机制 [J]. 系统工程理论与实践，2011（3）：450-460.